16	3	2	13
5	10	11	8
9	6	7	12
4	15	14	1

Valentin Volóchinov

Marxismo
e filosofia da linguagem
Problemas fundamentais do método sociológico
na ciência da linguagem

Tradução, notas e glossário
Sheila Grillo e Ekaterina Vólkova Américo

Ensaio introdutório
Sheila Grillo

editora■34

EDITORA 34

Editora 34 Ltda.
Rua Hungria, 592 Jardim Europa CEP 01455-000
São Paulo - SP Brasil Tel/Fax (11) 3811-6777 www.editora34.com.br

Copyright © Editora 34 Ltda., 2017
Tradução @ Sheila Grillo e Ekaterina Vólkova Américo, 2017
Ensaio introdutório © Sheila Grillo, 2017

A FOTOCÓPIA DE QUALQUER FOLHA DESTE LIVRO É ILEGAL E CONFIGURA UMA
APROPRIAÇÃO INDEVIDA DOS DIREITOS INTELECTUAIS E PATRIMONIAIS DO AUTOR.

A Editora 34 agradece a Rafael Rocca
pela tradução e revisão dos trechos em alemão.

Capa, projeto gráfico e editoração eletrônica:
Bracher & Malta Produção Gráfica

Revisão:
Cecília Rosas, Danilo Hora, Beatriz de Freitas Moreira

1ª Edição - 2017, 2ª Edição - 2018, 3ª Edição - 2021

CIP - Brasil. Catalogação-na-Fonte
(Sindicato Nacional dos Editores de Livros, RJ, Brasil)

V142m
Volóchinov, Valentin, 1895-1936
    Marxismo e filosofia da linguagem: problemas fundamentais do método sociológico na ciência da linguagem / Valentin Volóchinov; tradução, notas e glossário de Sheila Grillo e Ekaterina Vólkova Américo; ensaio introdutório de Sheila Grillo — São Paulo: Editora 34, 2021 (3ª Edição).
    376 p.

    ISBN 978-85-7326-661-0

    Tradução de: Marksizm i filossófia iaziká: osnovnie probliémi sotsiologuítcheskogo miétoda v naúke o iaziké

    1. Linguística. 2. Círculo de Bakhtin.
3. Filosofia da linguagem. I. Grillo, Sheila.
II. Vólkova Américo, Ekaterina. III. Título.

CDD - 410

Marxismo e filosofia da linguagem
Problemas fundamentais do método sociológico na ciência da linguagem

Ensaio introdutório, *Sheila Grillo* 7

MARXISMO E FILOSOFIA DA LINGUAGEM

Introdução 83

Parte I — A IMPORTÂNCIA DOS PROBLEMAS
DA FILOSOFIA DA LINGUAGEM
PARA O MARXISMO
1. A ciência das ideologias
   e a filosofia da linguagem 91
2. O problema da relação
   entre a base e as superestruturas 103
3. A filosofia da linguagem
   e a psicologia objetiva 115

Parte II — OS CAMINHOS DA FILOSOFIA
DA LINGUAGEM MARXISTA
1. Duas tendências
   do pensamento filosófico-linguístico 143
2. Língua, linguagem e enunciado 173

3. A interação discursiva 201
4. Tema e significação na língua 227

Parte III — Para uma história das formas do
enunciado nas construções da língua
(experiência de aplicação do método
sociológico aos problemas sintáticos)

1. A teoria do enunciado
   e os problemas de sintaxe 241
2. Exposição do problema
   do "discurso alheio" 249
3. Discurso indireto, discurso direto
   e suas modificações 263
4. Discurso indireto livre
   nas línguas francesa, alemã e russa 291

Anexo
Plano de trabalho de Volóchinov............................. 325

Glossário,
   Sheila Grillo e Ekaterina Vólkova Américo 353

Sobre o autor 371
Sobre as tradutoras 373

Marxismo e filosofia da linguagem: uma resposta à ciência da linguagem do século XIX e início do XX

Sheila Grillo[1]

A primeira tradução brasileira do livro *Marxismo e filosofia da linguagem* (doravante MFL), hoje em sua 13ª edição, foi realizada em 1979 a partir do francês com consultas à tradução americana e ao original russo. Apesar de provavelmente ser a obra mais conhecida e citada do Círculo de Bakhtin entre linguistas brasileiros, ela foi vertida principalmente do francês; esse fato motivou a decisão de traduzir o texto diretamente da primeira edição russa de 1929,[2] com correções e pequenos acréscimos observados na segunda edição de 1930, disponível na internet.[3] Assim como na tradução de *O método formal nos estudos literários: introdução*

---

[1] Gostaria de agradecer imensamente à FAPESP, pelo financiamento do meu estágio de pesquisa em Moscou para a coleta da bibliografia necessária à redação deste ensaio, e aos estudantes e pesquisadores do Grupo de Pesquisa Diálogo (USP/CNPq) pelas sugestões e críticas, a saber: Ekaterina Vólkova Américo (que também corrigiu as transcrições do russo e revisou os trechos traduzidos de obras russas), Arlete Machado Fernandes Higashi, Flávia Sílvia Machado, Inti Anny Queiroz, Luiz Rosalvo Costa, Maria Glushkova, Michele Pordeus Ribeiro, Simone Ribeiro de Ávila Veloso e Urbano Cavalcante da Silva Filho.

[2] V. N. Volóchinov, *Marksizm i filossófia iaziká: osnovnie probliémi sotsioloquítcheskogo miétoda v naúke o iaziké*, Leningrado, Priboi, 1929.

[3] Disponível em <http://crecleco.seriot.ch/textes/voloshinov-29/introd.html>. Acesso em maio-outubro de 2015.

crítica a uma poética sociológica (Contexto, 2012) e *Questões de estilística no ensino da língua* (Editora 34, 2013),[4] a tradução de MFL vem acompanhada de um ensaio cujo princípio norteador é a recuperação e a compreensão de parte do contexto intelectual de produção da obra, com vistas a possibilitar o acesso a novas camadas de sentido para o leitor brasileiro. Nosso ensaio inspirou-se no prefácio escrito por Patrick Sériot à nova tradução francesa (2010) de MFL.

Esse horizonte nos aproxima, por um lado, da hipótese de trabalho de Tylkowski (2012), segundo a qual a reconstrução do "macrocontexto" ou do contexto intelectual geral da época de um autor desempenha um papel primordial na interpretação de sua obra. Em outros termos, trata-se de reconstruir parte da "biblioteca virtual do autor" a partir dos textos citados por ele. Por outro lado, porém, não objetivamos, assim como Tylkowski, comprovar que a obra foi escrita por Volóchinov,[5] tampouco isolar as obras assinadas por ele das de seus contemporâneos Bakhtin e Medviédev. Limitamo-nos a declarar que na nossa tradução manteremos o autor que figurava na primeira edição russa de MFL.

O material principal deste ensaio são as fontes primárias obtidas, durante o segundo semestre de 2013, por meio de fotocópias de originais na Biblioteca Estatal Russa em Moscou (popularmente conhecida por "Biblioteca Lênin"), a principal e maior biblioteca da União Soviética e da Rús-

---

[4] Mikhail Bakhtin, "Vopróssi stilístiki rússkogo iaziká v sriédnei chkole" ["Questões de estilística nas aulas de língua russa no ensino médio"], em *Sobránie sotchiniéni* [*Obras reunidas*], vol. 5, Moscou, Rússkie Slovarí, 1997, pp. 141, 156, 510, 532.

[5] Sobre a impossibilidade atual de resolver a questão da autoria dos textos disputados, ver Sheila Grillo, "A obra em contexto: tradução, história e autoria", em Pável Nikoláievitch Medviédev, *O método formal nos estudos literários: introdução crítica a uma poética sociológica*, São Paulo, Contexto, 2012, pp. 19-38.

В. Н. ВОЛОШИНОВ

ВОПРОСЫ
МЕТОДОЛОГИИ
ТЕОРИИ ЯЗЫКА
И ЛИТЕРАТУРЫ

МАРКСИЗМ
И ФИЛОСОФИЯ ЯЗЫКА

ОСНОВНЫЕ ПРОБЛЕМЫ
СОЦИОЛОГИЧЕСКОГО МЕТОДА
В НАУКЕ О ЯЗЫКЕ

★

И. Л. Я. З. В.

1 9 2 9 · ПРИБОЙ · ЛЕНИНГРАД

Capa da primeira edição de *Marxismo e filosofia da linguagem: problemas fundamentais do método sociológico na ciência da linguagem*, de 1929, na qual figura, no topo, o nome de V. N. Volóchinov.

sia, ou reedições recentes, adquiridas em livrarias russas. Em razão disso, fizemos uma seleção com base em dois critérios: primeiramente, autores centrais para a compreensão do método sociológico desenvolvido em MFL, tanto pela influência quanto pela interlocução polêmica; e, em segundo lugar, autores e escolas ligados à linguística e à filosofia da linguagem, nossa área de atuação. Esses critérios nos conduziram a selecionar as seguintes correntes e autores como tema de nosso ensaio introdutório: os linguistas russos Aleksandr Potebniá (associado à escola de Vossler pelo autor de MFL), Ivan Baudouin de Courtenay, Mikolaj Kruszewski,[6] Lev Iakubínski e Viktor Vinográdov (linguistas e teóricos da literatura associados à escola de Genebra pelo autor de MFL); dois textos de Rozália Chor e um de Mikhail Peterson, que traçavam um panorama dos estudos da linguagem à época da redação de MFL; o filósofo Gustav Chpiet; e o filólogo e teórico da literatura Boris Engelhardt. As obras desses autores, ainda não traduzidos para o português, salvo exceções, representam os primórdios da linguística russa do final do século XIX à primeira metade do século XX e importantes interlocutores de Bakhtin, Medviédev e Volóchinov tanto no terreno da filosofia da linguagem quanto no da gramática, da linguística, da teoria da literatura e da estilística. Em seguida, embora objetivássemos tratar apenas de autores russos, percebemos que as origens da linguística russa são tributárias de três importantes autores alemães — Wilhelm von Humboldt, Ernst Cassirer e Karl Vossler —, aos quais tivemos acesso em suas traduções para espanhol, inglês, russo e português. Por fim, percebemos que, para uma justa avaliação da influência de linguistas russos sobre MFL, seria necessário não só ler as obras e os autores citados, mas também entender a posição teórica ocupada por eles no cenário da linguística russa. Para isso,

---

[6] Conhecido na Rússia como Nikolai Kruchévski.

lançamos mão de dois procedimentos: primeiro, leitura de manuais de linguística e de história da linguística contemporâneos que nos permitissem compreender como os linguistas russos interpretam o período; e, segundo, observamos a presença de três textos citados em MFL que traçavam um panorama dos estudos da linguagem à época de sua redação.

É preciso salientar que estas obras e os autores não esgotam todas as referências necessárias à compreensão de MFL. Duas ausências merecem ser justificadas: primeiramente, não serão expostos os princípios da sociologia marxista de Bukhárin e Plekhánov, por suas obras estarem traduzidas para o português e serem conhecidas pelo público brasileiro desde a década de 1970, e pelo fato de a influência da sociologia marxista sobre MFL já ter sido suficientemente investigada por autores como Craig Brandist (2002) e Galin Tihanov (2002, 2005); em segundo lugar, as referências da terceira parte de MFL, que trata da transmissão do discurso alheio, são suficientemente numerosas e complexas para compor um longo ensaio na extensão do atual, o que comprometeria o foco interpretativo.

1. FILOSOFIA DA LINGUAGEM

Uma das chaves à compreensão de MFL é a presença da expressão "filosofia da linguagem" ("filossófia iaziká") no título. No contexto brasileiro em que a obra foi recebida, esse domínio não tem muita ressonância. No entanto, se pensarmos no diálogo estreito que a obra estabelece com autores russos e alemães do século XIX e início do século XX, concluiremos que a expressão tem uma importância capital para a percepção das questões teóricas colocadas na obra. Não é nossa intenção aqui traçar um panorama da história da filosofia da linguagem, mas situar o campo de questões tratadas por essa disciplina à época da redação de MFL. Na *Nóvaia filossófskaia entsiklopiédia v tchetiriókh tomákh* [*Nova enciclopédia de filosofia em quatro tomos*] (2010), o verbete "filosofia da linguagem" ["filossófia iaziká"] começa assim:

> "FILOSOFIA DA LINGUAGEM — campo de pesquisa da filosofia em que não somente é analisada *a inter-relação entre pensamento e linguagem, mas se evidencia o papel constitutivo da linguagem, da palavra e da fala às diferentes formas de discurso, à cognição e às estruturas da consciência e do conhecimento.* O termo "filosofia da linguagem" foi proposto por P. I. Jitiétski (1900), A. Marty (1910), K. Vossler (1925), O. Funke (1928), *M. M. Bakhtin* e *V. N. Volóchinov* (1929).
>
> A filosofia clássica tematizou a problemática da linguagem sob dois ângulos de visão: 1) a explicação da *gênesis da linguagem*, em que foram apresentadas duas concepções alternativas — o surgimento da linguagem pela natureza (concepção desenvolvida inicialmente pelos sofistas e pelos estoicos e posteriormente no Iluminismo) e por convenção (dos gregos atomistas até T. Hobbes e J.-J. Rousseau); e 2) a *inter-relação entre linguagem e pensamento*, que, apesar da grande variedade de concepções dedicadas a esse conjunto de problemas, todas confluíam para a visão de que a língua é uma espécie de material plástico para a expressão do pensamento, este concebido como uma estrutura impessoal e objetivo-ideal de significados idênticos." (Stiépin e Semíguin, 2010, p. 238, tradução e grifos nossos)

Essa longa citação de um dicionário enciclopédico de filosofia é útil por sintetizar os principais objetos de estudo da filosofia da linguagem à época em que MFL foi escrito.

O primeiro deles refere-se à origem da linguagem verbal humana ou das línguas, tema desenvolvido por pelo menos três importantes interlocutores de MFL: Humboldt, Potebniá e Baudouin de Courtenay. Assim como na maioria dos trabalhos sobre a linguagem produzidos no século XX, o tema da origem da linguagem verbal humana não é discutido em MFL, mostrando sua sintonia com o desenvolvimento da linguística do século XX. Esta posição está presente no texto citado em MFL "A crise da linguística contemporânea" ["Krízis sovremiénnoi lingvístiki"], de 1927, em que Chor, ao caracterizar duas tendências na linguística contemporânea da Europa Ocidental, demonstra que a primeira delas propõe o conceito de língua como um produto do mundo sociocultural, e não como um produto da natureza. Segundo Chor, Saussure, aqui também apresentado como o teórico mais expoente da primeira tendência, "separa o problema da origem da linguagem como alheio à linguística" (Chor, 1927, p. 53).

O segundo diz respeito à relação entre pensamento e linguagem, aspecto amplamente debatido na primeira parte de MFL sob um viés sociológico.

Na base da discussão sobre a relação entre pensamento e linguagem está a questão de como o sujeito lida com a alteridade do mundo exterior, ou seja, como tratar a dicotomia entre o sujeito e o mundo. A resposta do autor de MFL a essa questão será tratada em contraponto às ideias do filósofo russo Gustav Chpiet, uma das referências da obra ora traduzida.

A contextualização de MFL com base no campo de investigação da "filosofia da linguagem" nos parece importante também por evidenciar uma orientação recorrente nos trabalhos assinados por Bakhtin, Medviédev e Volóchinov, a saber: as discussões filosóficas permitem uma compreensão mais ampla e consistente dos fundamentos da natureza e, consequentemente, dos objetivos da análise da linguagem. Essa orientação teórico-filosófica está na origem das críticas empreendidas por Medviédev e Bakhtin em relação aos formalistas, que propunham, na primeira fase de sua produção, uma libertação da poética em relação a preocupações estéticas, característica de seu "positivismo científico":

> "[...] uma recusa de premissas filosóficas, de interpretações psicológicas e estéticas etc. O estado mesmo das coisas demandava que nos separássemos da estética filosófica e das teorias ideológicas da arte." (Eikhenbaum, 1971 [1925], p. 35)

> "A ausência de uma orientação estético-geral e sistemático-filosófica, a ausência de uma observação constante, sistematicamente refletida, das outras artes, da *unidade da arte como domínio de uma única cultura humana*, conduz a poesia russa contemporânea a uma simplificação extrema do problema científico, a uma abordagem superficial e insuficiente do objeto de estudo [...] *a poética agarra-se à linguística*, temendo afastar-se um passo dela (na maioria dos formalistas e em M. Jirmúnski), e às vezes chega mesmo a querer ser apenas um ramo da linguística (em V. V. Vinográdov)." (Bakhtin, 1993 [1924], pp. 16-7)

As opções de Bakhtin, Medviédev e Volóchinov, tanto no domínio das teorias da linguagem quanto no da poética, buscam uma fundamentação em abordagens filosóficas da linguagem e das artes, contrariamente ao formalismo russo, que se afastou de questões filosóficas para fundamentar sua orientação em teorias linguísticas de caráter estrutural e formalista.

Tihanov (2002) já tinha observado que as premissas filosóficas neokantianas dos trabalhos de Volóchinov e Bakhtin a respeito da linguagem e da cultura são fundamentais para compreender a polêmica com os formalistas: "O verdadeiro pomo da discórdia foi a natureza da linguagem como fenômeno social" (2002, p. 97). Tihanov aponta que a recusa de Bakhtin, Medviédev e Volóchinov em identificar "linguagem e arte (literatura)", contrariamente aos formalistas, decorre da assunção da tese de Cassirer (1874-1945) desenvolvida no livro *A filosofia das formas simbólicas — I. A linguagem*, de que esta é uma forma simbólica autônoma e uma energia original do espírito que não pode ser identificada com as outras formas simbólicas: mito, religião e arte.

Ernst Cassirer, uma das referências explícitas de MFL,[7] se propõe a pesquisar "as diversas formas fundamentais da 'compreensão' humana do mundo e, em seguida, apreender cada uma delas, com a máxima acuidade, na sua tendência específica e na sua forma espiritual característica" (Cassirer, 2001 [1923], p. 1). Para atingir esse objetivo, Cassirer, por um lado, critica uma vertente do idealismo filosófico representado por autores como Karl Vossler, Benedetto Croce e Hermann Cohen, que ligariam a linguagem à função de expressão estética e, por outro, assume que somente no terreno do idealismo filosófico seria possível encontrar uma solução para o lugar autônomo da linguagem no espírito humano, aliando-se a Humboldt, para quem a linguagem é uma forma espiritual independente. Partindo da doutrina platônica das ideias, Cassirer critica a teoria ingênua do conhecimento como puro reflexo do mundo, para assumir que o conhecimento tem a propriedade fundamental de formação e não somente de reprodução do real; isto é, ao invés de se limitar a exprimir passivamente a pura presença dos fenôme-

---

[7] No quarto relatório (1928-1929) apresentado ao ILIAZV (Instituto da História Comparada das Literaturas e Línguas do Ocidente e do Oriente), Volóchinov relata que está preparando a tradução do livro de Ernst Cassirer *Philosophie des symbolischen Formen*. No entanto, essa tradução, pelo que sabemos, nunca foi publicada. A respeito dos relatórios apresentados por Volóchinov ao ILIAZV, ver Grillo e Américo (2017).

nos, o conhecimento confere uma significação a eles.[8] Esse postulado idealista do papel formador do pensamento sobre o mundo deveria ser acompanhado da identificação de um campo intermediário e de uma função mediadora que, ao mesmo tempo, estivesse presente em todas as formas fundamentais do espírito (artístico, religioso, científico, linguístico) e conservasse suas particularidades.

Segundo Cassirer, o signo linguístico é o melhor candidato a exercer essa função mediadora, uma vez que a linguagem enquanto sistema de signos fonéticos não apenas comunica o pensamento, mas o constitui e determina o seu conteúdo; isto é, o "papel da linguagem não consiste em apenas *repetir* as determinações e diferenças que já existem na mente, e sim em estabelecê-las e torná-las inteligíveis como tais" (Cassirer, 2001 [1923], p. 64). Em outros termos, a linguagem atribui sentido ao mundo dado das sensações e intuições. Como resultado, as línguas, em todas as suas etapas evolutivas, constituem formas de expressão tanto do mundo sensível quanto da ação intelectual (ou faculdade de imaginação da linguagem). Como se dá, segundo Cassirer, esse processo de emergência da consciência na linguagem?

Em primeiro lugar, a linguagem interrompe a constante modificação dos conteúdos da consciência e, apesar de nenhum deles se repetir de modo exato, a linguagem exerce a função de fixação e de preservação desses conteúdos. Em seguida, ao tratar do papel da linguagem como ponte entre o subjetivo e o objetivo, Cassirer lança mão dos argumentos de Humboldt sobre o signo fonético que, "por um lado, é falado e, portanto, produzido e articulado por nós mesmos; por outro, porém, enquanto som escutado, ele faz parte da realidade sensível que nos rodeia" (Cassirer, 2001 [1923], p. 40).

---

[8] Acreditamos estar aqui diante de uma das origens do conceito de signo ideológico como reflexo e refração do real.

Ao caracterizar as duas perspectivas da filosofia da linguagem — a vertente lógica postuladora da linguagem universal e a análise psicológica proponente da peculiaridade espiritual de cada língua —, Cassirer aponta Humboldt como o teórico que melhor desenvolveu a concepção de que os signos da linguagem representam ideias sobre as coisas e os processos objetivos, sendo que nestes conceitos "necessariamente há de se refletir não tanto a natureza das coisas quanto o tipo e a direção individuais da concepção das coisas" (Cassirer, 2001 [1923], p. 115). Por conseguinte, a designação não se desenvolve a partir de um objeto acabado, mas é uma atividade constante do espírito sobre o mundo com vistas a torná-lo cada vez mais determinado. Essa atividade não se encerra nunca, sendo o caráter indeterminado e flexível da linguagem o responsável por sua capacidade criadora.

A partir dessa breve exposição do campo de questões colocado pela filosofia da linguagem, passaremos a expor as principais ideias de dois autores citados em MFL como expoentes do subjetivismo individualista.

Humboldt e Potebniá

As leituras do texto de Humboldt,[9] "Sobre a distinção dos organismos da linguagem humana e sobre a influência

---

[9] O eminente linguista alemão Wilhelm von Humboldt (1767-1835) é considerado o fundador da linguística geral e o formulador da base teórica para o estudo histórico da linguagem. Estudou direito, política e história nas universidades de Frankfurt e Göttingen. Além da linguística, Humboldt dedicou-se à filosofia, à teoria literária, à filologia clássica e ao Direito Constitucional. Teve participação ativa na vida política de seu tempo, ao exercer cargos diplomáticos em Roma e em Viena. Realizou uma reforma na educação fundamental da Prússia e, em 1809, fundou a Universidade de Berlim. Foi conhecedor de muitas línguas, entre as quais o basco, línguas indígenas das Américas e o chinês.

dessa distinção no desenvolvimento intelectual do gênero humano. Introdução à linguística geral" (2013 [1859]), da obra de Potebniá, *Pensamento e linguagem: psicologia do pensamento poético e prosaico* (2010 [1892]), e da análise de Cassirer (2004 [1923]) sobre as ideias de Humboldt despertaram-nos, por um lado, para o fato de que o pensador alemão é fundamental à compreensão do pensamento de Potebniá, um dos fundadores da linguística russa no século XIX, e, por outro, para a importância de Humboldt e Potebniá para o conhecimento do contexto acadêmico de MFL.

A influência do pensamento humboldtiano sobre as teorias da linguagem na Rússia e na União Soviética pode ser atestada por meio da leitura da obra *Istória iazikoznánia* [*História da linguística*], de 2008, em que Humboldt é apontado como o fundador da linguística teórica, criador de um sistema da filosofia da linguagem no século XIX e precursor de quase todas as posições do *Curso de linguística geral*, de Ferdinand de Saussure. Diferentemente dessa visão, no Brasil, a exposição dos princípios sassurianos que originaram os estudos sincrônicos praticados no século XX costumam aparecer no início dos manuais de linguística (Lopes, 1995; Borba, 1998), nos quais os trabalhos de Humboldt não constam da bibliografia. A nosso ver, uma exceção é o texto "Estudos pré-saussurianos" (2007), no qual Faraco desenvolve a ideia de que a teoria saussuriana tem suas origens no conceito de língua como sistema autônomo, formulado, entre outros, por Wilhelm von Humboldt no século XIX.

A importância de Humboldt para a linguística geral é destacada por Cassirer (2001 [1923]) que, em sua reconstrução histórica da filosofia da linguagem, argumenta longamente ter Humboldt aplicado a filosofia a um novo ramo da ciência, a Linguística, possibilitando, com isso, uma nova estruturação dessa disciplina. Apesar de assinalar a complexidade e a obscuridade do pensamento humboldtiano, Cassirer sintetiza, com extrema clareza, três grandes oposições presentes na obra de Humboldt, conforme podemos atestar nos excertos a seguir.

Primeiramente, Humboldt propõe a separação e a superação da oposição entre o espírito individual e o espírito objetivo por meio da mediação da linguagem. Em outros termos, a essência da linguagem é ser mediação entre os homens e deles com o mundo. Por um lado, a linguagem é o meio de ligação entre a individualidade, manifesta na aquisição durante a infância, e a coletividade, presente nas línguas: "Falar — mesmo nas formas mais simples da fala — significa unir o seu sentido individual à natureza geral humana. O mesmo pode ser dito sobre a compreensão daquilo que foi comunicado" (Humboldt, 2013 [1859], p. 52). Para Humboldt, a língua é o elo entre os homens, pois este só compreende a si mesmo depois de certificar-se da compreensão de suas palavras pelos demais. Por outro, a língua liga o homem à natureza, pois a subjetividade da linguagem é o meio de objetivar as impressões sensoriais, sendo que a faculdade individual de representação é inseparável da língua:

"Uma vez que sem a linguagem não é possível a formação do conceito, sem sua intermediação nenhum objeto é acessível à nossa alma: mesmo os objetos exteriores recebem uma existência plena somente por meio do conceito. Na formação e emprego da linguagem é necessário incluir *as visões subjetivas* sobre o objeto em toda a sua particularidade. A palavra origina-se justamente dessa visão, sendo uma marca não do objeto propriamente, mas uma imagem gerada em nossa alma. Uma vez que a *subjetividade* inevitavelmente mistura-se à nossa visão, cada individualidade humana, independentemente da língua, pode assumir uma visão de mundo particular." (Humboldt, 2013 [1859], p. 56)

Segundo Gaim (1898), a síntese humboldtiana entre subjetividade e objetividade na linguagem é realizada mediante duas influências: de um lado, a influência da filosofia kantiana sobre o papel das leis da razão na construção do conhecimento e sobre a essência da liberdade humana; de outro, a influência da filosofia estética romântica de Schelling e Hegel da indiferenciação entre subjetivismo e objetivismo. Para Humboldt, que operou a união da força da sensibilidade com as leis da razão nos fenômenos do espírito humano, "na língua, o mundo exterior se aprofunda e se humaniza" (Gaim, 1898, p. 409).

A dependência mútua entre pensamento e linguagem leva à conclusão de que as línguas concernem a concepções de mundo que lhes são inerentes.

"A língua tem sua origem em uma exigência interior do homem e não somente em uma necessidade exterior de sustentar as relações humanas; essa exigência está situada na própria natureza humana e consiste na condição necessária ao desenvolvimento da força do espírito e à aquisição da visão de mundo, que é atingida somente quando o pensamento de um indivíduo se torna claro e determinado para o pensamento de todos e de cada um." (Humboldt, 2013 [1859], pp. 10-1)

A força do espírito humano existe apenas por meio dessa atividade que assume tendências particulares em diferentes línguas. Humboldt chama de forma interna da palavra o modo específico como cada língua constrói os conceitos em relação aos objetos do mundo ou direciona os processos de formação de palavras. Por exemplo, se no sânscrito "elefante" é chamado de "dois dentes" ou de "dotado de patas", cada um desses nomes contém em si um conceito particular, apesar de todos eles designarem o mesmo objeto. Consequentemente, a forma interna da língua não representa os objetos, mas conceitos sobre eles, formados de modo autônomo pela mente no instante do surgimento da palavra.

A segunda oposição é a conhecida formulação de que a linguagem não é uma obra (*érgon* [ἔργον]), mas uma atividade (*enérgeia* [ἐνέργεια]), e por isso todo estudo da linguagem deve ser genético no sentido de que a compreensão da estrutura concluída da linguagem só será obtida pela compreensão de suas leis geradoras.

> "A *língua* é uma atividade (*enérgeia*) e não algo acabado (*érgon*). Sua definição verdadeira deve expressar o ato de sua origem (*genesis*). A língua é uma repetição contínua da atividade do espírito sobre os sons articulados para sua realização na expressão do pensamento. Em sentido estrito, esse conceito acompanha cada ato do discurso vivo em todo emprego da língua; mas, em sentido essencial e verdadeiro, a língua pode ser compreendida somente como se fosse o conjunto de tudo o que se fala. O que normalmente se chama de língua, aquela massa de palavras e de regras representadas nos dicionários e nas gramáticas, compreende somente uma parte. [...] A fragmentação em palavras e regras é um produto morto do trabalho mecânico de análise científica." (Humboldt, 2013 [1859], p. 40)

Humboldt propõe que os aspectos estáveis contidos no léxico e no sistema de regras é uma parte do que é produzido pela língua, entendida como um processo de criação contínuo nunca totalmente atingido, com o propósito de fazer dos sons articulados um instrumento para a expressão do pensamento.

Por fim, a terceira grande oposição é a distinção entre matéria e forma: a forma é uma unidade agregadora que instaura a unidade do objeto, sendo que a vinculação de uma propriedade a um objeto é efetuada pelo sujeito. A forma linguística é a atividade do juízo que confere estabilidade conceitual às propriedades materiais apreendidas pelos sentidos.

"Nessa atividade constante e uniforme do espírito, que transforma os sons orgânicos em expressão do pensamento, compreendida no conjunto completo e representada de modo sistemático, consiste o que nós chamamos de *forma da língua*." (Humboldt, 2013 [1859], p. 42)

"Julgando de modo absoluto, não pode haver *matéria sem forma* na língua, pois nela tudo está orientado para um objetivo determinado — a expressão do pensamento; e a realização dessa predestinação começa com o primeiro elemento — o som articulado, que se torna articulado justamente em consequência da formatação." (Humboldt, 2013 [1859], p. 44)

"A representação da forma deve esclarecer o caminho particular construído pela língua e, junto com ela, pelo povo, para a expressão do pensamento. Essa representação deve atingir tal nitidez que seja possível julgar em que uma língua observada se distingue de outras, tanto no raciocínio atingido por ela em seu objetivo, quanto por sua influência na atividade intelectual do povo. A forma da língua, pelo seu próprio conceito, é um ponto de vista unitário sobre elementos isolados, que compõem, em contraposição a ela, a matéria. [...] Essa unidade de ponto de vista deve mostrar a própria representação da forma, e nós receberemos o conceito constante sobre a própria língua somente quando a pesquisa, que se inicia com elementos isolados, encontrar a unidade do ponto de vista." (Humboldt, 2013 [1859], pp. 45-6)

O conceito de forma em Humboldt encerra vários aspectos essenciais de sua concepção de língua: cada elemento da língua (desde o som articulado até as regras sintáticas) estão interligados, ou seja, cada elemento tem seu papel no sistema; a forma está ligada à língua como um todo; as línguas se distinguem entre si por sua forma individual, compreendida como a direção particular de cada língua na transformação do som articulado em expressão do pensamento; a forma de uma língua é o resultado da atividade espiritual de um povo.

A nosso ver, o conceito de forma em Humboldt apresenta alguns elementos comuns ao conceito de sistema linguístico do "objetivismo abstrato", o que evidencia a complexidade do pensamento do autor e a impossibilidade de enquadrá-lo inteiramente seja no "subjetivismo individualista", seja no "objetivismo abstrato", tal como essas tendências são apresentadas no capítulo 1 da segunda parte de MFL, intitulado "Duas tendências do pensamento filosófico-linguístico"; nele, Wilhelm von Humboldt é apontado como um dos mais expressivos representantes do "subjetivismo individualista" e Aleksandr Potebniá[10] aparece como seu representante mais próximo em terras russas. Passaremos a sintetizar as principais ideias do livro *Misl i iazik* [*Pensamento e linguagem*], (2010 [1892]), mencionado em MFL como a principal obra filosófica do linguista russo. Nesse trabalho, Potebniá reto-

---

[10] O filólogo russo-ucraniano Aleksandr Potebniá (1835-1891) pesquisou diversos temas de diferentes disciplinas: gramática russa, sistema fonético da língua russa, dialetos russos do norte e do sul, história das línguas russa e ucraniana, gramática histórico-comparativa das línguas indo-europeias e o problema da linguagem das obras literárias.

ma muitos conceitos do pensador alemão, desenvolvendo, em particular, a complexa questão da anterioridade do pensamento em relação à linguagem e da constituição da consciência humana por meio da linguagem.

Potebniá inicia a obra *Pensamento e linguagem* investigando duas teorias sobre a invenção da linguagem: uma, a de que seria uma criação humana intencional para adaptar-se a uma necessidade social de comunicação do pensamento, outra, que concebia a linguagem como uma criação divina. Ao defender a criação da linguagem pelo homem, Potebniá argumenta que o pensamento precede a linguagem e é independente dela, e critica o fato de as teorias assumirem que o sentido é criador da palavra, sem seguir adiante e de modo consequente com a ideia de que na língua domina a arbitrariedade (2010 [1892], p. 27). Ao investigar as ideias de Humboldt, Potebniá expõe:

1) A linguagem é um trabalho do espírito que existe apenas em sua atividade;

2) A linguagem encerra uma contradição: é ao mesmo tempo subjetiva e objetiva. Essa contradição está presente em diversas dimensões da relação entre pensamento e linguagem, a saber:

    a) o pensamento, atividade interior e subjetiva, torna-se exterior e sensível na palavra que, por meio da escuta, retorna como objeto para o falante;

    b) a fala (*rietch*) só existe por meio da compreensão (*ponimánie*), pois o pensamento pessoal modifica-se na compreensão pelo outro e por meio dela torna-se consciente da sua diferença. A língua, de fato, desenvolve-se na sociedade justamente porque o homem compreende a si próprio apenas depois da experiência da compreensão de suas palavras por outras pessoas;

    c) a linguagem é um elo entre o mundo dos objetos cognoscíveis e o sujeito cognoscente. A palavra forma-se da percepção subjetiva e tem sua marca não a partir do próprio objeto, mas do reflexo desse objeto no espírito. Como o sentimento e a realidade do homem dependem da representação, e a representação depende da linguagem, então toda a relação do homem com o objeto exterior constitui-se na linguagem.

Apesar de sofrer evidente influência de Humboldt, Potebniá tece sérias restrições a alguns princípios formulados pelo pensador alemão:

1) Humboldt deixa sem solução a contradição entre o divino e o humano na criação da linguagem;

2) Potebniá critica a tentativa de buscar a origem da linguagem em algo acima do espírito humano, pois o homem não pode representar nada acima do seu próprio espírito e a ideia de "povo" pode levar a questões metafísicas;

3) A assunção humboldtiana da identidade entre espírito e linguagem impede a concepção da linguagem como criação do povo, bem como sua autonomia em relação ao espírito.

A partir dessas críticas, Potebniá propõe os seguintes princípios de sua concepção da relação entre pensamento e linguagem:

1) As leis de criação da linguagem são psicológicas, portanto, a origem da linguagem está nas leis do psiquismo individual;

2) O campo da linguagem nem de longe coincide com o do pensamento, ou seja, não há igualdade entre pensamento e palavra. Essa tese é defendida por meio dos seguintes argumentos: até certa idade, a criança não fala, mas de algum modo pensa; o adulto compreende que a percepção dos sentidos existe antes de sua união com a palavra e, em situações de grande abstração, o pensamento abandona a linguagem por não satisfazer às suas exigências; o pensamento artístico do pintor, do escultor, do músico não se expressa por palavras e

realiza-se sem elas; o matemático rejeita a linguagem e realiza sua ciência por meio de fórmulas;

3) A palavra é necessária para a pré-formação das formas inferiores do pensamento no conceito e, consequentemente, deve aparecer quando no espírito já existe algum material que essa pré-formação supõe;

4) O espírito (*dukh*), no sentido de atividade mental consciente, pressupõe o conceito, que só se constitui por meio da palavra. Para Potebniá, o acontecimento da linguagem no espírito é a passagem do pensamento inconsciente para o consciente.

Potebniá argumenta que a palavra é um instrumento de tomada de consciência da imagem partilhada pela comunidade e, embora a comunidade preexista à palavra (assim como a madeira preexiste à canoa, o movimento ao balé etc.), existe uma grande distância entre a imagem partilhada antes do advento da palavra e o pensamento abstrato, que é obtido por meio da língua. A palavra contém a representação do elemento unificador do objeto bem como a imagem partilhada; ambos compõem o elemento estável da representação ao mesmo tempo que encerram a possibilidade do novo, do inesperado.

> "Qualquer juízo é um ato de percepção, de interpretação, de conhecimento, de modo que o conjunto de juízos em que se decompôs a imagem sensorial pode ser chamado de conhecimento analítico da imagem. Tal conjunto constitui o conceito." (Potebniá, 2010 [1892], p. 140)

Potebniá quer enfatizar que a imagem sensorial do objeto é uma totalidade que só pode ser decomposta com a ajuda da palavra, disso concluindo a necessidade dela para a formação do conceito. Outro aspecto importante é a ênfase de que o conceito é, por um lado, influenciado pela percepção do objeto e, por outro, uma interpretação dele. Trata-se aqui do conceito de "forma interna da palavra" proposto primeiramente por Humboldt, conforme já exposto, e desenvolvido por Potebniá na obra *Pensamento e linguagem*, onde encontramos as seguintes definições: modo de representação do conteúdo extralinguístico e representação mais a forma etimológica da palavra. Ela é um fenômeno ligado ao momento da criação de uma palavra, mas não necessariamente ao seu funcionamento cotidiano. O processo de perda da forma interna é denominado "perda da etimologia" (*deetimologuizátsia*).

Do ponto de vista da relação com o pensamento (*misl*), a palavra permite a sua decomposição, bem como sua tomada de consciência. A presença da palavra propicia o contato com o conceito; nessa relação palavra/conceito começa a se formar no homem tanto uma relação distanciada com a palavra quanto a concepção de arbitrariedade. Outra função importante da palavra na sua relação com o pensamento é a tendência a integrar um sistema; essa tendência prepara o caminho não só para o desenvolvimento do conceito como também para o conhecimento científico: "A palavra prepara o caminho para a ciência" (Potebniá, 2010 [1892], p. 144).

Do ponto de vista psicológico, o conceito tem uma unidade interior que se forma por meio da representação e da palavra, ou seja, a palavra expressa tanto a imagem sensorial (relação palavra/mundo) quanto o conceito (relação palavra/pensamento):

> "A palavra pode tanto ser um instrumento de decomposição quanto de condensação do pensamento, unicamente porque ela é uma representação, isto é, não uma imagem e sim uma imagem da imagem. Se a imagem é um ato de consciência, en-

tão a representação é o conhecimento dessa consciência." (Potebniá, 2010 [1892], p. 148)

Com isso, Potebniá novamente enfatiza o papel da palavra na transformação qualitativa do pensamento humano em um ato de autoconsciência, autorreflexão, ou capacidade de tomar consciência de seus atos por meio do distanciamento. Esse ato de autoconsciência não significa uma divisão do "eu", mas a passagem de um pensamento para outro pensamento, sendo que este toma o primeiro como objeto de reflexão.

Humboldt e Potebniá são dois dos mais importantes representantes da análise especulativa da linguagem. A seguir, exporemos, em um primeiro momento, as ideias de Gustav Chpiet, outro teórico russo que se apropriou de forma crítica das ideias de Humboldt, e de Karl Vossler; em um segundo momento, apresentaremos as ideias de Iakubínski e Vinográdov sobre o diálogo; em seguida, sintetizaremos as principais ideias de dois autores alinhados ao objetivismo abstrato, para, depois, estabelecermos as influências desses autores em MFL.

Semiótica e filosofia da linguagem em Chpiet[11]

A obra do filósofo russo Gustav Chpiet é mencionada explicitamente em MFL quatro vezes: primeiramente, logo

---

[11] Gustav Chpiet (1879-1937) é um dos mais importantes filósofos russos do século XX. Sua filosofia é uma resposta às proposições da fenomenologia de Husserl e da hermenêutica. Nos anos 1920, Chpiet foi o diretor do Instituto de Filosofia Científica [GAKhN — Gossudárstvennaia Akadiémia Khudójestvennikh Nauk]. Em 1935, foi preso e em seguida exilado em Tomsk, onde foi fuzilado em 1937.

na introdução, seus livros *Estetítcheskie fragmiénti* [*Fragmentos estéticos*] e *Vnútrenniaia forma slova* [*A forma interna da palavra*] são citados como exemplos da importância dada, à época, aos problemas da filosofia da linguagem; em seguida, no primeiro capítulo da segunda parte, o livro de Chpiet *Vnútrenniaia forma slova: etiúdi i variátsi na tiému Gúmboldta* [*A forma interna da palavra: estudos e variações nos temas de Humboldt*] é citado como uma leitura perspicaz da obra de Humboldt, e o livro *Vvediénie v etnítcheskuiu psikhóloguiu* [*Introdução à psicologia étnica*] é referido como uma boa apresentação da ideia de Wundt ao mesmo tempo em que critica a sua concepção geral; por fim, no último capítulo da segunda parte, "Tema e significação na língua", se faz uma crítica à separação operada por Chpiet entre o significado objetivo e o cossignificado valorativo. A partir dessas referências e da leitura das obras mencionadas, perguntamo-nos: em que MFL e Chpiet se encontram e se distanciam? e, principalmente, como essa relação pode nos ajudar a compreender melhor as opções feitas em MFL?

Em resposta à teoria da linguagem de Humboldt e à fenomenologia de Husserl, o autor de MFL e Chpiet trabalharam com alguns desafios teóricos comuns no terreno da filosofia da linguagem:

1) Lidaram com a questão comum de saber como o sujeito se relaciona com a alteridade do mundo exterior (Radunovic, 2009);

2) Buscaram uma resposta para a natureza do sentido na linguagem;

3) Procuraram identificar a constituição do sujeito com base na formação da consciência linguística.

Chpiet enfrenta o primeiro problema por meio do conceito de forma interna da palavra e da constituição cultural da significação. A forma interna é entendida como "a regra de sua formação" ou "procedimento, método e princípios de seleção, lei e fundamento da criação lógico-verbal a serviço da expressão, da comunicação, da transmissão de sentido" (Chpiet, 2009 [1927], p. 98). Chpiet busca fugir do que ele chama de subjetivismo de Kant, para quem o conceito do objeto é uma criação espontânea das leis da razão, acarretando no fato de que "o sujeito (razão) usurpou o direto dos objetos, tirando deles toda a origem [...], a existência autônoma deles" (Chpiet, 2009 [1927], p. 135). Seguindo Humboldt, Chpiet assume que a forma interna é uma *enérgeia*, um desenvolvimento constante que faz a mediação entre as formas externas (fonológicas e morfológicas) e as formas do objeto do conteúdo material. Essa *enérgeia* é de natureza coletiva, social, o que garante certa estabilidade ao sujeito na sua relação com o mundo material: "As formas internas são as leis e algoritmos objetivos do sentido existente, essas são formas mergulhadas na própria existência cultural e sua organização interna". O objeto torna-se social pela significação, ato hermenêutico (Chpiet, 2009 [1927], pp. 203-4). Chpiet tenta garantir uma autonomia para o mundo material independente do sujeito: "o conteúdo objetual, como tal, permanece independente do sujeito, porém sua composição, passada através da consciência dele, através da sua 'cabeça' e 'mãos', [...] é fortemente pintada nas cores da subjetividade" (Chpiet, 2009 [1927], p. 194). Na constituição do conceito, essa autonomia se dá por meio do componente lógico da forma interna da palavra. Com isso, Chpiet "permanece fiel à positividade ontológica do objeto" (Brandist, 2009, p. 203).

O segundo grande desafio da filosofia de Chpiet é determinar a natureza do sentido na linguagem, questão estreitamente relacionada com o conceito de forma interna da palavra. Em *Estetítcheskie fragmiénti* [*Fragmentos estéticos*] (2007 [1922-23]), Chpiet observa que o estudo fonético dos sons da língua é de natureza puramente física e, ao se dar sem a consideração do sentido, não atinge aquilo que faz de uma palavra uma palavra: o sentido. Diferentemente, as formas morfológicas só podem ser estudadas na sua relação com a significação, e aqui penetramos na natureza da linguagem humana, a saber: sua capacidade de produzir sentido. Uma vez que o que faz diferença entre um simples som da natureza e um signo sonoro é o fato deste último ser dotado de significação, Chpiet afirma que somente a Semiótica pode dar conta dessa diferença. No mesmo movimento do desafio anterior, Chpiet busca a natureza do sentido na relação entre a linguagem e o mundo, dividindo o sentido da palavra em três componentes:

1) O *componente ontológico* — compreende o objeto empírico real (*viesch*) na forma do conteúdo objetual subentendido. São formas dadas, refletidas, mas ao mesmo tempo constitutivas das coisas. As formas ontológicas revelam-se na função nominativa em que a linguagem é um meio, um instrumento, um objeto sensitivo-perceptível em relação a um outro objeto sensitivo-perceptível;

2) O *componente morfológico* — são as formas linguísticas externas (Chpiet atribui à sintaxe um papel secundário em relação às formas morfológicas);

3) O *componente lógico* — é o componente intuitivo intelectual que faz a mediação entre as formas ontológicas e as morfológicas, constituindo-se na forma interna da linguagem. É o sentido ideal, expresso e comunicado, e a dimensão construtiva ou constitutiva do sentido na relação com a forma ontológica, uma vez que a forma lógica reagrupa, dá forma e estabilidade ao conteúdo.

Nesse esquema percebe-se a base do pensamento de Chpiet, que define a natureza do sentido por meio da garantia da existência de um componente ontológico na linguagem, pois é na relação entre linguagem e mundo que se dá a constituição do sentido.

A essa estrutura fundamental do sentido da palavra, Chpiet acrescenta uma função secundária ou "cossignificação":

a função expressiva que abarca as representações individuais e subjetivas.

"O indivíduo e a nação não somente transmitem as relações objetivas dos conteúdos materiais, mas gravam ao mesmo tempo sua vinculação pessoal com elas por meio dos modos de transmissão criativa." (Chpiet, 2009 [1927], p. 172)

"A língua é intermediária não somente entre o homem e sua realidade pensada, mas também entre um e outro homem. [...] De um homem a outro transmite-se, primeiramente, tudo o que entra na composição do conteúdo objetivo da intelectualidade e, em segundo lugar, toda a riqueza da individualidade. [...] A realidade pode ser individual no conteúdo, mas é objetiva na forma." (Chpiet, 2009 [1927], p. 173)

Enquanto a relação entre os componentes ontológico, morfológico e lógico são de natureza social, o filósofo considera que a expressão das vivências subjetivas são, em um primeiro momento, um componente do mundo natural e individual, pois até os animais expressam suas vivências interiores (medo, dor, alegria etc.) por meio de ruídos, na ausência de uma língua. Para que a expressão das vivências e situações do sujeito falante se torne um discurso é preciso apreendê-la em uma determinada esfera de conversação, circundada pelas sensações e percepções do mundo desse sujeito que permitem ao ouvinte compreendê-las nesta esfera. A independência da forma lógica em relação à função expressiva da palavra é defendida ainda por meio da observação do processo de aquisição da linguagem pela criança: esta expressa seus sentimentos e avaliações primeiramente por meio de gritos e choros, ainda sem relação com um sentido; em seguida, a criança começa a reconhecer e a nomear os objetos, e depois a compreender e comunicar; por fim, ela relaciona essas vivências com a expressão de suas emoções.

Essa distinção entre forma lógica e forma expressiva orienta a divisão entre duas disciplinas científicas operada por Chpiet em sua obra *Vvediénie v etnítcheskuiu psikhológuiu* [*Introdução à psicologia étnica*] (1927). A filosofia da linguagem se ocupa do sentido lógico e objetual da linguagem, tanto em sua expressão ideal quanto real. Já a psicologia étnica estuda o modo particular como um povo expressa sua relação com a natureza, consigo próprio, com os outros e com a cultura. O objeto da psicologia étnica é a significação, tomada como a "expressão" ou modo espiritual concreto de dado povo.

A terceira grande questão desenvolvida na obra de Chpiet é a constituição do pensamento e do sujeito com base na formação da consciência linguística. Chpiet, seguindo a tradição de Potebniá, argumenta que a palavra não é um invólucro do pensamento, mas sua carne, e que o pensamento nasce junto com a palavra. Esse postulado implica a assunção da existência do sujeito em suas criações da linguagem, verbal e extraverbal, ou seja, o sujeito se constitui nos signos, por meio dos quais ele se encontra e se forma na sociedade. Esse modo de constituição do sujeito implica negar a oposição entre "quem fala" e "o que é dito": "a própria lei de construção e de combinação é uma lei do sujeito. A sua criação é sua função natural, no que é criado ele se põe inteiramente, reflete-se, coloca sua alma etc." (Chpiet, 2009 [1927], p. 182). Chpiet prossegue na investigação do sujeito social que se expressa e se materializa nos signos objetivados, sendo que "O sujeito de certo momento, e é preciso enfatizar isso, significa o sujeito de certa obra" (Chpiet, 2009 [1927], pp. 195-6).

Em uma análise da teoria de Simmel, Chpiet (2009 [1918]) o critica por misturar duas ordens de individualidade: a psicológica e a histórica. Já Chpiet separa essas duas ordens, estabelecendo uma distinção entre a pessoa individual como objeto da psicologia e como objeto da história: na primeira, ela é autoconsciência individual em um dado contexto social e histórico; ela não é uma realidade histórica, uma vez que não está envolvida com nenhuma organização social e portanto não pode ser uma categoria social (cidadão, pessoa jurídica, sujeito político etc.); na segunda, a pessoa individual é a portadora de certa combinação de potenciais históricos e sociais objetificáveis; ela é um signo cuja interpretação revela instituições e organizações sociais específicas; aqui, o sujeito só é uma totalidade nas relações com os demais sujeitos sociais. Em sua *Vvediénie v etnítcheskuiu psikhológuiu* [*Introdução à psicologia étnica*], esse indivíduo histórico e social ganha uma formulação mais desenvolvida:

> "Cada um reflete em si a coletividade do próprio grupo; uma vez que ele se encontra em contato mais ou menos estreito com cada membro, experimenta em si sua influência, sugestão, imita-o, simpatiza com ele etc. Cada membro do grupo, em maior ou menor grau, carrega em si a coletividade espiritual, conhecida sob o nome de tradição, tradição popular, que é possível analisar como sistema de forças espirituais, que determinam as vivências, impressões e reações atuais do indivíduo. Cada indivíduo vivo, por isso, é um coletivo *sui generis* de vivências, onde suas vivências pessoais são predeterminadas por toda a massa de apercepções, que compõe a coletividade das vivências da sua linhagem, isto é, tanto dos seus contemporâneos quanto dos seus antepassados." (Chpiet, 1927, p. 134)

Essa definição do sujeito histórico tem seu correlato filosófico na resposta que Chpiet (2009 [1918]) formula ao problema colocado por Husserl sobre a vida da consciência "pura" e as relações das ideias "puras", cuja questão de base é o ato de compreensão. A solução para a questão da compreensão é encontrada por Chpiet na metodologia histórica: a compreensão é a apreensão de ideias realizadas, no sentido de que a realidade histórica é necessariamente ocorrida, e a única absoluta e verdadeira. Compreender é um ato histórico real de atribuir sentido a algo realizado e corporificado na realidade. E ainda, a realidade histórica é o que aconteceu, mas também o que está acontecendo e o que virá a acontecer, ou seja, é um processo contínuo de corporificação e realização de ideias. Chpiet enfatiza o caráter imprevisível da realidade histórica futura fundada na criatividade livre e ilimitada, pois o passado ajuda a compreender o que somos e o que ainda não realizamos, mas não permite prever o futuro.

Os problemas colocados por Chpiet, bem como as suas respostas a eles, permitirão compreender muitas das formulações de MFL tanto no que elas incorporam quanto no que se diferenciam do filósofo russo. Ressaltamos ainda que, por um lado, Chpiet continua as ideias de Humboldt e Potebniá e, por outro, encontra continuação na obra posterior dos linguistas e semioticistas russos, como é o caso da escola de Tartu e Moscou.

A filosofia da linguagem de Karl Vossler[12]

Vossler é apresentado em MFL como um dos principais representantes, ao lado de Humboldt e Potebniá, do subjetivismo individualista. No entanto, a obra de Vossler é impor-

---

[12] Karl Vossler (1872-1949) foi professor de filologia românica na Universidade de Munique, na Alemanha, e atuou como linguista e teórico da literatura.

Ensaio introdutório 35

tante não apenas para a compreensão de MFL, mas também para a história da linguística e da filosofia da linguagem na União Soviética e na Rússia, conforme podemos atestar no manual russo *Istória iazikoznánia: possóbie dlia studiéntcheskikh víschikh utchiébnikh zavediéni* [História da linguística: manual para estudantes de instituições de ensino superior] (2008), em que Amírova, Olkhóvikov e Rojdiéstvenski dedicam uma seção considerável do capítulo "Crítica da neogramática e busca de uma abordagem nova da língua no final do século XIX e início do século XX" à exposição do pensamento de Vossler, que se opõe ao positivismo dos neogramáticos. Os principais aspectos da obra de Vossler são:

1) A concepção, sob a influência de Humboldt, da língua como criação constante e expressão de processos espirituais. A língua tomada como "expressão do espírito" leva Vossler a entendê-la como reflexo de uma forma determinada de cultura, como aquilo que é produzido pelo espírito humano em oposição à natureza. No entanto, segundo Amírova, Olkhóvikov e Rojdiéstvenski, ele toma o conceito de criação constante do espírito sem a ideia de obra ou resultado presente nos trabalhos de Humboldt, ou seja, faz uma leitura unilateral sob a influência da filosofia estética de Benedetto Croce.

Diferentemente tanto da visão de Amírova, Olkhóvikov e Rojdiéstvenski, quanto da de MFL, Amado Alonso, prefaciador da tradução espanhola dos textos de Vossler, *Filosofía del lenguaje* [Filosofia da linguagem], entende que, para Vossler:

> "Os dois polos, o da intuição e o das categorias estabelecidas, o da fala e o da língua, criação e sistema, não são duas entidades de uma possível autonomia a constituir-se em objeto unitário de nossa ciência (a autonomia do momento individual na concepção estética de Croce; a autonomia do lado

social na linguística sociológica de Saussure); mas o fenômeno espiritual da linguagem — e portanto o objeto da linguística — consiste no ir e vir de um polo a outro [...] pois a criação individual nasce orientada pelas condições do sistema, e o sistema da língua não tem nem funcionamento possível nem história sem a intervenção dos indivíduos concretos que a falam." (Alonso, em Vossler, 1963 [1923], p. 16)

A nosso ver, a ideia de língua como um produto autônomo está presente em diversos momentos do texto de Vossler citado acima. Primeiramente, quando ele argumenta que os problemas próprios da língua são de caráter gramatical, no sentido da busca das regras, leis e relações que se ajustam aos fatos e os explicam. De acordo com Vossler, as mudanças operadas nessas regras gramaticais não são históricas, pois resultam da não observância de regras, sendo, portanto, passivas. A evolução das formas linguísticas só ganha uma história ao abandonar o terreno exclusivamente formal e gramatical e incursionar em questões histórico-culturais como: empréstimos de uma língua para outra, usos ligados a determinadas esferas da atividade humana, gírias, variantes regionais etc. A história gramatical é uma série intermediária a ligar a série puramente gramatical à série histórico-cultural; portanto, a história da língua insere-se na ciência geral da cultura. No entanto, Vossler defende que a história da língua tem sua própria inclinação: a de apoiar-se na história da arte e, em especial, da literatura.

Em segundo lugar, Vossler, por meio da distinção entre formas gramaticais e significados psicológicos, compreende que as categorias ou formas gramaticais são o resultado da "fixação, da regularização, da petrificação das [categorias] psicológicas" (Vossler, 1963 [1923], p. 166), sendo que a evolução da linguagem cotidiana ocorre na tensão ou oposição entre dois polos opostos: por um lado, a expressão matemática em que uma categoria ou menção psicológica (por exemplo, o valor número 100) pode assumir diferentes expressões (50+50, 4x25, 700-600 etc.); por outro, a fantasia do artista que é capaz de criar para cada categoria ou menção psicológica uma expressão original e única. Esses dois polos são complementares, uma vez que o estilo artístico individual só pode ser adequadamente avaliado mediante a existência de um uso geral, firme e unitário da língua (as formas gramaticais da comunidade).

Em um terceiro momento, Vossler propõe que a língua é uma "inquieta mediadora entre a comunidade e o indivíduo" (Vossler, 1963 [1923], p. 176), proporcionando a este possibilidades expressivas não toleradas pela comunidade. Essas possibilidades são oferecidas por meio de figuras de linguagem como o anacoluto (ruptura sintática), elipses, pleonasmo (entendido como um realce ou acumulação dos meios expressivos), porém são os conceitos de permutação e arcaísmo, advindos da antiga retórica, que fornecem a Vossler os instrumentos para expor a tensão entre a permanência e a mudança na língua. A permutação é a mudança do sentido de uma forma pela ação do indivíduo sobre as possibilidades oferecidas pela língua; por exemplo, o uso do futuro com a função de imperativo nos mandamentos bíblicos "Não matarás" ou a personalização do Estado na célebre frase de Luís XIV "O Estado sou eu". O arcaísmo tem por autor a comunidade, sendo oferecido como possibilidade para o indivíduo que "aceita e segue irrefletidamente as formas de expressão herdadas" (Vossler, 1963 [1923], p. 207) dos antepassados da comunidade; por exemplo, a supressão do artigo no francês antigo que possibilitava expressões como "*Poverté n'est pas vice*"[13] (em francês moderno, "*La poverté n'est un vi-*

---

[13] "Pobreza não é vício", em francês.

ce")[14] ou "*Tout ce qui reluit n'est pas or*"[15] (em francês moderno, "*Tout ce qui reluit n'est pas de l'or*").[16] A diferença entre essas duas figuras está na atitude do indivíduo falante e não na língua em si: na permutação, o indivíduo falante se comporta de modo motor (metáfora para os nervos que conduzem a um impulso do centro cerebral à periferia) e no arcaísmo ele se comporta de modo "sensitivo" (nervos que levam impressões, estímulos da pele — periferia — ao centro de sensação). Disso, Vossler conclui que a língua é um meio sempre em movimento e que o indivíduo é o centro da iniciativa das mudanças idiomáticas ou, em outros termos, que a língua se apresenta como um centro ativo e os indivíduos como seus participantes e habitantes periféricos.

2) A posição de Croce de que a linguística, assim como a estética, deve fundamentar-se no conhecimento intuitivo (individual) está na base da neofilologia estética dos trabalhos de Vossler, para quem o verso de Fausto "Cinza, querido amigo, é toda teoria, mas verde é a árvore dourada da vida" é incorreto do ponto de vista lógico (teorias não têm cor; uma árvore não pode ser verde e dourada ao mesmo tempo), mas é pleno de significado linguístico, pois há acordo entre som e sentido. Segundo Amírova, Olkhóvikov e Rojdiéstvenski, Vossler, ao conceber a língua como composta de expressões singulares e o ato linguístico como ato criativo, considera o estético a essência do fenômeno humano da linguagem e, por isso, o linguista deve buscar seus materiais de estudo na literatura e sobretudo na poesia. No entanto, essa posição não nos pareceu fiel ao pensamento de Vossler presente na

---

[14] "A pobreza não é um vício", em francês.

[15] "Nem tudo que reluz é ouro", em francês.

[16] "Nem tudo o que reluz é ouro", em francês.

obra *Filosofia da linguagem* (1963 [1923]), em cujo último ensaio encontramos a afirmação de que "em todas as línguas se guarda certa tensão entre o caráter prático e o artístico" (p. 261). Essa conclusão é tirada do princípio geral de que "onde o ornamento aparece em sua função original, ele reúne o belo com o útil" (1963 [1923], p. 257). Esse princípio é exemplificado com a ajuda de elementos da arquitetura (colunas, janelas, portais góticos etc.) que reúnem simultaneamente o uso prático e o estético. O pensamento de Vossler nos pareceu muito mais equilibrado e multifacetado do que é apresentado no manual russo de história da linguística.

3) Uma vez que na base de qualquer língua estão o ato criativo do indivíduo e os atos de fala individuais, "a atividade consciente e perspicaz" (Vossler, 1963 [1923], p. 122), então primeiramente exige-se o estudo do processo de "fala", objeto de estudo dos linguistas, em contraponto ao ouvir/ler, objeto de estudo dos filólogos. Ao distinguir quatro grandes modalidades de linguagem — a prosa, a poesia, a eloquência ou retórica e a linguagem corrente e diária —, Vossler propõe que o modo mais natural das duas últimas é o "circuito falar, ouvir, compreender e re-falar ou contra-falar (isto é, responder)" (1963 [1923], p. 242), que o monólogo "pode ser considerado como um diálogo consigo mesmo, e todo diálogo pode ser considerado uma soma de monólogos" (1963 [1923], p. 242) e, em seguida, conclui que os gêneros poéticos (lírica, epopeia e drama) compreendem sempre um ouvinte, público ou espectador. Vossler vai além ao observar que "a consciência individual é uma coisa muito tardia e refinada" (1963 [1923], p. 244). Vemos aqui uma das origens do conceito de diálogo em MFL, nele concebido como a forma mais importante da interação discursiva.

Procuramos mostrar que o pensamento de Vossler constrói-se no tensionamento entre os polos da estabilidade das formas linguísticas e a atividade constante dos sujeitos falantes e, nesse sentido, as leituras russas desse autor, aí incluída a presente em MFL, são um tanto parciais, pois acentuam apenas o polo da criatividade artística e individual.

O CONCEITO DE DIÁLOGO EM IAKUBÍNSKI E VINOGRÁDOV

O conceito de diálogo e seus correlatos dialogismo, relações dialógicas, pequeno e grande diálogo são uma marca identificadora não só de MFL, mas também do conjunto da obra do Círculo de Bakhtin. Em MFL, o diálogo é não só a forma mais importante da interação discursiva, como há pouco exposto, mas também uma hipótese explicadora da organização do parágrafo:

"Se penetrássemos mais profundamente na essência linguística dos parágrafos, nos convenceríamos de que em alguns traços essenciais eles são análogos às réplicas de um diálogo. É como se fosse um *diálogo enfraquecido que passou a integrar um enunciado monológico*. A percepção do ouvinte e do leitor, bem como das suas reações possíveis, fundamenta a divisão do discurso em partes que, na linguagem escrita, são designadas como parágrafos." (Volóchinov, 2017 [1929], p. 244)

O diálogo é usado principalmente, para explicar o problema do discurso alheio, tomado como "reação da palavra à palavra", sendo a sua inclusão no contexto autoral (o discurso direto) uma das formas de transmissão do discurso alheio. Entre os autores que se ocuparam da questão do diálogo, o autor de MFL cita Vossler, o artigo de Iakubínski, "Sobre o discurso dialógico" (1923), e o livro de Vinográdov, *Sobre a poesia de Anna Akhmátova* (1925); esses dois últimos serão objeto de nossa exposição a seguir.

No artigo que acabamos de citar, Iakubínski objetiva mostrar que o diálogo é um fenômeno especial do discurso e apontar em que consiste esse caráter "especial". Com esse propósito, afirma que a linguagem é um comportamento humano ao mesmo tempo psicobiológico e sociológico, e considera que o estudo da língua na dependência das condições de comunicação (ordem sociológica) é uma base fundamental da linguística da época. A importância da diversidade funcional da língua na comunicação discursiva é relacionada ao interesse pela linguagem literária ou poética, surgido no final de 1916 e início de 1917 em trabalhos da Sociedade para o Estudo da Língua Poética (OPOYAZ), da qual faziam parte Viktor Chklóvski (1893-1984), Iuri Tiniánov (1894-1943), Boris Eikhenbaum (1886-1959), Viktor Jirmúnski (1891-1971) e o próprio Lev Iakubínski (1892-1946). Viktor Vinográdov (1895-1969) abordava a literatura do ponto de vista da linguística, aproximando-se, com isso, de posições do OPOYAZ. A distinção entre linguagem prática e linguagem poética proposta, nesse momento, por esses autores é considerada imprecisa por Iakubínski, que se lança a investigar as diferentes formas do enunciado discursivo (*retchevoe viskázivanie*), em particular a distinção entre monólogo e diálogo.[17]

Iakubínski investiga as formas humanas diretas (face a face) em ligação com as formas diretas de interação discur-

---

[17] Vale a pena destacar aqui que o desconhecimento da linguagem prática, à qual se oporia a linguagem poética, é apontado, cinco anos mais tarde, por Medviédev na obra *O método formal nos estudos literários* (1928), ao afirmar que tanto os formalistas quanto a linguística da época desconheciam as características e a multiplicidade funcional dos enunciados cotidianos. Medviédev aponta que a linguística da época construiu seus principais conceitos e categorias com base em monumentos literários, incluindo a retórica, decorrendo disso o seu monologismo.

siva, constatando a possibilidade de formas monológicas (no tribunal, em cerimônias) e dialógicas (conversas rápidas). No artigo, Iakubínski concentra-se nas formas dialógicas diretas, com base no trabalho de Lev Scherba,[18] que concluiu ser o monólogo uma forma linguística artificial e o diálogo, natural, uma vez que em determinados dialetos não havia monólogos, apenas diálogos entrecortados.

Iakubínski defende a naturalidade do diálogo por meio de uma série de exemplos: a tendência do nosso organismo é a reação, havendo uma relação estreita entre representações, julgamentos e emoções com a manifestação discursiva exterior que desperta uma reação discursiva; a observação de encontros para discussão de temas científicos mostra que as apresentações são interrompidas por réplicas, que se transformam em conversas com uma tendência ao diálogo (mesmo quem se calava nesses encontros tinha expressões faciais de quem queria falar); em conferências científicas, por exemplo, observa-se a tendência ao diálogo, à réplica manifesta no discurso interior, que acompanha a escuta da apresentação; frequentemente, essa escuta é acompanhada de anotações no papel que revelam as réplicas interiores; até mesmo a percepção de um monólogo escrito (livro, artigo) desperta interrupção e réplica, às vezes mentalmente, às vezes em voz alta e às vezes por escrito — com a ajuda de grifos, observações nas margens, listas etc. Ao fim desses exemplos, Iakubínski conclui que o diálogo é natural, tanto por ser um fenômeno cultural (fato social da interação) quanto por ser um fenômeno biológico (reação psicofísica).

---

[18] Lev Vladímirovitch Scherba (1880-1944), linguista russo e soviético na área da psicolinguística, lexicografia e fonologia, foi um dos formuladores do conceito de fonema. Foi aluno de Baudouin de Courtenay e estudou na Alemanha, na Polônia e na França. Ingressou na Universidade Estatal de São Petersburgo em 1909, onde também se formou em 1913.

Com base nessa concepção, Iakubínski descreve uma série de caraterísticas do diálogo direto (ou conversação, em termos mais atuais):

1) A percepção visual e auditiva do interlocutor (sua mímica ou expressão facial, gestos, movimentos corporais) tem enorme importância como fator determinante da percepção do discurso e, consequentemente, da própria fala;

2) A expressão facial e os gestos às vezes desempenham o papel de réplica no diálogo, substituindo a expressão verbal. Muitas vezes, a réplica por meio da expressão facial responde antes da verbal;

3) A expressão facial e os gestos têm, com frequência, uma importância semelhante à da entonação, isto é, determinadas imagens modificam o sentido das palavras. A mímica (expressão facial) e os gestos, sendo companheiros constantes de qualquer reação do homem, são meios comunicativos constantes e poderosos. Na comunicação direta, a manifestação discursiva sempre se une à mímico-gestual. Para ilustrar a importância da entonação e da imagem do interlocutor, Iakubínski reproduz um fragmento do *Diário de um escritor* de Dostoiévski, mesmo exemplo utilizado em MFL;

4) A alternância de réplicas caracteriza o diálogo, sendo que as interrupções fazem parte dele e determinam sua organização. De modo geral, a mudança de réplica ocorre de forma que uma "ainda não acabou", mas outra "continua";

5) Como não há preparação para o diálogo, a réplica de maneira frequente ocorre sem muita reflexão e simultaneamente à percepção do discurso alheio;

6) No diálogo, a resposta a uma pergunta demanda menor quantidade de palavras que na manifestação de uma totalidade de pensamento;

7) A compreensão do discurso alheio depende não só do discurso exterior, mas também de nossas experiências internas e externas anteriores, da "massa aperceptiva" de dado indivíduo ou, em termos atuais, dos conhecimentos prévios

dos interlocutores. A importância geral da apercepção da compreensão do discurso como fator de diminuição da significação dos próprios estímulos discursivos é bem mais clara no discurso dialógico que no discurso monológico;

8) Considerando que nossa existência cotidiana está cheia de padrões repetitivos, nossas interações discursivas são acompanhadas por padrões constantes;

9) Na comunicação dialógica, a situação cotidiana é um dos fatores de percepção do discurso, um de seus aspectos, e possui um significado comunicativo. Em consequência disso, o papel dos estímulos discursivos diminuem; eles se deslocam um pouco para o pano de fundo e não estão sujeitos a uma percepção nítida. Na produção da própria fala, ocorre um cálculo inconsciente do significado comunicado por meio da situação cotidiana, e por isso essa fala pode ser menos completa, menos nítida;

10) Na experiência diária, podemos observar como muitas vezes não expressamos a inteireza de nosso pensamento, omitimos palavras necessárias, pensamos uma coisa mas falamos outra: nossa intenção discursiva não corresponde à realização. Tudo isso é condicionado pelos temas e outras leis psicofisiológicas; a própria ação livre dessas leis é condicionada pela falta de concentração que controla a atenção aos signos do discurso. Disso, Iakubínski conclui, com a ajuda de exemplos de mudanças fonético-fonológicas descritas por diversos linguistas russos da época, que o caráter mais progressista do diálogo em relação ao monólogo está no fato de que a mudança da língua, a criatividade "discursiva", não ocorre de forma consciente (posição defendida por Vossler, por exemplo), mas está ligada ao caráter inconsciente da "pronúncia", da qual está ausente a concentração da atenção; isto é, está ligada ao fenômeno da automatização.

Iakubínski encerra seu longo artigo apontando a falta de pesquisas com diálogos reais e que o uso de obras literárias, de onde ele próprio extrai boa parte de seus exemplos, deve ser feito com cautela.

Vinográdov, em seu livro sobre a poesia de Anna Akhmátova,[19] publicado apenas dois anos após o artigo de Iakubínski, busca compreender "o estilo poético individual como um sistema fechado de meios linguísticos e particularidades que emergem mais claramente sobre o plano de fundo das formas gerais do discurso cotidiano e suas diferentes funções" (1925, p. 5). Citando Saussure, Vinográdov propõe o estudo sincrônico da unificação individual-estética, para mostrar a mudança de um sistema em outro ou a formação de um sistema particular estável. Com essa base teórica, o autor descreve os procedimentos mais essenciais da utilização de palavras na linguagem poética de Anna Akhmátova, por intermédio dos quais são esclarecidas simultaneamente algumas questões gerais e particulares da semântica ou simbólica do discurso poético.

É no último capítulo da obra (chamado "Caretas do diálogo") que Vinográdov aborda o papel do diálogo como medida tomada por Akhmátova para evitar, parcialmente, o perigo da padronização da linguagem a se repetir de um poema a outro. Vinográdov elenca as seguintes caraterísticas do diálogo na poesia da autora russa:

1. O diálogo define a composição do poema, reduzindo a narração (*skaz*) à descrição dos detalhes situacionais. A poeta pode apresentar-se simultaneamente na condição de narradora, que compõe o plano de fundo da ação, e de participante do diálogo no qual sua réplica cresce para tornar-se um monólogo, novamente encerrando em si fragmentos do discurso dialógico;

---

[19] Anna Akhmátova (1889-1966), poeta, tradutora e teórica da literatura, considerada uma das principais figuras da literatura russa no século XX.

2. Em outro grupo de poemas, o diálogo também não é completo: a narração ocorre com vocativo e lirismo apelativo, porém nela são introduzidas palavras alheias. Isso acontece de dois modos: uma observação breve que às vezes compõe o sustentáculo do poema por meio de um desabafo emocional e de recordações contrastivas, e um discurso longo ou monólogo dirigido à protagonista;

3) Por fim, em um terceiro grupo de poemas, o diálogo — com suas réplicas lacônicas e agitadas, além de ligeiras deformações entonacionais — serve ao esclarecimento da ação, aguçando a percepção da mudança das diferentes etapas dos acontecimentos e elucidando seu curso de modo emocional.

São especialmente representativos aqueles poemas em que a ação está contida no diálogo, cuja construção é investigada em duas direções: primeira, a relação do tom do diálogo e da composição verbal de suas réplicas com as formas da narração e a composição frasal dentro das réplicas; segunda, o sistema de alternância de réplicas.

Vinográdov termina o capítulo afirmando que o estudo dos princípios de construção do discurso dialogal na novela ainda não foi iniciado na literatura russa e que ele ajudaria a desvendar não somente os procedimentos de seu entrelaçamento com a narração, mas também as particularidades da novela, entendida como variedade particular do discurso literário e organizadora do drama.

Por fim, Vinográdov se abstém de conclusões gerais, por considerar que o estudo científico do discurso literário necessita de uma orientação metodológica baseada nos resultados da linguística geral. Segundo o autor, a estilística não pode ter uma construção científica sem o auxílio da linguística, que deve fornecer a classificação sistemática do material e a análise profunda dos diversos aspectos do discurso poético.

O objetivismo abstrato de Baudouin de Courtenay e Mikolaj Kruszewski

Em MFL, Baudouin de Courtenay[20] é identificado, ao lado de Kruszewski,[21] como integrante da chamada escola de Kazan (1870-1880), caracterizada por ser uma forte expressão do formalismo linguístico inserida nos limites do pensamento filosófico-linguístico do objetivismo abstrato. Segundo Amírova, Olkhóvikov e Rojdiéstvenski (2008), Baudouin de Courtenay é um dos precursores da linguística estruturalista e algumas de suas posições aproximam-se e até mesmo antecipam ideias de Saussure. Uma de suas principais contribuições é o conceito de fonema como um valor relacional, isto é, um elemento da estrutura sonora que faz um elo entre a fonologia e a morfologia, ao auxiliar na identificação dos morfemas.

Ainda segundo Amírova, Olkhóvikov e Rojdiéstvenski (2008), Baudouin de Courtenay realizou uma grande mudança na ciência da linguagem: antes, predominava na linguística a corrente histórica, e a língua era estudada exclusivamen-

---

[20] Ivan Aleksándrovitch Baudouin de Courtenay (1845-1929), eminente linguista russo-polonês, estudou e descreveu várias línguas e dialetos eslavos por meio de expedições aos lugares onde essas línguas eram faladas, o que causou estranheza, uma vez que a linguística era vista como uma ciência livresca, de gabinete. Falava várias línguas e escreveu seus trabalhos em russo, polonês, alemão, francês e tcheco. Trabalhou nas Universidades de Kazan (1874-1883), período mais importante de sua produção, Tartu (1883-1893), Cracóvia (1893-1900), São Petersburgo (1900-1918), e Varsóvia (a partir de 1918). Fez parte da Sociedade Francesa de Linguística e correspondeu-se com Ferdinand de Saussure.

[21] Mikolaj Kruszewski (1851-1887) foi um eminente linguista russo-polonês que estudou filologia em Varsóvia (Polônia) e depois se dirigiu à Universidade de Kazan. Lá, foi aluno de Baudouin de Courtenay e depois professor e parceiro deste no desenvolvimento da linguística da escola de Kazan. Uma grave doença neurológica interrompeu sua carreira brilhante; faleceu em Kazan, em 1887.

te por meio de documentos escritos; já ele se dedicou ao estudo das línguas vivas e de dialetos, pois considerava que a essência da língua está na atividade da fala. Baudouin de Courtenay se opunha à tendência filológica de estudo das línguas antigas e mortas:

> "Em solo europeu, a linguística se desenvolveu a partir da filologia clássica [...] A origem da linguística a partir da filologia explica o fascínio especial que o estudo de línguas antigas e mortas desperta em muitos linguistas. Entretanto, deve-se considerar pouco fecundo tal método, que começa com o exame de objetos já não existentes e portanto inacessíveis à observação direta, ao invés de, seguindo o exemplo dos naturalistas, começar com o que é acessível à pesquisa e depois se voltar para o inacessível. O caráter arqueológico da linguística refletiu-se na tendência, até mesmo de cientistas sérios, à reconstrução ou reconstituição de todo tipo de 'protolíngua' ou de 'línguas primitivas', em particular do indo-europeu." (2010 [1870], pp. 115-6)

Kruszewski, ao definir como tarefa imediata da linguística o estudo de todos os fenômenos possíveis da língua, bem como suas leis e condições de mudança, faz uma observação semelhante, dando mais ênfase aos preconceitos dos linguistas do século XIX contra o estudo de línguas modernas:

> "Na tendência linguística chamada de arqueológica, ocorre o menosprezo que foi verificado e que se verifica contra as línguas modernas. São pouquíssimos os linguistas, que, livres do preconceito infundado contra línguas modernas, dedicaram-se ao seu estudo. Entretanto, o que se falaria sobre um zoólogo que começou o estudo de seu objeto com

fósseis de animais, com a paleontologia? Somente o estudo das línguas modernas pode ser capaz de descobertas das variadas leis da língua, no momento desconhecidas, pois é impossível ou muito mais difícil descobrir isso nas línguas mortas que nas modernas." (Kruszewski, 1964, pp. 288-9)

Em uma aula de abertura no departamento de gramática comparada das línguas indo-europeias, feita em dezembro de 1870 na Universidade de São Petersburgo, Baudouin de Courtenay defende o caráter científico da linguística, definindo-a como "um exercício da razão humana sobre um conjunto (um complexo) de fatos e de conceitos homogêneos" (Baudouin de Courtenay, 2010 [1870], p. 9). Para o linguista russo, as principais condições de existência de uma ciência são uma quantidade suficiente de material e um método científico correspondente.

Baudouin de Courtenay divide a linguística pura (em contraste com a aplicada) em duas seções gerais: "1) A análise multifocal de dados reais de línguas já formadas; 2) A pesquisa sobre o início da palavra humana, sobre a formação primitiva das línguas e o estudo das condições psíquico-fisiológicas gerais de sua existência ininterrupta" (Baudouin de Courtenay, 2010 [1870], p. 18). É importante observar aqui que o autor, ao mesmo tempo em que lança as bases de um novo tipo de investigação linguística, com atenção à sistematicidade das línguas vivas, preserva a busca pela origem da linguagem, tema onipresente nos trabalhos de filosofia da linguagem do século XIX.

Tanto a visão formal quanto a influência das posições de Humboldt se fazem sentir no conceito de língua de Baudouin de Courtenay:

"A língua é um conjunto de sons e consonâncias articulados e dotados de significado, reunidos em um todo pela intuição de determinado povo [como conjunto (reunião) de unidades sensoriais e inconscientemente generalizantes] que fazem parte da mesma categoria, do mesmo conceito específico baseado na língua comum a eles todos." (Baudouin de Courtenay, 2010 [1870], p. 33)

"Se a língua pode ser considerada um tipo especial de conhecimento, ela pode ser concebida ao mesmo tempo, por um lado, como ação, ato, e, por outro, como coisa, objeto do mundo exterior." (Baudouin de Courtenay, 2010 [1870], p. 99)

A primeira afirmação assume o papel da língua como um sistema de sons pertencente à coletividade; porém, no segundo fragmento, o autor conjuga os conceitos de "produto" e "ação". No conjunto dos escritos pesquisados, percebemos que, para Baudouin de Courtenay, a atividade está ligada ao processo de produção da fala, enquanto, para Humboldt, ela diz respeito ao espírito.

Baudouin de Courtenay representa ainda uma ênfase no caráter psicológico da língua; isto é, sua essência está em sua realidade psicológica e não na fala concreta das pessoas: "Antes de tudo a língua existe somente nas almas humanas. [...] A língua também existe em nossas almas independentemente de a falarmos ou não" (Baudouin de Courtenay, 2010 [1870], p. 148).

A seguir, passaremos a expor as influências de Ernst Cassirer, Wilhelm von Humboldt, Aleksandr Potebniá, Gustav Chpiet, Karl Vossler, Lev Iakubínski, Viktor Vinográdov, Baudouin de Courtenay e Mikolaj Kruszewski sobre a filosofia da linguagem desenvolvida em MFL.

2. O MÉTODO SOCIOLÓGICO DE *MARXISMO E FILOSOFIA DA LINGUAGEM* EM DIÁLOGO COM O CONTEXTO INTELECTUAL

A teoria do enunciado concreto, entendido como elo na cadeia da comunicação discursiva, serve não apenas como fundamento da filosofia da linguagem em MFL, mas também para compreender a própria constituição do método sociológico desenvolvido nesta obra, cujos pontos principais serão, a seguir, expostos em diálogo com os textos dos autores supracitados. Apesar das dificuldades em segmentar temas intimamente interdependentes, proporemos o que consideramos ser os principais tópicos do diálogo entre MFL e seu contexto intelectual, a saber: a síntese dialética entre idealismo neokantiano e sociologia marxista; a questão do diálogo como forma essencial da linguagem; a relação entre língua, sentido e sujeito; o contraponto entre sistema linguístico e tradição filológica.

A síntese dialética entre idealismo neokantiano e sociologia marxista

Em MFL opera-se uma síntese dialética[22] entre a filosofia neokantiana da linguagem de caráter idealista e a socio-

---

[22] De acordo com o *Dictionnaire de la philosophie* (2000), em sua origem etimológica, a dialética é a arte da disputa, tal como ela foi desenvolvida e fixada na prática política própria à cidade grega: a dialética envolve intermediários (*dia*) e tem relação com o discurso (*logos*), tomado como princípio essencial de determinação do real e do pensamento. Apesar de presente em diferentes sistemas filosóficos, a dialética é uma categoria técnica da filosofia com um valor geral. Sempre de acordo com o dicionário, a dialética se torna, em Kant, uma doutrina das faculdades e da dis-

logia marxista,[23] entre subjetivismo individualista e objetivismo abstrato, entre o psíquico e o ideológico:

> "Suponhamos que aqui, como sempre, a verdade não se encontre no meio-termo nem seja um compromisso entre a tese e a antítese, ficando fora e além dos seus limites, e negando tanto a tese quanto a antítese, ou seja, representando uma *síntese dialética*." (Volóchinov, 2017 [1929], pp. 199-200)

O procedimento dialético busca avaliar os limites de dois opostos, a fim de ultrapassá-los, por meio de uma síntese tanto no sentido de produzir um conceito unificador ("a interação discursiva é a realidade fundamental da linguagem") quanto de unir dois princípios em contradição (o subjetivismo individualista e o objetivismo abstrato, o psíquico e o ideológico, a realidade material e a ideologia). Tihanov (2002) havia apontado, com base na visão cética de Frank (1910), que um esforço em aproximar o kantismo e o marxismo era um elemento importante da vida intelectual e uma questão filosófica e social tradicional na Rússia desde o final da segunda metade do século XIX.

---

tinção de seus usos, isto é, examinar algo em seus limites, a fim de avaliar a sua legitimidade. Em Hegel, a dialética é um procedimento filosófico que trabalha sobre a contradição entre A e não-A, termos recíprocos, que serão ultrapassados para o surgimento de uma nova contradição. Por fim, a dialética de Marx se propõe a ser o inverso da de Hegel e se funda sobre dois princípios: 1) O primado do real sobre o conhecimento ou o primado do existir sobre o pensamento; e 2) A distinção entre o real (o existir) e seu conhecimento. A dialética de Marx é uma contradição real, apoiada sobre uma alteridade primitiva entre os termos que a compõem (o existir e o pensar).

[23] Conforme justificamos no início, não exporemos os princípios da sociologia marxista de Bukhárin e Plekhánov.

Já na introdução de MFL, justifica-se a importância do trabalho com a filosofia da linguagem por sua abordagem de aspectos essenciais para o marxismo, entre eles a psicologia:

> "Na primeira parte do trabalho, tentamos justificar a importância dos problemas da filosofia da linguagem para o marxismo como um todo. Como já havíamos dito, essa importância está longe de ser suficientemente analisada. Entretanto, *os problemas da filosofia da linguagem se encontram no cruzamento dos campos mais importantes da visão de mundo marxista*, sendo que atualmente essas áreas gozam de grande atenção da nossa sociedade." (Volóchinov, 2017 [1929], p. 85)

Em seguida, na primeira parte, o papel da linguagem na constituição da consciência humana (*soznánie*) e do psiquismo humano é um dos principais temas abordados. Normalmente, essa não é uma questão discutida entre teóricos do discurso, do texto e da enunciação, os principais leitores de MFL na linguística brasileira, mas é central para filósofos da linguagem tanto de orientação idealista quanto materialista:

> "O que o idealismo e o psicologismo ignoram é que a própria compreensão pode ser realizada apenas em algum material sígnico (por exemplo, no discurso interior). Eles desconsideram que um signo se opõe a outro signo e que *a própria consciência pode se realizar e se tornar um fato efetivo apenas encarnada em um material sígnico*." (Volóchinov, 2017 [1929], p. 95)

> "Essa cadeia ideológica se estende entre as consciências individuais, unindo-as, pois o signo surge apenas no processo de interação *entre* cons-

ciências individuais. E a própria consciência individual está repleta de signos. Uma consciência só passa a existir como tal na medida em que é preenchida pelo conteúdo ideológico, isto é, pelos signos, portanto apenas no processo de interação social. Apesar das profundas divergências metodológicas, a filosofia idealista da cultura e os estudos culturais psicológicos cometem o mesmo erro crucial. Ao localizarem a ideologia na consciência, eles transformam a ciência das ideologias em uma ciência da consciência e suas leis, sejam elas transcendentais ou empírico-psicológicas." (Volóchinov, 2017 [1929], p. 95)

A questão da consciência (*soznánie*) e da sua relação com a linguagem é central, porque o autor visa estabelecer a natureza da ideologia na formação da consciência humana, bem como superar a dicotomia entre os chamados método fenomenológico e método projetivo (expostos abaixo) no estudo científico das criações humanas (Engelhardt, 1924). Segundo MFL, qual é essa natureza? A ideologia não é uma formulação da consciência, mas, ao contrário, a ideologia forma, constitui a consciência por meio de sua realidade material, isto é, dos signos ideológicos. Esses signos ideológicos, por sua vez, são constituídos no processo de interação social em que os interesses das diversas classes sociais direcionam o processo de construção das representações materializadas na palavra:

"A língua elucida a personalidade interior e a sua consciência, criando-as, diferenciando-as e aprofundando-as, e não o contrário. É verdade que a própria personalidade se constitui não somente nas formas abstratas da língua, mas também nos seus temas ideológicos. A personalidade, do ponto de vista do seu conteúdo subjetivo interior, é um tema da língua, e esse tema se desenvolve e se diversifica na direção das construções linguísticas mais estáveis. Por conseguinte, não é a palavra que expressa a personalidade interior, mas a personalidade interior que é uma palavra externalizada ou internalizada. A palavra, por sua vez, é uma expressão da comunicação social, da interação de personalidades materiais e dos produtores. As condições dessa comunicação inteiramente material determinam e condicionam a definição temática e construtiva que a personalidade interior receberá em uma dada época e em um dado ambiente, como ela conceberá a si mesma, quão rica e segura será essa autoconsciência, como ela motivará e avaliará os seus atos." (Volóchinov, 2017 [1929], p. 311)

A conjunção entre as formas da língua e os temas ideológicos realizada na comunicação social (ou interação discursiva) compõe os signos ideológicos, que são responsáveis pela formação da personalidade interior e da consciência.

Outra questão é a relação entre pensamento, linguagem e realidade. No idealismo psicológico representado por Humboldt e Potebniá, a linguagem não é reflexo da realidade e sim uma atividade que simultaneamente constitui a consciência humana e as representações do mundo, por meio da estabilidade dos conceitos, da seleção de determinado aspecto do objeto a ser fixado na denominação, enfim, da colocação em forma das impressões sensoriais pelo espírito humano.

A relação entre psicologismo e ideologia é tratada no terceiro capítulo da primeira parte, em que o autor estabelece tanto o terreno comum entre ambos, os signos, quanto os limites e as inter-relações entre eles:

"Do ponto de vista do conteúdo ideológico não há e não pode haver fronteiras entre o psiquismo e a ideologia. Qualquer conteúdo ideológico, sem exceção, independentemente do tipo de material sígnico em que ele estiver encarnado, pode ser compreendido e, por conseguinte, assimilado psiquicamente, isto é, pode ser reproduzido no material sígnico interior. Por outro lado, qualquer fenômeno ideológico passa, no processo de sua criação, pelo psiquismo, por ele ser uma instância necessária. Reiteramos: qualquer signo ideológico exterior, independentemente do seu gênero, banha-se por todos os lados nos signos interiores, ou seja, na consciência. Esse signo exterior tem sua origem no mar dos signos interiores e nele continua a viver, pois a sua vida se desenvolve no processo de renovação da sua compreensão, vivência e assimilação, ou seja, em sua inserção contínua no contexto interior.

[...]

Se, por um lado, o conteúdo do psiquismo individual é tão social quanto a ideologia, por outro, os fenômenos ideológicos são tão individuais (no sentido ideológico da palavra) quanto os psíquicos. Cada produto ideológico carrega consigo a marca da individualidade do seu criador ou de seus criadores, mas essa marca é tão social quanto todas as demais particularidades e características dos fenômenos ideológicos.

[...]

O *antipsicologismo tem razão ao recusar deduzir a ideologia do psiquismo*. Mais do que isso, o psiquismo deve ser deduzido da ideologia. A psicologia precisa apoiar-se sobre a ciência das ideologias. Era necessário que a palavra primeiramente nascesse e amadurecesse no processo da comunicação social dos organismos, para depois entrar no organismo e se tornar a palavra interior.

No entanto, o psicologismo também tem razão. Não há o signo exterior sem o signo interior. Um signo exterior, incapaz de entrar no contexto dos signos interiores, ou seja, incapaz de ser compreendido e vivido, deixa de ser um signo e torna-se um objeto físico.

O signo ideológico vive por meio da sua realização psíquica, assim como a realização psíquica vive por meio do seu conteúdo ideológico.

[...]

Essa síntese dialética viva entre o psíquico e o ideológico, entre o interior e o exterior, se realiza sempre reiteradamente na palavra, em cada enunciado, por mais insignificante que seja." (Volóchinov, 2017 [1929], pp. 127-30, 137-8, 140)

Ao estabelecer, em MFL, o material sígnico como o terreno comum entre a ideologia e o psiquismo, é lançada a base para a superação dos dois métodos, postulados por Engelhardt[24] (1924), de estudo dos produtos da criação humana ou dos monumentos da cultura espiritual: o método fenomenológico, que entende esses produtos como processo na consciência do criador e do receptor, e o método projetivo, que os concebe situados fora da consciência, já que estão engendrados na relação genética entre as obras. Os conceitos de signo ideológico e de enunciado como objetos do método sociológico buscam superar a divisão entre o interior e o exterior, entre o individual e o social, entre a atividade consciente (*enérgeia*) e seus produtos externos (*érgon*), pois os signos

---

[24] Boris Mikháilovitch Engelhardt (1887-1942), filólogo, crítico literário russo e professor na Faculdade de Letras do Instituto de História da Arte de Leningrado, nos anos 1920.

participam tanto do contínuo processo histórico de criação ideológica, quanto materializam os produtos da atividade consciente individual e coletiva. Vemos aqui as influências de Wilhelm von Humboldt e da filosofia de Chpiet, para quem a palavra é a "carne" do pensamento que nasce junto com ela. O capítulo sobre a "interação discursiva" é central para entendermos as propostas teórico-metodológicas de MFL. Observemos com atenção o longo fragmento a seguir:

> "*A consciência é uma ficção fora da objetivação, fora da encarnação em um material determinado* (o material do gesto, da palavra interior, do grito). Trata-se aqui de uma construção ideológica ruim, criada por meio de uma abstração dos fatos concretos da expressão social. Todavia, a consciência como uma expressão material organizada (no material ideológico da palavra, do signo, do desenho, das tintas, do som musical etc.) é um fato objetivo e uma enorme força social. Entretanto, essa consciência não se encontra acima da existência nem pode determiná-la de modo constitutivo, pois a consciência é uma parte da existência, uma das suas forças e, portanto, possui a capacidade de agir, de desempenhar um papel no palco da existência. Enquanto a consciência permanece na cabeça daquele que pensa como um embrião verbal da expressão, ela é apenas uma parte muito pequena da existência, com um campo de ação reduzido. No entanto, quando ela passa todos os estágios da objetivação social e entra no campo de força da ciência, da arte, da moral, do direito, ela se torna uma força verdadeira, capaz até de exercer uma influência inversa nas bases econômicas da vida social."
> (Volóchinov, 2017 [1929], pp. 211-2)

Neste longo fragmento é realizada, a nosso ver, uma síntese dialética entre o idealismo de Humboldt, Potebniá e Cassirer, postuladores do papel ativo da consciência humana na determinação da sua existência, e o materialismo histórico, defensor da tese oposta: de que a existência determina a consciência humana.[25] O autor de MFL não assume nenhum desses dois polos, mas realiza a seguinte síntese: a consciência materializada em signos e objetificada em sistemas ideológicos particulares (ciência, arte, ética, direito) é, por um lado, uma parte da existência, uma de suas forças e, por outro, capaz de influenciar, de transformar a existência material. Com isso, o autor assevera que a relação entre existência e consciência é uma via de mão dupla: por um lado, a existência material influencia na constituição da linguagem e, por outro, a consciência age sobre a existência material, isto é, a consciência humana, ao formar-se nos signos ideológicos, é capaz de exercer uma influência transformadora sobre a base econômica, principal elemento da existência material na visão marxista.

Outro princípio importante expresso nesse fragmento é o de que a objetificação da consciência se dá não apenas por meio de signos verbais, mas também musicais e plásticos, o que, a nosso ver, ecoa a tese de Potebniá de que não há igualdade entre pensamento e palavra, uma vez que a criança pensa antes de falar, que o pensamento artístico do pintor, do escultor, do músico se realiza sem palavras; e o matemático empreende sua ciência por meio de fórmulas. Com isso, queremos evidenciar que, em MFL, o papel ativo do pensamento humano na constituição das linguagens verbais e não verbais

---

[25] Em termos um pouco diferentes, Craig Brandist (2002, pp. 54, 62, 81) também ressalta que Volóchinov (e Medviédev) buscou uma síntese dialética entre "filosofias idealistas de cultura e marxismo", "sociologia marxista e neokantismo", "psicologia e filosofia da linguagem".

e dos sistemas de referência por meio dos quais se tem acesso ao real são influenciados pelas teses idealistas lançadas por Humboldt e retomadas por Potebniá e depois Cassirer.

Outra síntese importante iniciada no fragmento acima e completada abaixo é a relação dos signos ideológicos com a consciência.

> "Desde o princípio, a vivência está orientada para uma expressão exterior bastante atualizada, e tende para ela. Essa expressão da vivência pode ser realizada, mas também pode ser atrasada e retardada. Nesse último caso, a vivência é uma expressão retardada (não abordaremos aqui a questão bastante complexa das causas e condições do retardamento). Por sua vez, a expressão realizada exerce uma potente influência inversa sobre a vivência: ela começa a penetrar na vida interior, dando-lhe uma expressão mais estável e definida." (Volóchinov, 2017 [1929], p. 212)

Os diversos sistemas sígnicos (música, pintura, gestos, linguagem verbal) exercem uma função estabilizadora e definidora da consciência humana. Essas duas funções são amplamente desenvolvidas nos trabalhos de Humboldt e Potebniá que, a nosso ver, contribuem para a síntese dialética operada em MFL. Conforme expusemos anteriormente, Humboldt postula que a forma linguística confere estabilidade e unidade conceitual às propriedades materiais apreendidas pelos sentidos; e Potebniá argumenta que a palavra contém a representação do elemento unificador do objeto, bem como a imagem partilhada. Forma linguística e palavra compõem o elemento estável da representação, ao mesmo tempo em que encerram a possibilidade do novo, do inesperado, pois o novo só pode ser percebido em contraste com o velho, o dado, o conhecido.

Em MFL, a relação entre psiquismo e sistema de signos é outro elemento em que se revela a busca de uma síntese dialética do idealismo psicológico de Humboldt e sobretudo de Potebniá com as teses sociológicas marxistas. No mesmo parágrafo, assume-se, por um lado, que "A *realidade do psiquismo interior* [é] a *realidade do signo*. Não há psiquismo fora do material sígnico" (Volóchinov, 2017 [1929], p. 116), ou seja, o materialismo dialético impõe-se sobre o modo de pensar o psiquismo que só existe materializado em signos, diferentemente do que propõem Humboldt e Potebniá. Por outro, a visão humboldtiana de que a linguagem faz a mediação entre o mundo objetivo e o mundo subjetivo está presente em afirmações como "*o organismo e o mundo se encontram no signo*" (Volóchinov, 2017 [1929], p. 116).

A QUESTÃO DO DIÁLOGO COMO FORMA ESSENCIAL DA LINGUAGEM

No capítulo de MFL "Tema e significação na língua", ao criticar o monologismo da ciência da linguagem, propõe-se que a construção do sentido decorre do diálogo entre locutor e interlocutor, em que ambos desempenham um papel ativo:

> "O problema da significação é um dos mais difíceis da linguística. À medida que esse problema é solucionado, o monologismo unilateral da linguística se revela de modo especialmente claro. A teoria da compreensão passiva não abre a possibilidade de uma aproximação às especificidades mais fundamentais e essenciais da significação linguística." (Volóchinov, 2017 [1929], p. 227)

> "Desse modo, cada elemento semântico isolável do enunciado, assim como o enunciado em sua

totalidade, é traduzido por nós para outro contexto ativo e responsivo. *Toda compreensão é dialógica.*" (Volóchinov, 2017 [1929], p. 232)

Ideias semelhantes sobre o papel ativo dos falantes no processo de constituição do sentido podem ser encontradas em Humboldt:

> "Falar — mesmo nas mais simples formas do discurso — significa unir suas sensações individuais à natureza humana geral.
> O mesmo deve ser dito sobre a compreensão da mensagem. No espírito do homem, tudo acontece somente por meio da sua atividade autônoma, e a compreensão da mensagem e a comunicação por meio da palavra são somente ações distintas da mesma capacidade." (Humboldt, 2013 [1859], p. 52)

Tal como exposto anteriormente, Humboldt entende que a língua é um elo entre os homens, pois este só compreende a si mesmo depois de certificar-se da compreensão de suas palavras pelos outros. Em consonância com sua concepção de língua como atividade linguística, tanto locutor quanto interlocutor estão imersos nela. Potebniá, por sua vez, desenvolve o princípio do papel ativo do ouvinte em termos ainda mais próximos ao de MFL:

> "A forma interna da palavra, pronunciada pelo falante, orienta os pensamentos do ouvinte, mas ela apenas o estimula, isto é, somente dá os meios para desenvolver os significados nele, sem fixar os limites para a sua compreensão da palavra. A palavra pertence tanto ao falante quanto ao ouvinte, e portanto seu significado consiste não no fato de

Ensaio introdutório

que ela tem um sentido determinado para o falante, mas no fato de que ela é capaz de ter um sentido em geral. A palavra pode ser um meio de compreensão do outro somente porque o conteúdo dela é capaz de crescer." (Potebniá, 2010 [1892], pp. 162-3)

A concepção do papel ativo do destinatário ou interlocutor na construção do sentido é ainda desenvolvida por Potebniá em sua abordagem da obra de arte que, assim como a palavra, é um trabalho de constante criação. Segundo Potebniá, embora a obra de arte concretize o projeto, a ideia do artista, ela se torna independente após a criação; seu conteúdo desenvolve-se com a participação do espectador e sobretudo nele, sendo que o próprio artista se torna um dos seus espectadores. Ainda de acordo com o autor russo, a força da obra de arte não está na ideia do autor, mas em como ela age sobre o leitor ou espectador e, consequentemente, nas possibilidades inesgotáveis do seu conteúdo. O mérito do artista está na força que a forma interna da obra de arte tem para produzir os mais variados conteúdos. Em particular, a palavra poética possui capacidade de adensar o pensamento.

Se, por um lado, a ideia do papel ativo do interlocutor está presente na concepção de arte de Potebniá, aproximando-o das ideias de MFL, por outro, nesta obra rejeita-se a identificação da criatividade linguística com a criatividade artística: "*A criação da língua não coincide com a criação artística ou com qualquer outra criação especificamente ideológica*" (Volóchinov, 2017 [1929], p. 224). Isso porque o viés sociológico postula o papel ativo e onipresente da linguagem em todos os "sistemas ideológicos formados" e na "ideologia do cotidiano".[26] No entanto, cabe destacar que os exem-

---

[26] Concordamos com Tihanov (2002, p. 89) que a expressão "beha-

plos utilizados em MFL para ilustrar o método sociológico são quase todos retirados de obras literárias (La Fontaine, Púchkin, Dostoiévski).

Outra proximidade entre MFL, Humboldt e Potebniá está na crítica construída contra o conceito de sistema linguístico. Ao assumir uma concepção de linguagem como atividade e não como produto, Humboldt afirma que o que se entende por língua (léxico e gramática) é resultado da atividade científica e não a condição natural da língua. Semelhantemente, ao criticar a realidade do sistema linguístico, o autor de MFL afirma:

> "*A língua como um sistema estável de formas normativas idênticas é somente uma abstração científica*, produtiva apenas diante de determinados objetivos práticos e teóricos. Essa abstração não é adequada à realidade concreta da língua." (Volóchinov, 2017 [1929], p. 224)

A crítica em MFL à ideia de sistema do objetivismo abstrato já estava presente no trabalho de Humboldt, ou seja, o subjetivismo individualista fornece as ferramentas para a superação do objetivismo abstrato. Entretanto, as propostas que decorrem dessa crítica comum são distintas: Humboldt assume um viés idealista em que a língua é a atividade humana de transformação dos sons na expressão do pensamento humano; e Volóchinov estabelece uma síntese dialética entre o idealismo de Humboldt/Potebniá e a sociologia marxista, ao propor que a essência da língua está na interação discursiva e nos enunciados concretos que resultam dela, ou seja: "*A língua é um processo ininterrupto de formação, realiza-*

---

vioural ideology" não é uma boa tradução para a expressão russa *jíznennaia ideológuia*.

Ensaio introdutório

do por meio da interação sociodiscursiva dos falantes" (Volóchinov, 2017 [1929], p. 224).

Em MFL, o diálogo é a forma básica de compreensão do outro e de si mesmo, bem como a forma mais importante da interação discursiva. Essa centralidade do diálogo na filosofia da linguagem tem sua origem, como vimos, nos trabalhos filosóficos de Vossler, nas obras de Vinográdov e Iakubínski. Vale relembrar que, para Vossler, o diálogo é, em primeira instância, a forma mais natural dos discursos retórico e cotidiano e, em última instância, a forma estruturadora de toda a linguagem, pois o monólogo nada mais é que uma conversa consigo mesmo e as obras literárias não podem ser concebidas fora do endereçamento a um público. De acordo com Iakubínski, o diálogo é a forma mais natural da linguagem e sua presença marcante na linguagem prático-cotidiana reveste-se de um caráter automático e inconsciente a ser desautomatizado na linguagem poética. Se a concepção de diálogo de MFL parece, por um lado, muito próxima da de Vossler, por outro, ela é resultado de uma leitura crítica das proposições de Iakubínski e Vinográdov. A excelente caracterização do diálogo direto em Iakubínski funda-se em uma análise da situação mais imediata de comunicação, que em MFL é apenas um dos elementos, ao lado do contexto valorativo e do horizonte social mais amplo. Isso fica claro na análise que encontramos, tanto no texto "Sobre o discurso dialógico" de Iakubínski, quanto em MFL, de um fragmento do *Diário de um escritor* de Dostoiévski: em ambos os textos enfatiza-se o papel da entonação na constituição do enunciado oral, porém Iakubínski a teoriza do ponto de vista do sujeito falante individual, enquanto em MFL desenvolve-se o conceito do papel das avaliações sociais expressas na entonação para a constituição do sentido do enunciado. Em MFL não encontramos formulações a respeito do caráter automatizado do diálogo cotidiano, apenas sobre a sua constituição sociológica e sua importância, como gênero da ideologia do cotidiano, na crítica dos produtos dos sistemas ideológicos constituídos. Em MFL, a situação social, imediata e ampla, é tomada como um dos elementos constitutivos do material verbal e, diferentemente de Iakubínski, não explica a falta de atenção ao componente verbal.

Em Vinográdov, encontramos análises de obras literárias nas quais o diálogo é tomado como um procedimento estético de constituição da semântica ou da simbologia dos autores. Não percebemos, porém, afirmações sobre a essencialidade do diálogo à compreensão da linguagem humana, ausência decorrente, provavelmente, de sua recusa em propor princípios gerais de uma teoria da literatura e de sua visão de que a estilística deveria orientar-se pelos resultados e pela metodologia da linguística.

Língua, sentido e sujeito

Ainda sobre a relação entre o papel do sistema linguístico na atividade da língua de Humboldt e no enunciado concreto de MFL, vemos uma semelhança entre ambos: a língua, entendida como os elementos estáveis do léxico e da gramática, é uma parte tanto da atividade da fala em Humboldt, quanto do tema do enunciado em Volóchinov — "Juntamente com o tema, ou melhor, dentro dele, o enunciado possui também a *significação*" (Volóchinov, 2017 [1929], p. 228).

Cabe aqui destacar os contrapontos entre a filosofia de Gustav Chpiet e a filosofia da linguagem em MFL, no que se refere à compreensão da linguagem e do seu sentido. Conforme expusemos anteriormente, Chpiet concebe a linguagem humana pela sua capacidade de produzir sentido, assim como em MFL, no qual "a abstração da significação da palavra nos leva a perder de vista a própria palavra, restando apenas o seu som físico e o processo fisiológico da sua pronúncia. É a significação que faz com que uma palavra seja uma palavra" (Volóchinov, 2017 [1929], p. 117). Esta formulação é muito próxima das reflexões de Chpiet em *Estetítcheskie fragmiénti* [*Fragmentos estéticos*] (Chpiet, 2007 [1922-23]), levando-nos a pensar ser esta uma das influências de MFL nesta questão. Além disso, sob a nítida influência de Humboldt, ambos os pensadores compreendem que a produção de sentidos na linguagem é um processo ininterrupto (*enérgeia*) de criação regulado por leis socioculturais.

No entanto, ambos os pensadores diferem na orientação da constituição do sentido da linguagem. Chpiet procura garantir a autonomia do mundo material em relação à atividade constitutiva do sujeito por meio do componente lógico da forma interna da palavra. Essa orientação faz com que o filósofo estabeleça uma distinção entre o componente ontológico na linguagem, pois é na relação entre esta e o mundo que se dá a constituição do sentido, e a "cossignificação", que é a função expressiva e secundária responsável pelas representações individuais e subjetivas. Essa distinção entre forma lógica e forma expressiva orienta a divisão operada por Chpiet entre duas disciplinas científicas: a filosofia da linguagem se ocupa do sentido lógico e objetual da linguagem, tanto em sua expressão ideal quanto real; e a psicologia étnica estuda o modo particular como um povo expressa a sua relação com a natureza, consigo próprio, com os outros e com a cultura; aqui, a significação é tomada como a "expressão" ou modo espiritual concreto de dado povo.

Em MFL, os signos ideológicos são constituídos no processo de interação social em que os interesses das diversas classes sociais direcionam o processo de construção das representações materializadas na palavra, ou seja, a relação entre o sujeito e a realidade ocorre mediada pela interação entre sujeitos sociais, na qual os signos ideológicos são engendrados. Esses signos, por sua vez, constituem a vivência psíquica ao fazerem a mediação entre o homem e o meio exterior. Em MFL, a significação se localiza entre os falantes, sendo o significado objetual determinado e transformado pela avaliação social e histórica. Enquanto em Chpiet o componente valorativo é secundário e pode ser distinto do conteúdo ontológico, em MFL não só esses dois componentes são indissociáveis, quanto a avaliação precede e determina o conteúdo objetual. Consequentemente, em MFL o sentido lógico e objetual só existe na relação com o modo como dado povo ou grupo social se relaciona com a realidade natural e cultural.

Tanto na obra de Chpiet quanto em MFL, a consciência nasce e existe encarnada na palavra, que é a formadora da autoconsciência e atribui estabilidade conceitual a ela. Em ambas as obras tematiza-se a pessoa individual como sujeito histórico e social, cujas vivências, impressões e reações sofrem a influência da coletividade do seu grupo por meio da tradição popular. Entretanto, Chpiet separa o sujeito psicológico — autoconsciência individual em um dado contexto social e histórico — do sujeito histórico — portador de uma certa combinação de potenciais históricos e sociais objetificáveis (cidadão, pessoa jurídica, sujeito político etc.). Já em MFL distingue-se a "vivência do eu", próxima à reação fisiológica de um animal, e a "vivência do nós", cuja diferenciação ideológica garante firmeza à consciência.

O SISTEMA LINGUÍSTICO
E A TRADIÇÃO FILOLÓGICA

As influências dos teóricos russos alinhados ao objetivismo abstrato, apesar de menos evidentes, também se fazem presentes nas proposições do método sociológico de MFL. A mais explícita delas está na interpretação de que o conceito de sistema linguístico decorre da análise filológica de documentos escritos em línguas mortas:

"Na base daqueles métodos linguísticos de pensamento que conduzem à criação da língua como sistema de formas normativas idênticas está *a orientação teórica e prática para o estudo das línguas estrangeiras mortas conservadas nos monumentos escritos.*

É preciso sublinhar com absoluta firmeza que essa orientação filológica determinou de modo significativo todo o pensamento linguístico do mundo europeu." (Volóchinov, 2017 [1929], p. 182)

Baudouin de Courtenay e Kruszewski, ao considerarem que a essência da língua está na atividade da fala, criticam a linguística histórica que, influenciada pela filologia, dedicou-se ao estudo de documentos escritos em línguas mortas antigas. Do ponto de vista do subjetivismo individualista, Vossler, ao defender que na base de qualquer língua estão o ato criativo do indivíduo e os atos de fala individuais, propõe como tarefa o estudo do processo de "fala", que é o objeto de estudo dos linguistas em contraponto ao ouvir/ler, que é o objeto de estudo dos filólogos. O autor de MFL parece ter se inspirado tanto na crítica de Baudouin de Courtenay e de Kruszewski quanto na distinção entre os objetos da linguística e da filologia estabelecida por Vossler, porém com o propósito de fundar um outro método de estudo da linguagem e um outro objeto de investigação: o estudo do enunciado concreto como um componente da estrutura socioideológica.

A defesa por Baudouin de Courtenay e Kruszewski de que a essência da língua está na atividade da fala pode ser percebida ainda em MFL na valorização dos pequenos gêneros orais do cotidiano (conversas de salão, bate-papo de trabalhadores no horário do almoço, conversas familiares em casa etc.). No capítulo em que a interação discursiva é definida como a realidade fundamental da língua, argumenta-se que a atividade da fala se realiza de modo mais concreto nos gêneros conversacionais orais (Iakubínski).[27] É bem verdade que a terceira parte de MFL, "Para uma história das formas do enunciado nas construções da língua", é dedicada à análise de fragmentos escritos de obras literárias, aproximando-se do material de pesquisa da filologia. A nosso ver, a escolha desse material para ilustrar a aplicação do método sociológico é motivada pela atuação de Volóchinov na seção de metodologia da literatura do ILIAZV (Instituto da História Comparada das Literaturas e Línguas do Ocidente e do Oriente) e pelo diálogo estabelecido com a tradição de estudos sobre a linguagem: por um lado, o método de estudo do enunciado concreto está mais próximo do trabalho com textos da tradição filológica e retórica do que com as unidades linguísticas (fonema, morfema) estudadas por Potebniá ou Baudouin de Courtenay; por outro, a análise da língua em uso, da fala, do papel ativo do interlocutor na compreensão do enunciado, da relação dos signos ideológicos com a consciência, são orientações assumidas em diálogo com a filosofia da linguagem e a linguística dos séculos XIX e XX. Tanto em um sentido quanto no outro, o autor de MFL operou uma leitura crítica das tradições, uma vez que o estudo sociológico do enunciado concreto se constituiu em diálogo estreito com a tradição.

3. CONCLUSÕES

O objetivo de nosso ensaio introdutório foi recuperar uma parte do contexto intelectual da época de produção de

---

[27] Um excelente exemplo de como os princípios da interação discursiva podem orientar a análise de enunciados conversacionais encontra-se no artigo de Beth Brait, "O processo interacional", em Dino Preti, *Análise de textos orais*, 5ª ed., São Paulo, Humanitas/FFLCH-USP, 2001, pp. 189-214.

MFL, formado por filósofos da linguagem e linguistas alinhados tanto ao subjetivismo individualista quanto ao objetivismo abstrato. Esse propósito funda-se na percepção de que o leitor brasileiro contemporâneo poderá acessar novas camadas de sentido de MFL não só por meio de um texto vertido diretamente do original russo, mas também da recuperação do seu contexto de produção, que está distante em termos de espaço, tempo e cultura.

O primeiro dado relevante refere-se às diferenças entre as referências sobre a linguística do leitor brasileiro contemporâneo e do momento de produção e recepção de MFL. Nos manuais e cursos de Letras no Brasil, o nome que costuma figurar como o pai da linguística moderna é o de Ferdinand de Saussure. No contexto acadêmico de MFL, e mesmo no contexto russo contemporâneo, apesar de Saussure ser uma forte referência da Linguística do século XX, é Wilhelm von Humboldt que parece ocupar o lugar de iniciador da linguística, sobretudo por sua forte influência sobre Potebniá, um dos fundadores da linguística russa no século XIX. A nosso ver, a discussão sobre a relação entre pensamento e linguagem presente em MFL pode ser mais bem compreendida com base nas teorias desenvolvidas por Humboldt e Potebniá, entre outros.

Em MFL, e nas demais obras de Bakhtin, Volóchinov e Medviédev, a filiação a teorias filosóficas permite uma compreensão mais profunda de questões de base da análise da linguagem — a relação entre pensamento, linguagem e mundo, e entre linguagem e sociedade —, assim como o cerne da polêmica com o formalismo russo.

No que diz respeito à relação entre pensamento e linguagem, os pressupostos idealistas de Cassirer, Humboldt e Potebniá sobre o papel do conhecimento humano na formação e não somente na reprodução do real, e a assunção de que os signos verbais exercem uma função mediadora que ao mesmo tempo está presente em todas as formas do espírito e conserva suas particularidades, serão fundamentais nas teses desenvolvidas em MFL sobre: o caráter onipresente dos signos verbais em todas as esferas ideológicas; a síntese operada com a sociologia marxista em que a ideologia, por um lado, é influenciada pelas condições materiais de existência, mas, por outro, exerce uma influência transformadora sobre estas condições; a mediação dos signos ideológicos na formação da consciência e na constituição dos referentes do mundo durante o processo de interação discursiva; o papel ativo do destinatário ou interlocutor na construção do sentido.

Ainda no terreno da filosofia, encontramos reflexos dos trabalhos do filósofo russo Chpiet em MFL: a produção de sentidos na linguagem é um processo ininterrupto (*enérgeia*) de criação regulado por leis socioculturais, formando a essência da linguagem humana; a consciência nasce e existe encarnada na palavra, por meio da qual a pessoa sofre a influência da coletividade do seu grupo; por fim, o contato com a obra de Chpiet nos permite compreender por que o sentido lógico e objetual nunca é descartado nas obras de Bakhtin, Medviédev e Volóchinov, em que o enunciado e a palavra voltam-se para os objetos do mundo orientados pela interação discursiva, pelos interesses das diversas classes sociais e pela ênfase valorativa.

O estudo do diálogo em MFL é influenciado pelas obras de Vossler, Iakubínski e Vinográdov. Para Vossler, o diálogo, compreendido tanto como a interação face a face, quanto presumido em textos escritos, é a forma mais natural de linguagem. Já Iakubínski e Vinográdov caracterizam o diálogo com base no princípio formalista segundo o qual a linguagem prática e cotidiana é automatizada. Em MFL, opera-se uma leitura crítica dessas fontes no sentido de orientar o diálogo em uma chave sociológica, compreendendo não apenas os elementos da situação imediata de comunicação, mas também as ênfases valorativas, as esferas da atividade humana, a ideologia do cotidiano, entre outros.

Baudouin de Courtenay e Mikolaj Kruszewski, representantes do objetivismo abstrato, também se fazem presentes em MFL, por meio da teorização sobre os gêneros orais cotidianos, uma vez que, em termos metodológicos, a análise desses gêneros implica o trabalho com línguas vivas em sua contemporaneidade.

Por fim, é importante salientar que, embora nosso estudo enfatizasse as influências dos autores analisados, MFL não é apenas uma cópia ou continuação desses autores, mas antes uma resposta ao seu contexto intelectual, pois, sem ignorar as formulações anteriores da cadeia da comunicação científica na filosofia da linguagem, na estilística e na linguística, lança as bases para um método sociológico de análise dos enunciados concretos produzidos no processo social da interação discursiva.

Referências bibliográficas

ALPÁTOV, V. M. *Volóchinov, Bakhtin i lingvístika* [*Volóchinov, Bakhtin e a linguística*]. Moscou: Iazikí Slaviánskikh Kultur, 2005.

_____. *Iazikoviédi, vostokoviédi, istóriki* [*Linguistas, orientalistas, historiadores*]. Moscou: Iazikí Slaviánskikh Kultur, 2012.

AMÍROVA, T. A.; OLKHÓVIKOV, B. A.; ROJDIÉSTVENSKI, Iu. V. *Istória iazikoznánia: possóbie dlia studiéntcheskikh víschikh utchiébnikh zavediéni* [*História da linguística: manual para estudantes de instituições de ensino superior*]. Moscou: Izdátelski Tsentr Akadiémia, 5ª ed., 2008.

BAUDOUIN DE COURTENAY, I. V. "Niékotorie óbschie zametchánia o iazikoviédeni i iaziké" ["Algumas observações gerais sobre a linguística e a língua"]. In: ZVENGUINTSEV, V. A. *Istória iazikoznánia XIX-XX viekov v ótcherkakh i izvletchiéniakh I* [*História da linguística nos séculos XIX-XX em esboços e fragmentos I*]. Moscou: Prosveschiénie, 1964, pp. 263-83.

_____. *Vvediénie v iazikoviédenie* [*Introdução à linguística*]. Moscou: Krassand, 7ª ed., 2010 [1908].

_____. *Iazikoviédenie i iazik: issliédovania, zametchánia, programmi liéktsi* [Linguística e língua: pesquisas, observações, programas de cursos]. Moscou: LKI, 2010 [1870].

BAKHTIN, Mikhail. *Questões de estilística no ensino da língua*. Tradução de Sheila Grillo e Ekaterina Vólkova Américo. São Paulo: Editora 34, 2013.

_____. "O problema do conteúdo, do material e da forma na criação literária". In: *Questões de literatura e de estética: a teoria do romance*. Tradução de Aurora Bernardini et al. São Paulo: Hucitec, 3ª ed., 1993 [1924], pp. 13-70.

_____. *Vopróssi stilístiki rússkogo iaziká v sriédnei chkole* [Questões de estilística nas aulas de língua russa no ensino médio]. *Sobránie sotchiniéni* [Obras reunidas] vol. 5. *Rabóti 1940kh-natchala 1960kh godov*. Moscou: Rússkie Slovarí, 1997, pp. 141, 156, 510 e 532.

BORBA, Francisco da Silva. *Introdução aos estudos linguísticos*. 12ª ed. Campinas: Pontes, 1998.

BOUQUET, Simon; GRILLO, Sheila. "Mikhaïl Bakhtine: enjeux et perspectives épistémologiques d'une linguistique des genres". *Linx*, nº 56, Nanterre, 2008, pp. 7-18.

BRAIT, Beth. "O processo interacional". In: PRETI, Dino. *Análise de textos orais*. São Paulo: Humanitas/FFLCH/USP, 5ª ed., 2001, pp. 189-214.

_____ (org.). *Bakhtin e o Círculo*. São Paulo: Contexto, 2009.

BRANDIST, Craig. *The Bakhtin Circle: Philosophy, Culture and Politics*. Londres: Pluto Press, 2002.

_____. "Problems of sense, significance, and validity in the work of Shpet and the Bakhtin Circle". In: TIHANOV, G. (org.). *Gustav Shpet's Contribution to Philosophy and Cultural Theory*. Indiana: Purdue University Press, 2009, pp. 192-206.

CASSIRER, Ernst. *A filosofia das formas simbólicas — I. A linguagem*. Tradução de Marion Fleischer. São Paulo: Martins Fontes, 2001 [1923].

CHOR, R. "Krízis sovremiénnoi lingvístiki" ["Crise da linguística contemporânea"]. *Iafetítcheski Sbórnik*, nº 5, Leningrado, 1927, pp. 32-71.

CHPIET, G. G. *Vnútrenniaia forma slova: etiudi i variátsii na temi Gumboldta* [A forma interna da palavra: estudos e variações nos temas de Humboldt]. Moscou: Knijni dom Librokom, 4ª ed., 2009 [1927].

_____. *Vvediénie v etnítcheskuiu psikhológuiu* [Introdução à psicologia étnica]. Moscou: Gossudárstvennaia Akadiémia Khudójestvennikh Nauk, 1927.

_____. *La forme interne du mot: études et variations sur des thèmes de Humboldt*. Tradução de N. Zavialoff. Paris: Kimé, 2007.

_____. *Estetítcheskie fragmiénti* [Fragmentos estéticos]. In: *Iskússtvo kak vid znánia: ízbrannie trudí po filossófi kulturi* [A arte como um tipo de conhecimento: trabalhos escolhidos em filosofia da cultura]. Moscou: Rosspen, 2007 [1922-23].

_____. "Excerpts from 'Germenevtika i ee problemi'". In: TIHANOV, G. (org.). *Gustav Shpet's Contribution to Philosophy and Cultural Theory*. Indiana: Purdue University Press, 2009 [1918], pp. 228-45.

DICTIONNAIRE DE LA PHILOSOPHIE. Paris: Encyclopaedia Universalis/Albin Michel, 2000.

EIKHENBAUM, Boris. "A teoria do 'Método Formal'". In: TOLEDO, Dionísio de Oliveira (org.). *Teoria da literatura: formalistas russos*. Porto Alegre: Globo, 1971 [1925], pp. 3-38.

ENGELHARDT, B. *Aleksandr Nikoláevitch Vesselóvski*. Petrogrado: Kolos, 1924.

FARACO, Carlos Alberto. "Estudos pré-saussurianos". In: MUSSALIM, F.; BENTES, A. C. (orgs.). *Introdução à linguística: fundamentos epistemológicos*, v. 3. São Paulo: Cortez, 3ª ed., 2007, pp. 27-52.

FRANK, S. L. *Filossófia i jizn: etiudi i nabróski po filossófi kulturi* [Filosofia e vida: estudos e esboços em filosofia da cultura]. São Petersburgo: D. E. Jukóvskogo, 1910.

GAIM, R. *Wilhelm von Humboldt: opissánie ego jizni i kharakterístika* [Wilhelm von Humboldt: descrição de sua vida e características]. Moscou: K. M. Soldatiónkova, 1898.

GRILLO, Sheila. "A obra em contexto: tradução, história e autoria". In: Pável Nikoláievitch Medviédev. *O método formal nos estudos literários: introdução crítica a uma poética sociológica*. Tradução de Sheila Grillo e Ekaterina Vólkova Américo. São Paulo: Contexto, 2012, pp. 19-38.

GRILLO, Sheila; AMÉRICO, Ekaterina Vólkova. "Valentín Nikoláievitch Volóchinov: detalhes da vida e da obra encontrados em arquivos". *Alfa: Revista de Linguística*, Unesp (online), v. 61, n° 2, 2017, pp. 255-8.

GUILHAUMOU, Jacques. "Valentin Nikolaevic Vološinov (Vološinov), *Marxisme et philosophie du langage: les problèmes fondamentaux de la méthode sociologique dans la science du langage*". Semen [on line], n° 33, 2012, consultado em 29 de dezembro de 2012, <http://semen.revues.org/9532>.

HUMBOLDT, Wilhelm von. *On Language: The Diversity of Human Language-Structure and its Influence on the Mental Development of Mankind*. Tradução de Peter Heath. Cambridge: Cambridge University Press, 1988 [1836].

_____. *O razlítchii organízmov tcheloviétcheskogo iaziká i o vliáni étogo razlítchia na úmstvennoe razvítie tcheloviétcheskogo roda. Vvedénie vo vseóbschee iazikoznánie* [Sobre a distinção dos organismos da linguagem humana e a influência dessa distinção no desenvolvimento intelectual do gênero humano. Introdução à linguística geral]. Tradução de P. S. Biliárski. Moscou: Librokom, 2ª ed., 2013 [1859].

IAKUBÍNSKI, L. P. "O dialoguítcheskoi rietchi" ["Sobre o discurso dialógico"], *Rússkaia Rietch: sbórniki statéi* [*O Discurso Russo: coletânea de artigos*], Petrogrado, n° 13, 1923, pp. 96-194.

_____. *Sobre a fala dialogal*. Tradução de Dóris de Arruda C. da Cunha e Suzana Leite Cortez. São Paulo: Parábola, 2015.

KÓVAL, O. A. (org.). *Brokgauz: filossófia kontsépsi, mislíteli, poniátia* [*Brokgaus: concepções, pensamentos, conceitos filosóficos*]. São Petersburgo: Amfora, 2010.

KRUSZEWSKI, M. V. "Predmiét, deliénie i miétod naúki o iazikié" ["Objeto, divisão e método da ciência da linguagem"]. In: ZVIÉGUINTSEV, V. A. *Istória iazikoznánia XIX-XX vekov v ótchierkakh i izvletchiéniakh I* [*História da linguística nos séculos XIX-XX em esboços e fragmentos I*]. Moscou: Prosveschiénie, 1964, pp. 284-94.

KULIKOVA, I. P.; SÁLMINA, D. V. *Vvediénie v iazikoznánie: utchiébnik dliá bakalávrov* [*Introdução à linguística: manual para a graduação*]. Moscou: Iurait, 2013.

LOPES, Edward. *Fundamentos de linguística contemporânea*. São Paulo: Cultrix, 14ª ed., 1995.

MÁKHLIN, V. L. (org.). *M. M. Bakhtin (pod máskoi)* [*M. M. Bakhtin (sob máscara)*]. Moscou: Labirint, 2000.

MEDVIÉDEV, P. N. *O método formal nos estudos literários: introdução crítica a uma poética sociológica*. Tradução de Sheila Grillo e Ekaterina Vólkova Américo. São Paulo: Contexto, 2012 [1928].

OLIVEIRA, Robson Santos de; LYRA, Maria da Conceição Diniz Pereira de. "Yakubinsky e o Círculo de Bakhtin: aproximações". *Bakhtiniana*, v. 22, n° 52, 2012, pp. 261-70.

PETERSON, M. N. "Iazik, kak sotsiálnoe iavliénie" ["A língua como fenômeno social"]. In: *Utchiónie zapíski* [*Anotações científicas*], tomo 1, Moscou, Ranion, 1927, pp. 3-19.

PANOV, M. V. *Entsiklopedítcheski slovar iúnogo filóloga (iazikoznánie)* [*Dicionário enciclopédico do jovem filólogo (linguística)*]. Moscou: Pedagógika, 1984.

POTEBNIÁ, A. A. *Misl i iazik: psikhológuia poetítcheskogo i prozaítcheskogo michliénia* [*Pensamento e linguagem: psicologia do pensamento poético e prosaico*]. Moscou: Labirint, 2010 [1892].

_____. *Teória sloviésnosti: tropi i figuri* [*Teoria da literatura: tropos e figuras*]. Moscou: Krassand, 2010 [1877].

_____. *Iz zapíssok po rússkoi grammátike: glagól, mestoimiénie, tchislítelnoe, predlóg* [*Anotações de gramática russa: verbo, pronome, numeral, preposição*]. Moscou: Krassand, 2010.

_____. *Slóvo i predlojénie: vvediénie v teóriu* [*Palavra e frase: introdução à teoria*]. Moscou: Krassand, 2010.

PREZENT, I. *Proiskhojdiénie rietchi i mischliénia* [*Origem do discurso e do pensamento*]. Leningrad: Priboi, 1928.

RADUNOVIC, D. "Semiotics in Voloshinov and Shpet". In: TIHANOV, G. (org.). *Gustav Shpet's Contribution to Philosophy and Cultural Theory*. Indiana: Purdue University Press, 2009, pp. 207-18.

ROZENTAL, D. E.; GÓLUB, I. B.; TELENKÓVA, M. A. *Sovremiénni russki iazik* [*A língua russa contemporânea*]. Moscou: Víschaia Chkola, 1991.

SEIFRID, T. "Sign and/vs. Essence in Shpet". In: TIHANOV, G. (org.). *Gustav Shpet's Contribution to Philosophy and Cultural Theory*. Indiana: Purdue University Press, 2009, pp. 181-91.

SOUZA, Geraldo Tadeu. *Introdução à teoria do enunciado concreto do Círculo Bakhtin/Volochinov/Medvedev*. São Paulo: Humanitas/FFLCH/USP, 2ª ed., 2002.

STIÉPIN, B. S.; SEMÍGUIN, G. I. (orgs.). *Nóvaia filossófskaia entsiklopiédia v tchetiriókh tomákh* [*Nova enciclopédia de filosofia em quatro tomos*]. Moscou: Misl, 2010.

TIHANOV, G. "L'Idéologie et le langage chez Vološinov: comment l'esprit de la Lebensphilosophie a engendré la sociologie marxiste". In: ZBINDEN, Karine; HENKING, Irene Weber (org.). *La quadrature du cercle Bakhtine: traductions, influences et remises en contexte*. Lausanne: Centre de Traduction Littéraire, 2005, pp. 125-67.

_____. *The Master and the Slave: Lukács, Bakhtin, and the Ideas of Their Time*. Oxford: Clarendon Press, 2002.

_____ (org.). *Gustav Shpet's Contribution to Philosophy and Cultural Theory*. Indiana: Purdue University Press, 2009.

TYLKOWSKI, Inna. *Volosinov en contexte: essai d'épistémologie historique*. Limoges: Lambert-Lucas, 2012.

VINOGRÁDOV, V. V. *O poézii Anni Akhmátovoi: stilistítchekie nabróski* [*Sobre a poesia de Anna Akhmátova: esboços estilísticos*]. Leningrado: Trudí Fonetítcheskogo Instituta Praktítcheskogo Izutchiénia Iazikov, 1925.

VOLÓCHINOV, Valentin. *Marksizm i filossófia iaziká*. Leningrado: Priboi, 1929.

_____. *El marxismo y la filosofía del lenguaje*. Tradução de Tatiana Bubnova. Buenos Aires: Godot, 2009.

_____. *Marxism and the Philosophy of Language*. Tradução de Ladislav Matejka e I. R. Titunik. Cambridge: Harvard University Press, 1986.

_____. *Marxisme et la philosophie du langage*. Tradução de Patrick Sériot e Inna Tylkowski-Ageeva. Limoges: Lambert-Lucas, 2010.

_____. *Marxismo e filosofia da linguagem: problemas fundamentais do método sociológico na ciência da linguagem*. Tradução de Sheila Grillo e Ekaterina Vólkova Américo. São Paulo: Editora 34, 2017 [1929].

VOLOSINOV, V. N.; BACHTIN, M. M. *Marxismo e filosofia del linguaggio*. Tradução de Margherita Del Michiel. Lecce: Manni, 1999.

VOSSLER, Karl. *Grammatika i istória iaziká* [*Gramática e história da língua*], v. 1, Moscou: Logos, 1910, pp. 157-70.

_____. *Filosofía del lenguaje: ensayos*. Tradução de A. Alonso e R. Lida. Buenos Aires: Losada, 4ª ed., 1963 [1923].

ZANDWAIS, Ana. "Bakhtin/Voloshinov: condições de produção de *Marxismo e filosofia da linguagem*". In: BRAIT, Beth (org.). *Bakhtin e o Círculo*. São Paulo: Contexto, 2009, pp. 97-116.

As notas de rodapé são de autoria de Volóchinov, com exceção das notas da tradução, assinaladas com (N. da T.).

Marxismo
e filosofia da linguagem
Problemas fundamentais do método sociológico na ciência da linguagem

Introdução

Até o presente momento, ainda não existe nenhum trabalho marxista sobre a filosofia da linguagem. Mais do que isso, não há nenhum enunciado preciso e bem desenvolvido sobre a linguagem nos textos de orientação marxista dedicados a temas semelhantes.[1] Portanto, é bem compreensível que, por ser de fato pioneiro, nosso trabalho possa abordar apenas as tarefas mais modestas. Não se pode nem considerar que se trata de uma análise marxista relativamente sistemática e acabada e que aborde ao menos os problemas fundamentais da filosofia da linguagem. Esse tipo de análise poderia resultar apenas de um trabalho duradouro e coletivo. Diante disso, fomos obrigados a nos limitar à tarefa modesta de apontar somente *a direção geral* do pensamento verdadeiramente marxista sobre a linguagem e os *pontos metodo-*

---

[1] Na verdade, o único trabalho marxista sobre a linguagem — o recém-publicado livro de I. Prezent, *A origem do discurso e do pensamento* [*Proiskhojdiénie riétchi i michliénia*, Pribói, 1928] — tem muito pouco a ver com a filosofia da linguagem. No livro são analisados os problemas da gênese do discurso e do pensamento, sendo que o discurso não é compreendido como linguagem nem como um sistema ideológico específico, mas enquanto um "sinal", na acepção reflexiológica. A linguagem, enquanto um fenômeno específico, de modo algum pode ser reduzida à condição de sinal e, portanto, os estudos de I. Prezent estão longe de abordá-la. Eles não conduzem diretamente às questões concretas da linguística e da filosofia da linguagem.

lógicos fundamentais que devem sustentar esse pensamento na abordagem dos problemas concretos da linguística.

Nossa tarefa tornou-se mais complexa principalmente pelo fato de que na literatura marxista ainda não existe uma definição acabada e reconhecida da realidade específica dos fenômenos ideológicos.[2] Na maioria dos casos, eles são compreendidos como fenômenos da consciência, isto é, do ponto de vista psicológico. Tal concepção em muito dificultou a abordagem correta das particularidades específicas dos fenômenos ideológicos, que de modo algum poderiam ser reduzidos às particularidades da consciência e da psicologia subjetivas. Foi por isso que o papel da linguagem, concebida como a realidade material específica da criação ideológica, não pôde ser avaliado de modo adequado.

É necessário acrescentar ainda que, em todas aquelas áreas que os fundadores — Marx e Engels — tocaram de leve ou não abordaram em absoluto, as categorias mecânicas se arraigaram. No geral, todas essas áreas ainda se encontram no estágio do materialismo mecânico pré-dialético. Isso se expressa no fato de que, até o presente momento, reina a categoria da causalidade mecânica em todas as áreas da ciência sobre a ideologia. Além disso, ainda não foi eliminada a compreensão positivista do empírico: o culto do "fato" que não é compreendido do ponto de vista dialético, mas como algo inabalável e firme.[3] Essas áreas ainda foram pouco tocadas pelo espírito filosófico do marxismo.

---

[2] Os fundadores do marxismo definiram o lugar que a ideologia ocupa na unidade da vida social: a ideologia como uma superestrutura, a relação entre a superestrutura e a base, e assim por diante. Já no que concerne às questões relacionadas ao material da criação ideológica e às condições da comunicação ideológica, esses problemas, secundários para a teoria geral do materialismo histórico, não receberam uma solução concreta e finalizada.

[3] De fato, o positivismo é uma transferência das principais catego-

Devido às razões apontadas, no campo da filosofia da linguagem não temos quase nenhuma possibilidade de nos apoiarmos em quaisquer resultados suficientemente precisos e positivos alcançados em outras ciências sobre as ideologias. Mesmo os estudos literários que, graças a Plekhánov,[4] representam o campo mais elaborado dessas ciências, não conseguiram contribuir quase nada para o nosso tema.

De modo geral, o presente trabalho possui objetivos de caráter puramente científico, mas, na medida do possível, tentamos torná-lo mais acessível.[5]

Na primeira parte do trabalho, tentamos justificar a importância dos problemas da filosofia da linguagem para o marxismo como um todo. Como já havíamos dito, essa importância está longe de ser suficientemente analisada. Entretanto, *os problemas da filosofia da linguagem se encontram no cruzamento dos campos mais importantes da visão de mundo marxista*, sendo que atualmente essas áreas gozam de grande atenção da nossa sociedade.[6]

É necessário acrescentar ainda que, nos últimos tempos, tanto na Europa Ocidental quanto aqui na URSS, os problemas da filosofia da linguagem receberam uma atenção e adquiriram uma importância pouco habituais.[7] Pode-se dizer

---

rias e práticas do pensamento substancialista do campo das "essências", das "ideias", do "geral", para o campo dos fatos singulares.

[4] Gueorgui Valentinovitch Plekhánov (1856-1918) foi um dos mais importantes teóricos do marxismo soviético com parte das obras traduzidas para o português. Seu trabalhos abordam questões de cultura, estética, religião, filosofia, sociologia sempre sob um viés marxista. (N. da T.)

[5] Obviamente, além de um conhecimento dos princípios gerais do marxismo, o leitor deverá ao menos estar a par dos fundamentos da linguística.

[6] Estamos nos referindo às questões dos estudos literários e da psicologia.

[7] No entanto, isso não ocorreu nos círculos marxistas. Estamos nos

que a filosofia burguesa moderna passa a se desenvolver sob o *signo da palavra*, sendo que essa nova tendência do pensamento filosófico ocidental ainda se encontra bem no início do seu caminho. Há um embate acirrado em torno da "palavra" e do seu lugar sistemático, embate comparável apenas às discussões sobre o realismo, o nominalismo e o conceitualismo que ocorriam na Idade Média. De fato, as tradições dessas correntes filosóficas da Idade Média começam a ressuscitar, de certo modo, no realismo dos fenomenologistas e no conceitualismo dos neokantianos.

Após o medo positivista de qualquer intransigência na colocação dos problemas científicos e da hostilidade em relação a todas as questões de visão de mundo, esta própria do positivismo tardio, na linguística tomou-se uma consciência aguda das suas premissas filosóficas gerais e das suas ligações com os outros campos do conhecimento. Em decorrência disso surgiu a sensação de que a linguística, incapaz de atender todas essas exigências, está vivendo uma crise.

A tarefa da primeira parte é *mostrar o lugar dos problemas da filosofia da linguagem dentro da unidade da visão de mundo marxista*. Por isso, a primeira parte não prova nada e não apresenta nenhuma solução pronta para as questões colocadas: nela, não focamos tanto as relações entre os fenômenos, mas sobretudo as relações entre os problemas.

A segunda parte tenta resolver o problema fundamental da filosofia da linguagem, o problema da *realidade concreta dos fenômenos linguísticos*. Esse problema é o eixo em torno do qual giram todas as questões mais importantes do pen-

---

referindo ao despertar do interesse pela palavra causado pelos "formalistas", bem como a fenômenos como os livros de G. Chpiet: *Estetítcheskie fragmiénti* [Fragmentos estéticos]; *Vnútrenniaia forma slova* [A forma interna da palavra] e, por fim, ao livro de Lóssev, *Filossófia ímeni* [A filosofia do nome].

samento filosófico e linguístico da contemporaneidade. Tais problemas fundamentais como o da *formação da linguagem*, o da *interação discursiva*, o da *compreensão*, o da *significação* e outros, convergem para o problema central da realidade concreta dos fenômenos linguísticos. É claro que para a solução desse último podemos apontar apenas os caminhos gerais. Uma série de questões permanecerá quase intocada; uma série de linhas identificadas na exposição não será traçada até o final. Não podia ser diferente, pois se trata de um livro pequeno que tenta praticamente pela primeira vez abordar esses problemas de um ponto de vista marxista.

A última parte do trabalho apresenta um estudo concreto de uma questão de sintaxe. A ideia principal de todo o nosso trabalho — *o papel produtivo e a natureza social do enunciado* — precisa ser concretizada: é necessário mostrar sua importância não apenas no que se refere à visão de mundo geral e às questões fundamentais da filosofia da linguagem, mas também no que se refere às questões particulares e mais específicas dos estudos linguísticos. Porque, se uma ideia for verdadeira e produtiva, a sua produtividade deve revelar-se em todos os seus aspectos. Além disso, o tema da terceira parte — *o problema do enunciado alheio* — possui por si só uma grande importância que extrapola os limites da sintaxe. Uma série dos mais importantes fenômenos literários — *o discurso do personagem* (e o modo como o personagem é construído em geral), *o skaz*,[8] *a estilização, a paródia* — são apenas diferentes refrações do *discurso alheio*.[9] A compreensão des-

---

[8] *Skaz* é um tipo de narrativa literária em que o narrador não coincide com o autor e a sua fala é diferente da norma literária. O discurso do narrador de *skaz* reproduz a linguagem popular ou folclórica. A separação do *skaz* como um gênero isolado é própria dos estudos russos e soviéticos, e pouco utilizada na teoria literária ocidental. (N. da T.)

[9] É importante destacar que, no livro *Problemas da obra de Dostoiévski*, publicado em 1929, Bakhtin lista a mesma série de fenômenos e

se discurso, bem como da lei sociológica que o rege, é uma condição necessária à análise produtiva de todos os fenômenos literários enumerados por nós.[10]

Além do mais, a própria questão abordada na terceira parte não foi explorada na bibliografia russa sobre a linguística. Por exemplo, o fenômeno do *discurso indireto livre na língua russa* (que pode ser encontrado já em Púchkin) ainda não foi destacado e nem descrito por ninguém. Tampouco foram estudadas as mais variadas modificações do discurso direto e indireto.

Desse modo, o nosso trabalho caminha do geral e abstrato para o particular e concreto: das questões filosóficas gerais, passamos às questões linguísticas gerais e, a partir dessas, à questão mais específica que se encontra na fronteira entre a gramática (sintaxe) e a estilística.

---

faz uma classificação de três tipos de discurso: o discurso voltado para o objeto, o discurso objetificado dos personagens e o discurso orientado para o discurso do outro. Enquanto em *Marxismo e filosofia da linguagem* aborda-se o segundo tipo, Bakhtin dedica-se às diferentes modalidades de discurso bivocal (estilização, paródia, *skaz* etc.). As duas obras parecem participar de um projeto comum de estudar as formas de discurso que têm dupla orientação: para o objeto de sentido e para o discurso do outro. (N. da T.)

[10] Como é sabido, hoje em dia são justamente esses fenômenos que chamam a atenção dos teóricos da literatura. Obviamente, para a compreensão completa dos fenômenos aqui elencados é necessário ainda considerar outros pontos de vista. Entretanto, nesse campo não seria possível nenhum trabalho produtivo sem a análise das formas de transmissão do discurso alheio.

Parte I

A importância dos problemas da filosofia da linguagem para o marxismo

1

A ciência das ideologias
e a filosofia da linguagem

O *problema do signo ideológico*. O *signo ideológico e a consciência*. A *palavra como signo ideológico* par excellence. A *neutralidade ideológica da palavra*. A *capacidade da palavra de ser um signo interior*. Conclusões.

Atualmente, os problemas da filosofia da linguagem adquirem uma importância e uma pertinência excepcionais para o marxismo. Nas mais importantes frentes de combate do trabalho científico, o método marxista enfrenta justamente esses problemas e não é capaz de avançar de modo produtivo sem tê-los analisado e solucionado de modo independente.

Antes de mais nada, as próprias bases da ciência marxista da criação ideológica, isto é, os fundamentos dos estudos sobre a ciência, a literatura, a religião, a moral etc. estão ligados de modo mais estreito aos problemas da filosofia da linguagem.

Qualquer produto ideológico é não apenas uma parte da realidade natural e social — seja ele um corpo físico, um instrumento de produção ou um produto de consumo — mas também, ao contrário desses fenômenos, reflete e refrata outra realidade que se encontra fora dos seus limites. Tudo o que é ideológico possui uma *significação*: ele representa e substitui algo encontrado fora dele, ou seja, ele é um *signo*. Onde não há signo também não há ideologia. Pode-se dizer que um corpo físico equivale a si próprio: ele não significa nada e coincide inteiramente com a sua realidade única e natural. Nesse caso, não temos como falar de ideologia.

Entretanto, qualquer corpo físico pode ser percebido como a imagem de algo;[1] por exemplo, um único objeto pode encarnar o ciclo e a necessidade da natureza. Essa imagem artístico-simbólica de um objeto físico já é um produto ideológico. O objeto físico é transformado em um signo. Sem deixar de ser uma parte da realidade material, esse objeto, em certa medida, passa a refratar e a refletir outra realidade.

O mesmo seria justo em relação a qualquer instrumento de produção. Um instrumento de produção é em si mesmo privado de significação e possui apenas uma utilidade: a de servir para algum objetivo de produção. O instrumento serve a esse objetivo na qualidade de objeto singular, sem refletir nem substituir nada. No entanto, um instrumento de produção também pode ser transformado em signo ideológico. É o que ocorre com a foice e o martelo no nosso brasão, onde eles já são dotados de uma significação puramente ideológica. É possível também ornamentar de modo ideológico um instrumento de produção. Por exemplo, os instrumentos de um homem primitivo já eram cobertos de imagens ou ornamentos, isto é, de signos. É claro que, nesse caso, o próprio instrumento não se torna um signo.

É possível ainda atribuir a um instrumento de produção um forma artística acabada, de modo que esse ornamento artístico estará em harmonia com a utilidade produtiva do instrumento. Nesse caso, haverá uma espécie de aproximação máxima entre o signo e o instrumento de produção, quase uma fusão. Mas ainda assim percebemos aqui uma fronteira

---

[1] A palavra russa *obraz* tem como primeiro significado "imagem", e remete, nesse contexto, à ideia ou representação mental sobre algum fenômeno ou objeto. (N. da T.)

semântica evidente: um instrumento por si só não se transforma em um signo, nem um signo em um instrumento de produção.

Do mesmo modo, um produto de consumo pode ser transformado em um signo ideológico. Por exemplo, o pão e o vinho se tornam símbolos religiosos no sacramento da comunhão cristã. No entanto, o produto de consumo por si só não é um signo. Os produtos de consumo, assim como os instrumentos, podem ser relacionados aos signos ideológicos, mas nessa relação não se apaga a evidente fronteira semântica entre eles. Assim, o pão é assado em uma forma determinada, sendo que essa forma de modo algum se justifica apenas pela finalidade de consumo do pão, possuindo ainda uma significação ideológica, mesmo que primitiva (por exemplo, a forma *spretzel* ou de rosca).

Desse modo, além dos fenômenos da natureza, dos objetos tecnológicos e dos produtos de consumo, existe um mundo particular: *o mundo dos signos*.

Os signos também são objetos únicos e materiais e, como acabamos de ver, qualquer objeto da natureza, da tecnologia ou de consumo pode se tornar um signo. Neste caso, porém, ele irá adquirir uma significação que ultrapassa os limites da sua existência particular. O signo não é somente uma parte da realidade, mas também reflete e refrata uma outra realidade, sendo por isso mesmo capaz de distorcê-la, ser-lhe fiel, percebê-la de um ponto de vista específico e assim por diante. As categorias de avaliação ideológica (falso, verdadeiro, correto, justo, bom etc.) podem ser aplicadas a qualquer signo. O campo ideológico coincide com o campo dos signos. Eles podem ser igualados. Onde há signo há também ideologia. *Tudo o que é ideológico possui significação sígnica.*[2]

---

[2] O autor emprega o adjetivo *znákovi* que literalmente corresponde a "de signo" ou "sígnico". Como nem sempre é possível empregar a ex-

No interior do próprio campo dos signos, isto é, no interior da esfera ideológica, há profundas diferenças, pois fazem parte dela a imagem artística, o símbolo religioso, a fórmula científica, a norma jurídica e assim por diante. Cada campo da criação ideológica possui seu próprio modo de se orientar na realidade, e a refrata a seu modo. Cada campo possui sua função específica na unidade da vida social. Entretanto, *o caráter sígnico é um traço comum a todos os fenômenos ideológicos.*

Qualquer signo ideológico é não apenas um reflexo, uma sombra da realidade, mas também uma parte material dessa mesma realidade. Qualquer fenômeno ideológico sígnico é dado em algum material: no som, na massa física, na cor, no movimento do corpo e assim por diante. Nesse sentido, a realidade do signo é bastante objetiva e submete-se unicamente ao método monista de estudo objetivo. O signo é um fenômeno do mundo externo. Tanto ele mesmo, quanto todos os efeitos por ele produzidos, ou seja, aquelas reações, aqueles movimentos e aqueles novos signos que ele gera no meio social circundante, ocorrem na experiência externa.

Essa tese é de extrema importância. Por mais que ela seja elementar ou pareça óbvia, até o presente momento a ciência das ideologias não tirou dela todas as devidas conclusões.

A filosofia idealista da cultura e os estudos culturais de cunho psicológico situam a ideologia na consciência.[3] Se-

pressão "de signo", optamos pelo adjetivo "sígnico", que é mais fiel ao sentido original russo. (N. da T.)

[3] É necessário mencionar que, no neokantismo moderno, há uma mudança nesse sentido. Estamos nos referindo ao último livro de Cassirer, *Philosophie der symbolischen Formen*, v. I, 1923. Sem abandonar o terreno da consciência, Cassirer considera a representação como o seu traço principal. Cada elemento da consciência representa algo, possui uma função simbólica. O todo é dado em uma parte e a parte pode ser compreendida apenas no todo. De acordo com Cassirer, a ideia é tão sensorial quan-

gundo eles, a ideologia é um fato da consciência. O corpo exterior do signo é apenas um envoltório, apenas um meio técnico para a realização do efeito interno que é a compreensão. O que o idealismo e o psicologismo ignoram é que a própria compreensão pode ser realizada apenas em algum material sígnico (por exemplo, no discurso interior). Eles desconsideram que um signo se opõe a outro signo e que *a própria consciência pode se realizar e se tornar um fato efetivo apenas encarnada em um material sígnico*. A compreensão de um signo ocorre na relação deste com outros signos já conhecidos; em outras palavras, a compreensão responde ao signo e o faz também com signos. Essa cadeia da criação e da compreensão ideológica, que vai de um signo a outro e depois para um novo signo, é única e ininterrupta: sempre passamos de um elo sígnico, e portanto material, a outro elo também sígnico. Essa cadeia nunca se rompe nem assume uma existência interna imaterial e não encarnada no signo.

Essa cadeia ideológica se estende entre as consciências individuais, unindo-as, pois o signo surge apenas no processo de interação *entre* consciências individuais. A própria consciência individual está repleta de signos. Uma consciência só passa a existir como tal na medida em que é preenchida pelo conteúdo ideológico, isto é, pelos signos, portanto apenas no processo de interação social.

Apesar das profundas divergências metodológicas, a filosofia idealista da cultura e os estudos culturais psicológicos cometem o mesmo erro crucial. Ao localizarem a ideologia na consciência, eles transformam a ciência das ideologias em uma ciência da consciência e suas leis, sejam elas transcendentais ou empírico-psicológicas.

Em decorrência disso ocorre tanto uma distorção fundamental da própria realidade estudada quanto uma confu-

---

to a matéria; porém essa natureza sensorial do signo simbólico possui um caráter representativo.

são metodológica nas inter-relações entre as diferentes áreas do conhecimento. A criação ideológica — um fato material e social — é inserida à força nos limites da consciência individual. Por outro lado, a própria consciência individual é privada de qualquer apoio na realidade. Ela se torna ora tudo, ora nada.

No idealismo ela se torna tudo, e é colocada em algum lugar acima da existência, passando a defini-la. De fato, no idealismo, esse senhor do universo representa apenas uma hipóstase da ligação abstrata entre as formas e as categorias mais gerais da criação ideológica.

Para o positivismo psicológico, ao contrário, a consciência se torna nada: ela é uma soma de reações psicofisiológicas ocasionais que, em um passe de mágica, resultam em uma criação ideológica consciente e integrada.

As leis objetivas sociais da criação ideológica, compreendidas erroneamente como leis da consciência individual, foram obrigadas a perder seu lugar real na existência, ora passando às alturas supraexistenciais do transcendentalismo, ora às profundezas pré-sociais do sujeito biológico e psicofísico.

No entanto, o ideológico em si não pode ser explicado a partir de raízes animais, sejam elas pré ou supra-humanas. Seu verdadeiro lugar na existência está em um *material sígnico* específico, que é social, isto é, criado pelo homem. A sua especificidade está justamente no fato de que ele existe entre indivíduos organizados, de que representa o seu meio e serve como *médium* para a comunicação entre eles.

Um signo só pode surgir em um *território interindividual*, que não remeta à "natureza" no sentido literal dessa palavra.[4] O signo tampouco surge entre dois *Homo sapiens*.

---

[4] É claro que a sociedade também é *parte da natureza*, mas apenas uma parte qualitativamente distinta, que possui suas próprias *leis específicas*.

É necessário que esses dois indivíduos sejam *socialmente organizados*, ou seja, componham uma coletividade — apenas nesse caso um meio sígnico pode formar-se entre eles. A consciência individual não só é incapaz de explicar algo nesse caso, mas, ao contrário, ela mesma precisa de uma explicação que parta do meio social e ideológico.

A consciência individual é um fato social e ideológico. Enquanto essa tese não for reconhecida com todas as suas consequências, a psicologia e a ciência das ideologias não poderão ser construídas de modo objetivo.

É justamente o problema da consciência que cria as principais dificuldades e gera uma profunda confusão em todas as questões relacionadas tanto à psicologia quanto à ciência das ideologias. No final das contas, a consciência tornou-se *asylum ignorantiae*[5] para todas as construções filosóficas. A consciência foi transformada em um depósito para todos os problemas insolúveis, para todos os restos impossíveis de decompor do ponto de vista objetivo. Ao invés de procurar uma definição objetiva da consciência, esta passou a ser usada para subjetivar e desintegrar todas as definições objetivas solidificadas.

Uma definição objetiva do que é a consciência só pode ser sociológica. A consciência não pode ser deduzida diretamente da natureza, como tentava e ainda tenta fazer o materialismo mecanicista ingênuo e a psicologia objetiva atual (biológica, behaviorista e reflexológica). A ideologia não pode ser deduzida a partir da consciência, como fazem o idealismo e o positivismo psicológico. A consciência se forma e se realiza no material sígnico criado no processo da comunicação social de uma coletividade organizada. A consciência individual se nutre dos signos, cresce a partir deles, reflete em

---

[5] Em latim no original, "refúgio da ignorância". (N. da T.)

si a sua lógica e as suas leis. A lógica da consciência é a lógica da comunicação ideológica, da interação sígnica de uma coletividade. Se privarmos a consciência do seu conteúdo sígnico ideológico, não sobrará absolutamente nada dela. A consciência apenas pode alojar-se em uma imagem, palavra, gesto significante etc. Fora desse material resta um ato fisiológico puro, não iluminado pela consciência, isto é, não iluminado nem interpretado pelos signos.

De tudo o que foi dito decorre a seguinte tese metodológica: *a ciência das ideologias de modo algum depende da psicologia e tampouco se baseia nela*. Pelo contrário, como veremos mais detalhadamente em um dos capítulos subsequentes, *é a psicologia objetiva que deve se basear na ciência das ideologias*. A realidade dos fenômenos ideológicos é a realidade objetiva dos signos sociais. As leis dessa realidade são as leis da comunicação sígnica, determinadas diretamente por todo o conjunto de leis socioeconômicas. A realidade ideológica é uma superestrutura colocada diretamente sobre a base econômica. A consciência individual não é a arquiteta da superestrutura ideológica, mas apenas sua inquilina alojada no edifício social dos signos ideológicos.

Na medida em que isolamos previamente os fenômenos ideológicos e suas leis da consciência individual, os relacionamos de modo mais estreito com as condições e as formas da comunicação social. A realidade do signo é inteiramente determinada por essa comunicação. Pois a existência de um signo não é nada mais que a materialização dessa comunicação. Isso se refere a todos os signos ideológicos.

Contudo, em lugar algum o caráter sígnico e o fato de a comunicação ser absolutamente determinante são expressos com tanta clareza e plenitude quanto na linguagem. *A palavra é o fenômeno ideológico par excellence*. Toda a sua realidade é integralmente absorvida na sua função de ser signo. Não há nada na palavra que permaneça indiferente a essa função e que não seja gerado por ela. A palavra é o *medium* mais apurado e sensível da comunicação social.

A significação, a representatividade da palavra como fenômeno ideológico e a clareza excepcional da sua estrutura sígnica já seriam suficientes para colocá-la no primeiro plano da ciência das ideologias. É justamente no material da palavra que se pode explicar, do melhor modo possível, as principais formas ideológicas da comunicação sígnica.

Entretanto, a questão não para por aqui. A palavra não é apenas o mais representativo e puro dos signos, mas também um *signo neutro*. Todos os demais materiais sígnicos são especializados em campos particulares da criação ideológica. Cada campo possui seu próprio material ideológico e forma seus próprios signos e símbolos específicos que não podem ser aplicados a outros campos. Nesse caso, o signo é criado por uma função ideológica específica e é inseparável dela. Já a palavra é neutra em relação a qualquer função ideológica específica. Ela pode assumir *qualquer* função ideológica: científica, estética, moral, religiosa.

Além disso, existe um campo enorme da comunicação ideológica que não pode ser atribuído a uma esfera ideológica. Trata-se da *comunicação cotidiana*.[6] Essa comunicação é extremamente importante e rica em conteúdo. Por um lado, ela entra diretamente em contato com os processos produtivos e, por outro, ela se relaciona com as várias esferas ideológicas já formadas e especializadas. Ainda voltaremos a abordar esse campo específico da *ideologia do cotidiano* no capítulo seguinte. Apenas mencionaremos aqui que a *pala-*

---

[6] O termo utilizado é *obschênie jíznennoe*, que literalmente seria "comunicação da vida". Optamos por "cotidiana" por ser o termo que melhor expressa o fenômeno tratado, isto é, as interações que ocorrem no dia a dia. (N. da T.)

vra é o material mais usual da comunicação cotidiana. É justamente no campo da ideologia do cotidiano que se encontra a assim chamada linguagem coloquial e suas formas.

A palavra possui mais uma particularidade extremamente importante que a torna um *medium* predominante da consciência individual. A realidade da palavra, como a de qualquer signo, está localizada entre os indivíduos e é produzida por meio do organismo individual, sem a ajuda de quaisquer instrumentos e sem nenhum material extracorporal. Isso determinou o fato de que *a palavra se tornou o material sígnico da vida interior: a consciência* (discurso interior). Pois a consciência foi capaz de se desenvolver apenas graças a um material flexível e expresso por meio do corpo. A palavra foi justamente esse material. A palavra pode servir como um signo de uso interior, por assim dizer; ela pode realizar-se como signo sem ser plenamente expressa no exterior. Por isso o problema da consciência individual, tomado como *palavra interior* (e em geral *signo interior*), é uma das questões mais importantes da filosofia da linguagem.

Desde o princípio já ficou claro que é impossível abordar esse problema por meio do conceito comum de palavra e de língua tal como foi formulado pela linguística não sociológica e pela filosofia da linguagem. É necessária uma análise profunda e detalhada da palavra na qualidade de signo social, com o propósito de compreender a sua função como um meio da consciência.

Esse papel excepcional da palavra como um meio da consciência determina o fato de que *a palavra acompanha toda a criação ideológica como seu ingrediente indispensável.* A palavra acompanha e comenta todo ato ideológico. Os processos de compreensão de qualquer fenômeno ideológico (de um quadro, música, rito, ato) não podem ser realizados sem a participação do discurso interior. Todas as manifestações da criação ideológica, isto é, todos os outros signos não verbais são envolvidos pelo universo verbal, emergem nele e não podem ser nem isolados, nem completamente separados dele.

Isso não significa que a palavra é capaz de substituir qualquer outro signo ideológico. Não, a palavra não é capaz de substituir por completo todos os signos ideológicos principais e específicos. Por princípio, uma palavra não pode transmitir adequadamente uma obra musical ou uma imagem da pintura. Um rito religioso não pode ser totalmente substituído pela palavra, tampouco há uma substituição verbal adequada para o mais simples dos gestos do cotidiano. A negação desse fato resultaria em um racionalismo vulgar e em uma simplificação grosseira. No entanto, todos esses signos ideológicos que não podem ser substituídos pela palavra ao mesmo tempo apoiam-se nela e são por ela acompanhados, assim como o canto recebe um acompanhamento musical.

Nenhum signo cultural permanece isolado se for compreendido e ponderado, pois ele passa a fazer parte da *unidade da consciência verbalmente formalizada*. A consciência sempre saberá encontrar alguma aproximação verbal com o signo cultural. Por isso, em torno de todo signo ideológico se formam como que círculos crescentes de respostas e ressonâncias verbais. Qualquer *refração ideológica da existência em formação*, em qualquer material significante que seja, é acompanhada pela refração ideológica na palavra: fenômeno obrigatório concomitante. A palavra está presente em todo ato de compreensão e em todo ato de interpretação.

Todas as particularidades da palavra analisadas por nós — sua *pureza sígnica*, seu *caráter ideológico neutro*, sua *participação na comunicação cotidiana*, sua *capacidade de ser palavra interior* e, por fim, sua *presença obrigatória como fenômeno concomitante em qualquer ato ideológico consciente* —, tudo isso faz da palavra um objeto basilar da ciência das ideologias. As leis da refração ideológica da existência no signo e na consciência, as suas formas e o mecanismo dessa refração devem ser estudados antes de tudo no material da palavra. A introdução do método sociológico marxista em todas as profundezas e nuances das estruturas ideológicas "imanentes" é possível apenas com base em uma filosofia da linguagem a ser desenvolvida pelo próprio marxismo na qualidade de uma *filosofia do signo ideológico*.

2
O problema da relação entre a base e as superestruturas

A inadmissibilidade da categoria da causalidade mecânica na ciência da ideologia. A formação da sociedade e a formação da palavra. A expressão sígnica da psicologia social. O problema dos gêneros discursivos do cotidiano. As formas de comunicação social e as formas dos signos. O tema do signo. A luta de classes e a dialética do signo. Conclusão.

Um dos principais problemas do marxismo — o problema da *relação entre a base e as superestruturas* — está, em diversos aspectos essenciais, estreitamente ligado às questões da filosofia da linguagem e pode ganhar muito com a solução ou ao menos com uma interpretação ampla e aprofundada dessas questões.

Quando se faz a pergunta de como a base determina a ideologia, costumam dar a ela uma resposta correta, porém demasiadamente geral e, por isso, vaga: *de modo causal*.

Se a causalidade for entendida mecanicamente tal como ela é compreendida e definida até os dias de hoje pelos representantes positivistas do pensamento científico natural, essa tese estaria completamente errada e contradiria as próprias bases do materialismo dialético.

O domínio de aplicação das categorias da causalidade mecânica é extremamente restrito e, nas próprias ciências naturais, torna-se cada vez mais limitado à medida que os seus princípios fundamentais são dialeticamente ampliados e aprofundados. A aplicação dessa categoria inerte é inadmissível no que diz respeito às questões básicas do materialismo histórico e de toda a ciência das ideologias.

O estabelecimento da ligação entre a base e um fenômeno isolado, que foi retirado do contexto ideológico integral e unificado, não possui nenhum valor cognitivo. Primeiro, *a importância de uma mudança ideológica deve ser definida no contexto da ideologia correspondente*, considerando que qualquer área ideológica é uma totalidade que reage com toda a sua composição à alteração da base. Por isso a explicação deve preservar toda a *diferença qualitativa* dos campos em interação e observar todas as etapas que acompanham essa mudança. Apenas nessa condição o resultado da análise não será uma correspondência externa de dois fenômenos ocasionais e que se encontram em diferentes planos, mas um processo de formação dialética efetiva, que tem início na base e termina nas superestruturas.

Quando a especificidade do material ideológico sígnico é ignorada, ocorre uma simplificação do fenômeno ideológico: nele, passa a ser levado em conta e é explicado apenas o aspecto racional do conteúdo (isto é, o sentido direto cognitivo de alguma imagem literária como, por exemplo, Rúdin[7] enquanto "homem supérfluo") e esse aspecto está correlacionado com a base (por exemplo, a falência da nobreza leva ao surgimento do "homem supérfluo" na literatura). Ou, ao contrário, destaca-se apenas o aspecto externo, técnico, do fenômeno ideológico (por exemplo, a técnica de uma construção arquitetônica ou a composição química das tintas), que é diretamente deduzido do nível técnico da produção.

---

[7] Trata-se do personagem principal do romance homônimo de Turguêniev, escrito em 1856 (ed. bras.: tradução de Fátima Bianchi, Editora 34, 2012). (N. da T.)

Ambos os caminhos de dedução da ideologia a partir da base ignoram igualmente a essência do fenômeno ideológico. Mesmo se a correlação estabelecida for correta, isto é, se os "homens supérfluos" de fato tiverem surgido na literatura devido ao abalo da estrutura econômica da nobreza,[8] isso de modo algum significa que os "homens supérfluos" surgiram nas páginas do romance como resultado mecânico e causal dos abalos econômicos mencionados (o caráter absurdo desse tipo de suposição é evidente). Em segundo lugar, a própria correlação não possui nenhum valor cognitivo enquanto não for definido o papel específico do "homem supérfluo" na estrutura literária do romance, bem como o papel específico do romance na vida social como um todo.

Está claro que entre as mudanças econômicas na vida da nobreza e o surgimento do "homem supérfluo" no romance existe um caminho muito longo que passa por uma série de *esferas qualitativamente distintas*, cada uma das quais com suas próprias *leis específicas* e singularidade. É evidente que o "homem supérfluo" não surgiu no romance de modo independente, sem nenhuma ligação com os outros elementos da obra; ao contrário, o romance inteiro foi reconstruído como um todo único e natural com suas leis específicas. Do mesmo modo, todos os outros elementos do romance — sua composição, seu estilo e assim por diante — foram reconstruídos. Entretanto, mesmo essa reconstrução orgânica do romance foi condicionada diretamente pelas mudanças que ocorreram na literatura como um todo.

---

[8] Aqui, o autor se refere à abolição da servidão que, apesar de ocorrida em 1861, expressa um processo em curso desde o final da primeira metade do século XIX, quando os camponeses russos deixaram de sustentar economicamente a nobreza e passaram a trabalhar de modo independente. (N. da T.)

O problema da correlação entre a base e as superestruturas — que é extremamente complexo e demanda uma enorme quantidade de material prévio para sua elaboração produtiva — pode ser, em grande parte, compreendido justamente no material da palavra.

No plano que nos interessa, a essência desse problema se reduz a *como* a existência real (a base) determina o signo, e *como* o signo reflete e refrata a existência em formação.

As particularidades da palavra enquanto signo ideológico, que analisamos no capítulo anterior, fazem dela o material mais conveniente para a orientação principal de todo o problema. Nessa relação, o importante não é tanto a natureza sígnica da palavra, mas a sua *onipresença social*. A palavra participa literalmente de toda interação e de todo contato entre as pessoas: da colaboração no trabalho, da comunicação ideológica, dos contatos eventuais cotidianos, das relações políticas etc. Na palavra se realizam os inúmeros fios ideológicos que penetram todas as áreas da comunicação social. É bastante óbvio que a palavra será o *indicador* mais sensível das *mudanças sociais*, sendo que isso ocorre lá onde essas mudanças ainda estão se formando, onde elas ainda não se constituíram em sistemas ideológicos organizados. A palavra é o meio em que ocorrem as lentas acumulações quantitativas daquelas mudanças que ainda não tiveram tempo de alcançar uma nova qualidade ideológica nem de gerar uma nova forma ideológica acabada. A palavra é capaz de fixar todas as fases transitórias das mudanças sociais, por mais delicadas e passageiras que elas sejam.

A assim chamada psicologia social que, de acordo com a teoria de Plekhánov e da maioria dos marxistas, é um elo transitório entre o regime sociopolítico e a ideologia em sentido estrito (ciência, arte etc.), materializa-se na realidade como uma *interação verbal*. Fora desse processo real da comunicação e interação verbal (sígnica em sentido amplo), a psicologia social se transformaria em um conceito metafísico ou mítico ("alma coletiva" ou "psiquismo coletivo interior", "espírito do povo" etc.).

A psicologia social não existe em algum lugar interior (nas "almas" dos indivíduos que se comunicam), mas inteiramente no *exterior*: na palavra, no gesto, no ato. Nela, não há nada que não seja expresso, que seja interior: tudo se encontra no exterior, na troca, no material e, acima de tudo, no material da palavra.

As relações produtivas e o regime sociopolítico condicionado diretamente por elas determinam todos os possíveis contatos verbais entre as pessoas, todas as formas e os meios da comunicação verbal entre elas: no trabalho, na vida política, na criação ideológica. Já as condições, as formas e os tipos de comunicação discursiva, por sua vez, determinam tanto as formas quanto os temas dos discursos verbais.

Antes de mais nada, a psicologia social é justamente aquele universo de *discursos verbais* multiformes que abarca todas as formas e todos os tipos de criação ideológica estável: as conversas dos bastidores, a troca de opiniões no teatro, no concerto e em todo tipo de reuniões públicas, as conversas informais e eventuais, o modo de reagir verbalmente aos acontecimentos da vida e do dia a dia, a maneira verbal interna de estar consciente sobre si mesmo e sobre a sua posição social etc. etc. Na maioria das vezes a psicologia social se realiza nas mais diversas formas de *enunciados*, sob o modo de pequenos *gêneros discursivos*, sejam eles internos ou externos, que até o presente momento não foram estudados em absoluto. Todos esses discursos verbais estão correlacionados, é claro, com outros tipos de manifestação e interação por meio de signos: com a expressão facial, a gesticulação, os atos convencionais e assim por diante.

Todas essas formas de interação discursiva estão estreitamente ligadas às condições de dada situação social concreta, e reagem com extrema sensibilidade a todas as oscilações do meio social. É justamente nas profundezas dessa psicologia social materializada na palavra que são acumuladas aquelas mudanças e alterações pouco perceptíveis que depois encontram sua expressão em produtos ideológicos acabados.

Com base no que foi dito acima, concluímos o seguinte. É necessário estudar a psicologia social sob dois ângulos: primeiramente, do ponto de vista do seu *conteúdo*, ou seja, sob o prisma dos *temas* que são pertinentes a ela em algum momento; e, em segundo lugar, do ponto de vista *das formas e tipos de comunicação discursiva* em que esses temas se realizam (isto é, são discutidos, expressos, testados, pensados).

Até o presente momento, a finalidade da psicologia social limitou-se apenas ao primeiro ponto de vista, ou seja, apenas à definição da sua composição temática. No entanto, ela não colocava de modo claro a questão de onde procurar os documentos objetivos, isto é, as expressões materiais da psicologia social. Nesse caso, os conceitos de "consciência", "psiquismo" e "mundo interior" desempenharam um papel lamentável, eliminando a necessidade de buscar formas claras e materiais de expressão da psicologia social.

Entretanto, essa questão das formas concretas possui uma importância primordial. Obviamente, não se trata das fontes do nosso conhecimento da psicologia social em alguma época (por exemplo, as memórias, as cartas, as obras literárias) e tampouco das fontes da compreensão do "espírito da época", mas justamente das próprias formas da realização concreta desse espírito, ou seja, das formas da comunicação cotidiana, sígnica.

A *tipologia dessas formas* é uma das tarefas mais atuais do marxismo.

Adiante, voltaremos a abordar o problema dos gêneros discursivos, relacionado com o do enunciado e do diálogo. Por enquanto, observaremos apenas o seguinte.

Cada época e cada grupo social possui o seu próprio repertório de formas discursivas da comunicação ideológica cotidiana. Cada grupo de formas homogêneas, ou seja, cada gênero discursivo cotidiano, possui seu próprio conjunto de temas. Existe uma unidade ininterrupta e orgânica entre a forma da comunicação (por exemplo, a comunicação direta e técnica no trabalho), a forma do enunciado (uma réplica curta relacionada ao trabalho) e o seu tema. Portanto, *a classificação das formas do enunciado deve apoiar-se na classificação das formas de comunicação discursiva*. Já essas formas são inteiramente determinadas pelas relações de trabalho e pelo regime sociopolítico. Em uma análise mais detalhada, veríamos a enorme importância do *aspecto hierárquico* nos processos de interação discursiva e a influência poderosa da organização hierárquica da comunicação sobre as formas do enunciado. A etiqueta verbal, o tato discursivo e as demais formas de adaptação do enunciado à organização hierárquica da sociedade possuem um significado importantíssimo no processo de elaboração dos principais gêneros cotidianos.[9]

Como sabemos, todo signo surge entre indivíduos socialmente organizados no processo de sua interação. Portanto, *as formas do signo são condicionadas, antes de tudo, tanto pela organização social desses indivíduos quanto pelas condições mais próximas da sua interação*. A mudança dessas formas acarreta uma mudança do signo. Acompanhar a vida social do signo verbal deve ser uma das tarefas da ciência das ideologias. Apenas sob essa abordagem o problema

---

[9] O problema dos gêneros discursivos cotidianos passou a ser discutido na bibliografia linguística e filosófica apenas nos tempos mais recentes. O trabalho de Leo Spitzer, *Italienische Umgangssprache* [*Linguagem coloquial italiana*] (1922), é uma das primeiras tentativas sérias de abordar esses gêneros, com a ressalva de não haver uma orientação sociológica clara. Voltaremos a falar sobre ele, bem como sobre os seus precursores e partidários.

da *inter-relação entre o signo e a existência* pode adquirir uma expressão concreta, e apenas nessa condição o processo da determinação causal do signo pela existência aparecerá como o processo da verdadeira transformação da existência em signo, da autêntica refração dialética da existência no signo.

Para isso, é necessário guiar-se pelas seguintes exigências metodológicas fundamentais:

1) *Não se pode isolar a ideologia da realidade material do signo* (ao inseri-la na "consciência" ou em outros campos instáveis e imprecisos).

2) *Não se pode isolar o signo das formas concretas da comunicação social* (pois o signo é uma parte da comunicação social organizada e não existe, como tal, fora dela, pois se tornaria um simples objeto físico).

3) *Não se pode isolar a comunicação e suas formas da base material.*

Ao realizar-se no processo da comunicação social, todo signo ideológico, inclusive o signo verbal, é determinado pelo *horizonte social* de uma época e de um grupo social. Até o presente momento estávamos falando sobre a forma do signo, que é determinada pelas formas da interação social. Agora abordaremos outro aspecto: *o conteúdo do signo* e a ênfase valorativa que acompanha todo conteúdo.

Em cada etapa do desenvolvimento social existe um conjunto específico e limitado de objetos que, ao chamarem a atenção da sociedade, recebem uma ênfase valorativa. Apenas esse conjunto de objetos obterá uma forma sígnica, isto é, será objeto da comunicação sígnica. O que então determina esse conjunto de objetos que são enfatizados valorativamente?

Para que um objeto, independentemente do tipo da sua realidade, entre no horizonte social de um grupo e provoque uma reação ideológica sígnica, é necessário que ele esteja relacionado com as premissas socioeconômicas essenciais da existência desse grupo; é necessário que, de algum modo, ele toque, mesmo que parcialmente, as bases da existência material desse grupo.

É claro que, nesse caso, o arbítrio individual não pode ter nenhuma importância. Uma vez que o signo é criado entre os indivíduos e no âmbito social, é necessário que o objeto também obtenha uma significação interindividual, pois apenas assim ele poderá adquirir uma forma sígnica. Em outras palavras, *somente aquilo que adquiriu um valor social poderá entrar no mundo da ideologia, tomar forma e nele consolidar-se.*

É por isso que todas as ênfases ideológicas, embora produzidas por uma voz individual (por exemplo, na palavra) ou por qualquer organismo individual, são ênfases sociais, que pretendem o *reconhecimento social*, e apenas em prol desse reconhecimento são realizadas no exterior, no material ideológico.

Convencionamos chamar esta realidade, que se torna objeto do signo, de *tema* do signo. Todo signo acabado possui o seu tema. Assim, todo discurso verbal possui o seu tema.[10]

Um tema ideológico sempre recebe uma ênfase social. É claro que todas essas ênfases sociais dos temas ideológicos penetram também na consciência individual que, como sabemos, é totalmente ideológica. É como se nesse caso elas se tornassem ênfases individuais, pois a consciência individual une-se de tal modo a elas que parecem pertencer-lhe; sua origem, no entanto, encontra-se fora dela. A ênfase, por si só, é *interindividual*. Um grito animal, como pura reação à dor de um organismo individual, é privado de ênfase. Ele é um fe-

---

[10] Adiante analisaremos com mais detalhes a relação entre o tema e a semântica de determinadas palavras.

nômeno puramente natural. Um grito não é dirigido para um ambiente social, e por isso nele não há sequer o embrião de uma forma sígnica.

O *tema* e a *forma* do signo ideológico estão ligados entre si de modo indissolúvel e, é claro, podem ser distinguidos apenas por meio de uma abstração. No final das contas, ambos são gerados pelas mesmas forças e premissas materiais.

De fato, são as mesmas condições econômicas que inserem um novo elemento da realidade no horizonte social, tornando-o socialmente significativo e "interessante"; e estas mesmas forças criam as formas da comunicação ideológica (cognitiva, artística, religiosa etc.), que, por sua vez, determinam as formas de expressão sígnica.

Desse modo, os temas e as formas da criação ideológica são gerados no mesmo ventre e, em essência, representam duas faces do mesmo fenômeno.

Esse processo de inserção da realidade na ideologia, da geração do tema e da forma, pode ser mais bem observado no material da palavra. O processo de formação ideológica na língua refletiu-se tanto em larga escala na história mundial — ou seja, nas significações linguísticas estudadas pela paleontologia, que revela a inserção das partes ainda não diferenciadas da realidade no horizonte social dos homens primitivos — quanto em uma escala menor, que cabe nos limites da modernidade, pois a palavra como a conhecemos reflete sensivelmente as mudanças mais sutis da existência social.

A existência não apenas é refletida no signo, mas também é *refratada* nele. O que determina a refração da existência no signo ideológico?

— O cruzamento de interesses sociais multidirecionados nos limites de uma coletividade sígnica, isto é, a *luta de classes*.

A classe não coincide com a coletividade sígnica, ou seja, com a coletividade que utiliza os mesmos signos da comunicação ideológica. Por exemplo, várias classes podem utilizar a mesma língua. Em decorrência disso, *em todo signo ideológico cruzam-se ênfases multidirecionadas*. O signo transforma-se na arena da luta de classes.

Essa *pluralidade de ênfases* do signo ideológico é um aspecto muito importante. Na verdade, apenas esse cruzamento de ênfases proporciona ao signo a capacidade de viver, de movimentar-se e de desenvolver-se. Ao ser retirado da disputa social acirrada, o signo ficará fora da luta de classes, inevitavelmente enfraquecendo, degenerando em alegoria e transformando-se em um objeto da análise filológica e não da interpretação social viva. A memória histórica da humanidade está repleta desses signos ideológicos mortos, incapazes de serem arena de embate das ênfases sociais vivas. No entanto, uma vez que o filólogo e o historiador se lembram deles, eles ainda preservam os últimos sinais vitais.

Justamente aquilo que torna o signo ideológico vivo e mutável faz dele um meio que reflete e refrata a existência. A classe dominante tende a atribuir ao signo ideológico um caráter eterno e superior à luta de classes, bem como a apagar ou ocultar o embate das avaliações sociais no seu interior, tornando-o monoenfático.

Contudo, assim como Janus, qualquer signo ideológico tem duas faces. Qualquer xingamento vivo pode se tornar um elogio, qualquer verdade viva deve inevitavelmente soar para muitos como uma grande mentira. Essa *dialética interna do signo* revela-se na sua totalidade apenas em épocas de crises sociais e de mudanças revolucionárias. Em condições normais da vida social, essa contradição contida em todo signo ideológico é incapaz de revelar-se em absoluto, pois na ideologia dominante o signo ideológico é sempre um pouco reacionário, em uma espécie de tentativa de estabilizar o momento anterior do fluxo dialético da formação social, ou seja, de enfatizar a verdade de ontem como se fosse a verdade de hoje. Isso determina a particularidade do signo ideológico de refratar e distorcer a realidade dentro dos limites da ideologia dominante.

Esses são os desdobramentos do problema da relação entre a base e as superestruturas. Objetivamos apenas concretizar alguns dos seus aspectos e compreender os caminhos e direções que devem nortear o estudo desse problema. Era importante mostrar o lugar da filosofia da linguagem nesse estudo. O signo verbal é o caminho mais fácil e abrangente para acompanhar o caráter ininterrupto do processo dialético de mudança que ocorre da base em direção às superestruturas. A categoria da causalidade mecânica para a explicação dos fenômenos ideológicos pode ser superada com maior facilidade no terreno da filosofia da linguagem.

3

A filosofia da linguagem e a psicologia objetiva

A tarefa da definição objetiva do psiquismo. A ideia da psicologia compreensiva e interpretativa (Dilthey). A realidade sígnica do psiquismo. O ponto de vista da psicologia funcional. O psicologismo e o antipsicologismo. A particularidade do signo interior (o discurso interior). O problema da auto-observação. A natureza socioideológica do psiquismo. Conclusões.

Uma das tarefas principais e mais eminentes do marxismo é a elaboração de uma psicologia verdadeiramente objetiva, sem fundamentá-la em uma psicologia fisiológica ou biológica, mas *sociológica*. Em relação a isso, o marxismo tem diante de si uma tarefa complexa: encontrar uma abordagem objetiva, mas ao mesmo tempo refinada e flexível, do psiquismo humano consciente e subjetivo que normalmente se subordina aos métodos de auto-observação.

Nem a biologia, nem a fisiologia conseguem lidar com essa tarefa, pois o psiquismo consciente é um fato socioideológico inacessível tanto aos métodos fisiológicos quanto a quaisquer outros métodos das ciências naturais. É impossível reduzir o psiquismo subjetivo a qualquer tipo de processo realizado nos limites de um organismo fechado, vivo e natural. Os processos que em geral determinam o conteúdo do psiquismo não se realizam no organismo, mas fora dele, apesar de haver uma participação do organismo individual.

O psiquismo humano subjetivo não é matéria de uma análise das ciências naturais, como um objeto ou um processo da natureza; o psiquismo subjetivo é um objeto da compreensão ideológica e da interpretação socioideológica compreensiva. O fenômeno psíquico compreendido e interpretado só pode ser explicado por meio dos fatores sociais determinantes da vida concreta de um indivíduo nas condições do meio social.[11]

A primeira tarefa importante que surge nessa direção é a definição objetiva da "experiência interior". É necessário inserir a "experiência interior" na unidade da experiência exterior objetiva.

Que tipo de realidade pertence ao psiquismo subjetivo?

— A *realidade do psiquismo interior*, isto é, a *realidade do signo*. Não há psiquismo fora do material sígnico. Há processos fisiológicos, processos no sistema nervoso, mas não há psiquismo subjetivo como uma qualidade específica da existência, diferente, por princípio, tanto dos processos fisiológicos do organismo quanto da sua realidade circundante, sobre a qual reage o psiquismo e que ele reflete de uma maneira ou de outra. É como se o tipo de existência do psiquismo subjetivo o situasse entre o organismo e o mundo exterior, como se *na fronteira* dessas duas esferas da realidade. Nesse limite ocorre o encontro, que não é físico, do organismo com o mundo exterior: *nesse caso, o organismo e o mundo se encontram no signo*. A vivência psíquica é uma expressão sígnica do contato do organismo com o meio exterior. É por isso que *o psiquismo interior não pode ser analisado co-*

---

[11] A visão geral, divulgada ao grande público, dos problemas contemporâneos da psicologia foi apresentada por nós no nosso livro *Freidizm: krititcheskii otcherk* [*O freudismo: um esboço crítico*], Lenotguiz, 1927. Ver o capítulo II, "Dva napravliénia sovremiénnoi psikhológui" ["Duas tendências da psicologia moderna"].

mo objeto e só pode ser compreendido e interpretado como signo.

A ideia da psicologia compreensivo-interpretativa é muito antiga e possui uma história instrutiva. É peculiar que na modernidade ela tenha encontrado uma fundamentação ampla no que concerne às necessidades metodológicas das ciências humanas, isto é, das ciências das ideologias.

Na modernidade, o defensor mais consistente e coerente dessa ideia foi *Wilhelm Dilthey*. Para ele, a vivência[12] subjetiva e psíquica não apenas existia como objeto, mas *significava*. Abstraindo-se dessa significação em busca da pura realidade da vivência, na verdade, de acordo com Dilthey, deparamo-nos com o processo fisiológico do organismo e perdemos de vista a própria vivência, assim como a abstração da significação da palavra nos leva a perder de vista a própria palavra, restando apenas o seu som físico e o processo fisiológico da sua pronúncia. É a significação que faz com que uma palavra seja uma palavra. É também a significação que faz com que uma vivência seja uma vivência. É impossível abstrair-se dela sem perder a própria essência da vida psíquica interior. É por isso que a psicologia não pode se orientar pela explicação causal das vivências, pois elas não podem ser equiparadas aos processos físicos ou fisiológicos. O objetivo da psicologia é a descrição compreensiva, o desmembramento e a interpretação da vida psíquica como se ela fosse um documento submetido a uma análise filológica. Apenas essa psicologia descritiva e interpretativa, de acordo com Dilthey,

---

[12] O termo russo *perejivánie* é uma tradução da palavra alemã *Erlebnis*, que pode significar "vivência" ou "experiência". A tradução brasileira a partir do francês optou por "atividade psíquica". A americana usou *subjective psychic experience*. A espanhola empregou *vivencia psíquica subjetiva*. Optamos por "vivência" porque a raiz da palavra russa *perejivánie* é *jiv*, que significa "vida" e "viver" em russo. (N. da T.)

é capaz de fundamentar as ciências humanas ou "ciências do espírito", como ele as chama.[13]

As ideias de Dilthey foram extremamente fecundas e até o presente momento possuem muitos defensores entre os representantes das ciências humanas. Pode-se dizer que quase todos os intelectuais alemães modernos atuantes em filosofia se encontram em maior ou menor dependência das ideias de Wilhelm Dilthey.[14]

A concepção de Wilhelm Dilthey surgiu no terreno idealista, no qual também seus seguidores permaneceram. A ideia da psicologia compreensiva e interpretativa está estreitamente ligada às premissas do pensamento idealista, e por isso é considerada por muitos como de natureza especificamente idealista.

De fato, a psicologia interpretativa, na forma em que foi fundamentada e desenvolvida até o presente momento, possui um caráter idealista, inaceitável para o materialismo dialético.

Primeiramente, é inaceitável o *primado metodológico da psicologia sobre a ideologia*. De acordo com as opiniões de Dilthey e outros representantes da psicologia interpretativa, esta deve servir de base para as ciências humanas. A ideologia é explicada a partir da psicologia como sua expressão e encarnação, e não o contrário. É verdade que se chegou a uma aproximação entre a psicologia e a ideologia, e que foi encontrado para elas um denominador comum, isto é, a significação que distingue igualmente tanto uma quanto outra

---

[13] A esse respeito, conferir o artigo de Frischeizen-Keller em russo (revista *Logos*, 1912-13, Livros I-II).

[14] Sobre a influência fundamental de Dilthey, testemunham: Oskar Walzel, Friedrich Gundolf, Emil Ermatinger e outros. É claro que listamos apenas os maiores representantes das ciências humanas da Alemanha atual.

do restante da realidade. Entretanto, não é a ideologia e sim a psicologia que dá o tom a essa aproximação. Além disso, nas ideias de Dilthey e outros *não foi considerado o caráter social da significação*. Finalmente, e esse é o *proton pseudos* de toda a sua concepção, *não foi compreendida a relação necessária da significação com o signo*, não se entendeu a natureza específica do signo. De fato, a comparação entre a vivência e a palavra é, para Dilthey, uma simples analogia, uma imagem explicativa e, além disso, bastante rara em sua obra. Ele está muito longe de tirar as devidas conclusões dessa comparação. Mais do que isso, ele não explica o psiquismo com a ajuda do signo ideológico, mas, como todo idealista, explica o signo por meio do psiquismo: de acordo com Dilthey, o signo torna-se signo apenas enquanto uma expressão da vida interior. É essa última que atribui ao signo a sua significação. Nesse caso, a conclusão de Dilthey repete a tendência geral de todo o idealismo: *retirar do mundo material todo o sentido, toda a significação, para colocá-lo no espírito, que se encontra fora do tempo e do espaço*.

Se a vivência possui não apenas a realidade única, mas também significação (e nisso Dilthey tem razão), é evidente que a vivência deve ser realizada no material sígnico. A significação só pode pertencer ao signo; a significação sem o signo é uma ficção. A significação é uma expressão da relação entre o signo, como uma realidade única, com uma outra realidade, que ele substitui, representa. A significação é a função do signo e por isso é impossível imaginar uma significação (que representa uma pura relação, uma função) que exista fora do signo, como um objeto isolado e autônomo. Isso seria tão absurdo quanto considerar um cavalo concreto e vivo como a significação da palavra "cavalo". Nesse caso seria possível, por exemplo, ao comer uma maçã, afirmar que você não comeu uma maçã e sim a significação da palavra "maçã". O signo é um único objeto material, mas a significação não é um objeto e não pode ser isolada do signo, como se fosse uma realidade independente e existente fora dele. Portanto, se a vivência possui uma significação, se ela pode ser compreendida e interpretada, isso deve ser feito no material de um signo autêntico, real.

Ressaltamos que a vivência não só pode ser expressa exteriormente (para os outros) por meio do signo (pois é possível expressar a vivência para os outros por meio de uma palavra, da expressão facial ou de algum outro modo), mas que *a vivência, até mesmo para a própria pessoa que a sente, só existe no material sígnico*. Fora desse material não existe a vivência como tal. Nesse sentido, qualquer vivência é *expressiva*, ou seja, é uma expressão em potencial. É expressivo qualquer pensamento, qualquer emoção, qualquer movimento voluntário. Esse momento de expressividade não pode ser abstraído da vivência sem que se perca a sua própria natureza.[15]

Desse modo, entre a vivência interior e a sua expressão não há um salto, não há uma passagem de uma qualidade da realidade para outra. A passagem da vivência para a sua expressão exterior se realiza nos limites de uma mesma qualidade e representa uma passagem *quantitativa*. É verdade que, às vezes, no processo de expressão externa realiza-se a passagem de um material sígnico (por exemplo, da expressão facial) para outro (por exemplo, o verbal), mas todo o processo não extrapola os limites do material sígnico.

---

[15] A ideia da expressividade de todos os fenômenos da consciência não é alheia ao neokantismo; além do trabalho de Cassirer, já citado por nós, o já falecido Hermann Cohen escreveu sobre o caráter expressivo da consciência (consciência como movimento expressivo) na terceira parte do seu sistema (*Ästhetik des reinen Gefühls* [*Estética do sentimento puro*]). Entretanto, essa ideia dificilmente levará a conclusões corretas. A essência da consciência permanece do outro lado da existência.

O que seria o material sígnico do psiquismo?

— Qualquer movimento ou processo do organismo: a respiração, a circulação sanguínea, o movimento corporal, a articulação, o discurso interior, a expressão facial, a reação aos estímulos exteriores, por exemplo, os estímulos de luz etc. Em resumo, *tudo o que acontece dentro do organismo pode tornar-se material de vivência*, pois tudo pode adquirir uma significação sígnica, isto é, tornar-se expressivo.

É verdade que esse material nem sempre tem o mesmo valor. Para um psiquismo um pouco mais desenvolvido e diferenciado é necessário um material sígnico sofisticado e flexível que possa ser formado, definido e diferenciado no meio social extracorporal no processo de expressão para o exterior. Por isso a palavra, entendida como *discurso interior*, prevalece enquanto material sígnico do psiquismo. É verdade que o discurso interior é entrelaçado por uma grande quantidade de movimentos dotados de uma significação sígnica. No entanto, a palavra é a base, o esqueleto da vida interior. O desligamento da palavra limitaria o psiquismo até o extremo, já o desligamento dos demais movimentos expressivos o deixaria totalmente inativo.

Se abstraíssemos a função sígnica do discurso interior e todos os demais movimentos expressivos que compõem o psiquismo, ficaríamos diante do processo fisiológico puro que ocorre nos limites de um organismo individual. Para um fisiologista, essa abstração seria totalmente justificável e necessária, pois ele precisa apenas do processo fisiológico e do seu mecanismo.

É verdade que tanto o fisiologista quanto o biólogo precisam levar em conta a função sígnica expressiva (*ergo*, a função social) dos processos fisiológicos correspondentes. Sem isso ele não compreenderá a sua posição biológica na economia geral do organismo. Nesse sentido, o biólogo tampouco pode renunciar ao ponto de vista sociológico ou mesmo desconsiderar o fato de que o organismo humano não pertence a um ambiente natural abstrato, mas integra um meio social específico. Contudo, ao considerar a função sígnica dos processos fisiológicos correspondentes, um fisiólogo passa a acompanhá-los como um mecanismo puramente fisiológico (por exemplo, o mecanismo de reflexo condicionado) e abstrai totalmente as significações ideológicas mutáveis sujeitas às suas próprias leis sócio-históricas. Em suma, o conteúdo do psiquismo está fora de suas preocupações.

No entanto, o objeto da psicologia é justamente o conteúdo do psiquismo do organismo individual. Nenhuma ciência digna desse nome há de ter outro objeto de estudo.

Segundo algumas correntes, o objeto da psicologia não é o conteúdo do psiquismo, mas somente a função desse conteúdo no psiquismo individual. Esse é o ponto de vista defendido pela assim chamada "psicologia funcional".[16]

De acordo com a doutrina dessa escola, a "vivência" é composta por dois aspectos. O primeiro é o *conteúdo da vivência*. Ele *não é psíquico*. Esse conteúdo pode ser representado ou por um fenômeno físico para o qual a vivência está direcionada (por exemplo, um objeto de percepção) ou por um conceito cognitivo, dotado de sua lei lógica, ou por um valor ético e assim por diante. Esse aspecto do conteúdo objetivo da vivência pertence à natureza, à cultura, à história e portanto é da competência das disciplinas científicas correspondentes e está fora das preocupações do psicólogo.

O outro aspecto da vivência é *a função de um determinado conteúdo objetivo na unidade fechada da vida psíquica individual*. O objeto da psicologia é justamente a *vivên-

---

[16] Os representantes mais importantes da psicologia funcional são Stumpf, Meinong e outros. Os fundamentos da psicologia funcional foram criados por Franz Brentano. Atualmente a psicologia funcional é, sem dúvida, uma corrente dominante no pensamento psicológico alemão, ainda que não em sua forma clássica.

cia passada ou presente de qualquer conteúdo extrapsíquico. Em outras palavras, o objeto da psicologia funcional não é o *o que* da vivência, mas o *como*. Assim, por exemplo, o conteúdo do processo de pensar, o seu *o que*, não é psíquico e é da competência de um lógico, gnosiólogo ou matemático (no caso de se tratar de um pensamento matemático). Já o psicólogo estuda apenas *como* são pensados os conteúdos objetivos (lógicos, matemáticos e outros) nas condições de um psiquismo individual subjetivo.

Não vamos nos aprofundar nos detalhes dessa concepção psicológica, tampouco abordaremos as divergências na compreensão da função psíquica (algumas delas de base) que existem entre os representantes dessa escola e das correntes psicológicas próximas a ela. Para os nossos objetivos, basta o princípio básico da psicologia funcional acima exposto. Ele nos permitirá expressar mais claramente a nossa compreensão do psiquismo e a importância da filosofia do signo (ou seja, a filosofia da linguagem) para a solução do problema da psicologia.

A psicologia funcional também cresceu e se formou no terreno do idealismo. No entanto, de certo modo, a sua tendência é diametralmente oposta à psicologia interpretativa ao estilo de Dilthey.

De fato, se Dilthey parecia reduzir o psiquismo e a ideologia a um denominador comum (a significação), a psicologia funcional tende, ao contrário, a estabelecer uma *fronteira* essencial e rígida entre o *psiquismo* e a *ideologia*, fronteira localizada no *interior* do próprio psiquismo. Como resultado disso, tudo o que possui significação passa a ser totalmente excluído dos limites do psiquismo, e tudo o que é psíquico é reduzido ao puro funcionamento dos conteúdos objetivos isolados em sua constelação individual, que é chamada de "alma individual". Na psicologia funcional ocorre a primazia da ideologia sobre o psiquismo, ao contrário do que acontece na psicologia interpretativa.

O que seria então a função psíquica e qual seria a natureza da sua existência?

Não encontramos uma resposta clara e satisfatória a essa pergunta entre os representantes da psicologia funcional. Nessa questão não há precisão, tampouco acordo e unidade. Apesar disso, todos concordam em um ponto: a função psíquica não é um processo fisiológico. Dessa forma, o psíquico é claramente separado do fisiológico. No entanto, a natureza dessa nova qualidade — psíquica — continua sem explicação.

Do mesmo modo, continua obscuro o problema da realidade do fenômeno ideológico na psicologia funcional.

Os funcionalistas dão uma resposta clara apenas quando a vivência está dirigida a um objeto da natureza. Nesse caso, a função psíquica se opõe à existência natural, física (árvore, terra, pedra etc.).

De que modo então a existência ideológica (o conceito lógico, o valor ético, a imagem artística etc.) se opõe à função psíquica?

Nessa questão, a maioria dos representantes da psicologia funcional defende ideias de caráter idealista geral, principalmente kantianas.[17] Eles admitem a existência da "consciência transcendental", da "consciência em geral", do "puro sujeito gnosiológico" e assim por diante, concomitantemente ao psiquismo e à consciência subjetiva individuais. É nesse ambiente transcendental que eles inserem o fenômeno ideológico em oposição à função psíquica individual.[18]

Desse modo, o problema da realidade ideológica também continua insolúvel no terreno da psicologia funcional.

---

[17] No presente momento, os fenomenólogos, cuja concepção filosófica geral está ligada a Franz Brentano, encontram-se também no terreno da psicologia funcional.

[18] Já os fenomenólogos *ontologizam* os sentidos ideológicos, admitindo a independência da esfera da existência individual.

Portanto, a não compreensão do signo ideológico e da natureza específica da sua existência resulta na impossibilidade de solucionar o problema do psiquismo, tanto nesse caso como de modo geral.

O problema do psiquismo jamais poderá ser resolvido enquanto o problema do ideológico permanecer sem solução. Esses dois problemas estão inseparavelmente ligados entre si. Toda a história da psicologia, bem como toda a história das ciências das ideologias (lógica, teoria do conhecimento, estética, ciências humanas etc.), é a história de uma luta incessante de delimitação e absorção mútua entre essas duas disciplinas cognitivas.

Existe uma espécie de alternância periódica entre o *psicologismo* espontâneo que domina todas as ciências das ideologias e o *antipsicologismo* violento que retira do psiquismo todo o seu conteúdo, reduzindo-o a um lugar vazio e formal (como na psicologia funcional) ou ao puro fisiologismo. Já a ideologia, privada do seu lugar habitual na existência (e mais especificamente no psiquismo) pelo antipsicologismo subsequente, fica totalmente sem lugar e é obrigada a retirar-se da realidade e passar para as alturas transcendentais ou até mesmo transcendentes.

No começo do século XX, vivemos justamente uma onda violenta de antipsicologismo (é claro, porém, que ela não foi a primeira na história). O acontecimento filosófico e metodológico mais importante das duas últimas décadas do nosso século consiste nos seguintes fatos: os trabalhos fundamentais de Husserl,[19] o principal representante do antipsicologismo moderno, as obras dos seus seguidores *intencionalistas*

---

[19] Ver o primeiro volume de *Investigações lógicas* (tradução russa de 1910) que representa uma espécie de bíblia do antipsicologismo moderno, bem como o seu artigo: "Filossófia kak strógaia naúka" ["A filosofia como ciência do rigor"] (*Logos*, 1911-12, Livro I).

("fenomenólogos"), a virada violenta e antipsicologista dos representantes do neokantismo moderno da escola de Marburg e Freiburg,[20] a expulsão do psicologismo de todas as áreas do conhecimento e até mesmo da própria psicologia (!).

Atualmente, a onda de antipsicologismo começa a perder força. Em substituição a ela vem uma onda nova de psicologismo e pelo visto muito poderosa. Uma das formas de psicologismo em voga é a *filosofia da vida*. Sob o lema da "filosofia da vida", o psicologismo mais incontrolável passa a retomar, com velocidade incomum, todas as posições que havia abandonado recentemente em todos os campos da filosofia e na ciência das ideologias.[21]

A atual onda de psicologismo não traz consigo quaisquer fundamentos novos e importantes da realidade psíquica. O psicologismo moderno, ao contrário do psicologismo

---

[20] Ver, por exemplo, um trabalho muito instrutivo de Heinrich Rickert (líder da escola de Freiburg) "Dva putí teóri poznánia" ["Dois caminhos da teoria do conhecimento"] na coletânea *Nóvie idei v filossófi* [*Novas ideias na filosofia*], sétima edição de 1913. Nesse trabalho, Rickert, sob a influência de Husserl, traduz para a linguagem antipsicológica a sua concepção da teoria do conhecimento, inicialmente um tanto psicologista. O artigo é muito característico como exemplo da correlação entre o neokantismo e o movimento antipsicologista.

[21] O leitor pode encontrar um panorama geral da filosofia da vida na modernidade, apesar de tendencioso e um pouco ultrapassado, no livro de Rickert *A filosofia da vida* (Academia, 1921). O livro de Spranger, *Lebensformen*, exerce enorme influência sobre as ciências humanas. Atualmente, todos os maiores representantes dos estudos literários e da ciência sobre a língua na Alemanha encontram-se, em menor ou maior grau, sob a influência da ciência da linguagem. Entre eles estão: Ermatinger (*Das dichterische Kunstwerk* [*A obra de arte literária*], 1921), Gundolf (o livro sobre Goethe e o livro sobre George, 1916 e 1920), Hefele (*Das Wesen der Dichtung* [*A essência da literatura*], 1923), Walzel (*Gehalt und Form... im dichterischen Kunstwerk* [*Conteúdo e forma... na obra de arte literária*], 1923), Vossler e os vosslerianos e muitos outros. Ainda voltaremos a falar sobre alguns dos que foram enumerados acima.

anterior (da segunda metade do século XIX) e de caráter positivista empírico (cujo típico representante é Wundt), tende a interpretar a existência interior, o "universo das vivências", do ponto de vista *metafísico*. Desse modo, a alternância dialética entre o psicologismo e o antipsicologismo não resultou em uma síntese dialética. Até o presente momento nem o problema da psicologia nem o problema da ideologia encontraram a devida solução na filosofia burguesa.

Os fundamentos de ambos os problemas devem ser simultâneos e interligados. Acreditamos que a mesma chave possa dar acesso a ambas as esferas. Essa chave é a *filosofia do signo*, ou seja, a filosofia da palavra como signo ideológico *par excellence*. O signo ideológico é o território comum tanto do psiquismo quanto da ideologia; é um território material, sociológico e significante. É nesse território que deve acontecer a delimitação entre a psicologia e a ideologia. O psiquismo não deve ser uma réplica do resto do mundo (principalmente ideológico) e o resto do mundo não deve ser uma simples observação material do monólogo psíquico.

Entretanto, se a realidade do psiquismo é a realidade sígnica, como então traçar a fronteira entre o psiquismo subjetivo individual e a ideologia, no sentido exato dessa palavra, uma vez que a ideologia também é uma realidade sígnica? Até o momento apontamos apenas o território comum, mas agora é necessário traçar a fronteira dentro desse território.

A essência dessa questão consiste na definição do signo interior (intracorporal), passível de ser auto-observado em sua realidade direta.

Do ponto de vista do conteúdo ideológico não há e não pode haver fronteiras entre o psiquismo e a ideologia. Qualquer conteúdo ideológico, sem exceção, independentemente do tipo de material sígnico em que ele estiver encarnado, pode ser compreendido e, por conseguinte, assimilado psiquicamente, isto é, pode ser reproduzido no material sígnico interior. Por outro lado, qualquer fenômeno ideológico passa, no processo de sua criação, pelo psiquismo, por ele ser uma instância necessária. Reiteramos: qualquer signo ideológico exterior, independentemente do seu gênero, banha-se por todos os lados nos signos interiores, ou seja, na consciência. Esse signo exterior tem sua origem no mar dos signos interiores e nele continua a viver, pois a sua vida se desenvolve no processo de renovação da sua compreensão, vivência e assimilação, ou seja, em sua inserção contínua no contexto interior.

Por essa razão, do ponto de vista do conteúdo não há uma fronteira essencial entre o psiquismo e a ideologia, apenas uma diferença de grau: no estágio de desenvolvimento interior, um ideologema não encarnado em um material ideológico exterior é um ideologema vago; só no processo de encarnação ideológica ele é capaz de se tornar claro, se diferenciar e se fixar. A ideia inicial é sempre menor do que o resultado final (mesmo que ele não seja bem-sucedido). Uma ideia que ainda existe apenas no contexto da minha consciência e que não está enraizada no contexto da ciência, como um sistema ideológico uno, é um pensamento ainda impreciso e inacabado. No entanto, já no contexto da minha consciência, essa ideia é realizada a partir da orientação para um sistema ideológico e é gerada pelos signos ideológicos absorvidos por mim anteriormente. Reiteramos que nesse caso não há uma diferença fundamental qualitativa. O conhecimento nos livros, nos discursos alheios e o conhecimento na cabeça pertencem à mesma esfera da realidade, e as diferenças existentes entre a cabeça e o livro não concernem ao conteúdo do conhecimento.

O que mais dificulta o nosso problema de delimitação entre o psiquismo e a ideologia é o conceito de "individual". O "social" é normalmente correlacionado com o individual. Disso decorre que o psiquismo é individual e a ideologia, social.

Esse tipo de compreensão é totalmente errôneo. O social está correlacionado com o "natural", portanto não é o indivíduo como personalidade, mas como representante da espécie biológica. O indivíduo como proprietário dos conteúdos da sua consciência, como autor das suas ideias, como uma personalidade responsável por suas ideias e desejos, é um fenômeno puramente socioideológico. Portanto, o conteúdo do psiquismo "individual" é tão social por sua natureza quanto a ideologia, e o próprio grau da consciência da sua individualidade e dos seus direitos interiores é ideológico, histórico e está inteiramente condicionado pelos fatores sociológicos.[22] Todo signo é social por natureza e o signo interior não é menos social que o exterior.

Para evitar mal-entendidos é preciso sempre distinguir rigorosamente o conceito de indivíduo como ser da natureza, tomado fora do mundo social, assim como ele é estudado e conhecido pelos biólogos, e o conceito de individualidade, que, construído sobre o indivíduo natural, é por sua vez uma superestrutura ideológica e sígnica, e portanto social. Essas duas significações da palavra "individualidade" (como indivíduo natural e como personalidade) normalmente são confundidas, ocasionando frequentemente um *quaternio terminorum* nos raciocínios da maioria dos filósofos e psicólogos, que empregam indistintamente ora um conceito, ora outro.

Se, por um lado, o conteúdo do psiquismo individual é tão social quanto a ideologia, por outro, os fenômenos ideológicos são tão individuais (no sentido ideológico da palavra) quanto os psíquicos. Cada produto ideológico carrega consigo a marca da individualidade do seu criador ou de seus

---

[22] Na última parte do nosso trabalho, veremos o quanto é relativo e ideológico o conceito de autoria discursiva ou verbal, de "propriedade da palavra", e quão tarde se elabora na língua uma percepção clara das necessidades individuais do discurso.

criadores, mas essa marca é tão social quanto todas as demais particularidades e características dos fenômenos ideológicos.

Portanto, todo signo, até mesmo o da individualidade, é social. Qual seria então a diferença entre o signo interior e o exterior, entre o psiquismo e a ideologia?

— A significação realizada no material do movimento interior é voltada para o próprio organismo, para o próprio indivíduo, e acima de tudo é definida no contexto da sua vida única. Nesse sentido, os representantes da escola funcional estão parcialmente corretos. Ignorar que a unidade singular do psiquismo esteja ligada à unidade dos sistemas ideológicos é inadmissível. A singularidade da unidade psíquica é totalmente compatível com uma compreensão ideológica e sociológica do psiquismo.

De fato, como havíamos dito, na minha consciência, no meu psiquismo, qualquer pensamento cognitivo se orienta para um sistema ideológico de compreensão dentro do qual esse pensamento encontrará o seu lugar. Nesse sentido, o meu pensamento, o sistema do meu psiquismo pertence, desde o princípio, a um sistema ideológico e é regido pelas suas leis. No entanto, ele pertence ao mesmo tempo a um outro sistema, também único e que possui suas leis específicas: o sistema do meu psiquismo.[23] A unidade desse sistema é determinada não apenas pela unidade do meu organismo biológico, mas por todo o conjunto das condições cotidianas e sociais nas quais esse organismo está inserido. Um psicólogo irá estudar o meu pensamento com relação à unidade orgânica do meu indivíduo e às condições específicas da minha existência. Já para um ideólogo, esse pensamento será interessante apenas do ponto de vista da sua contribuição objetiva para o sistema de conhecimento.

---

[23] Este período está ausente da primeira edição (1929). (N. da T.)

O sistema psíquico, determinado pelos fatores orgânicos e biográficos (no sentido amplo da palavra), de modo algum é apenas resultado do "ponto de vista" do psicólogo. Não, ele é uma unidade real, assim como é real o indivíduo biológico, dotado de sua própria constituição, que se encontra na base desse sistema, assim como é real o conjunto de condições cotidianas determinantes da vida desse indivíduo. Quanto mais estreita for a inserção do signo interior na unidade desse sistema psíquico, tanto mais forte será a sua determinação pelo aspecto biológico e biográfico e mais distante ele estará da sua expressão ideológica finalizada. Ao contrário, na medida da sua formalização e encarnação ideológica, o signo interior parece se livrar das correntes do contexto psíquico que o limitam.

Isso também determina a diferença entre os processos de compreensão do signo interior, ou vivência, e o signo exterior, puramente ideológico. No primeiro caso, *compreender* significa relacionar o signo interior com a unidade de outros signos, também interiores, percebê-lo no contexto de dado psiquismo; no segundo caso, *compreender* significa perceber o signo dentro de um sistema ideológico correspondente. Entretanto, no primeiro caso é necessário ainda considerar a significação puramente ideológica dessa vivência, pois o psicólogo não pode compreender o lugar de um pensamento no contexto de um dado psiquismo sem compreender o sentido puramente cognitivo desse pensamento. Caso abstraia a significação cognitiva desse pensamento, não estará lidando com o pensamento nem com o signo, mas com um puro processo fisiológico de realização desse pensamento, isto é, desse signo dentro do organismo. É por isso que a psicologia do conhecimento deve apoiar-se na teoria do conhecimento e na lógica e, de modo geral, é por isso que a psicologia precisa fundamentar-se na ciência das ideologias e não o contrário.

É preciso observar que qualquer expressão sígnica exterior — por exemplo, um enunciado — pode ser construída em duas direções: na direção do sujeito ou a partir dele na direção da ideologia. No primeiro caso, o enunciado tem como objetivo expressar os signos interiores por meio dos signos exteriores e exige que o ouvinte os relacione com o contexto interior, ou seja, é necessária uma compreensão puramente psicológica. No outro caso, é preciso uma compreensão puramente ideológica e objetiva desse enunciado.[24]

Assim se realiza a delimitação entre o psiquismo e a ideologia.[25]

Como então são apresentados o psiquismo e os signos interiores para nossa observação e análise?

---

[24] É preciso notar que os enunciados do primeiro tipo podem possuir um caráter duplo: eles podem comunicar vivências ("eu sinto alegria") ou expressá-las de modo direto ("viva!"). São possíveis ainda formas intermediárias ("estou feliz!", com uma forte e expressiva entonação de alegria). A distinção entre esses tipos possui uma enorme importância para o psicólogo e para o ideólogo. Porque, no primeiro caso, não há expressão de vivência e portanto não ocorre uma atualização do signo interior. Aqui se expressa o resultado de uma auto-observação (é apresentada uma espécie de signo do signo). No segundo caso, a auto-observação dentro da experiência interior se expressa para fora e torna-se um objeto da observação exterior (no entanto, ao se expressar para fora, ela passa por certas mudanças). No terceiro caso, no intermediário, o resultado da auto-observação é marcado pelo signo interior (signo primário) que se expressa para fora.

[25] As nossas opiniões em relação ao conteúdo do psiquismo, compreendido como ideologia, foram relatadas no nosso livro *O freudismo*, anteriormente mencionado. Conferir o capítulo "O conteúdo do psiquismo como ideologia".

[Em *O freudismo* (São Paulo, Perspectiva, 2001, tradução de Paulo Bezerra), o capítulo aqui mencionado tem um ligeira variação no título: "O conteúdo da consciência como ideologia" ["Soderjánie soznánia kak ideológuia"]. (N. da T.)]

— Em seu aspecto puro, o signo interior, isto é, a vivência é apresentada somente para a auto-observação (introspecção).

A unidade da experiência exterior, objetiva, romperia a auto-observação? — Quando existe uma compreensão correta do psiquismo e da auto-observação propriamente dita não há nenhum rompimento.[26]

De fato, o signo interior, objeto de auto-observação, pode representar também o signo exterior. O discurso interior pode ser expresso em voz alta. Os resultados da auto-observação no processo de autoconhecimento obrigatoriamente devem ser expressos para o exterior ou ao menos aproximados do estágio da expressão exterior. A auto-observação como tal se movimenta do signo interior para o signo exterior. Portanto, a própria auto-observação possui um caráter expressivo.

A auto-observação é a compreensão do seu próprio signo interior. É nisso que ela difere da observação de algum objeto ou processo físico. Não podemos ver nem sentir uma vivência; nós a compreendemos. Isso significa que no processo de auto-observação nós a incluímos em um contexto de outros signos que estão sendo compreendidos. O signo é elucidado apenas com a ajuda de outro signo.

A auto-observação é uma *compreensão* e portanto ocorre inevitavelmente em certa direção ideológica. Por exemplo, ela pode ser realizada em prol da psicologia e, nesse caso, compreende uma dada vivência no contexto de outros signos interiores em direção à unidade da vida psíquica.

Nesse caso, a auto-observação elucida os signos interiores com a ajuda do sistema cognitivo dos signos psicológicos: assimila e diferencia a vivência em direção ao relato psicológico preciso sobre ela. Por exemplo, tal tarefa é dada àquele

---

[26] Tal ruptura aconteceria se a realidade do psiquismo representasse a realidade do objeto e não a realidade do signo.

que é submetido a um teste psicológico. O enunciado de quem é submetido ao teste é um relato psicológico pronto ou semipronto.

No entanto, a auto-observação pode desenvolver-se também em outra direção, pendendo para uma auto-objetivação moral, ética. Nesse caso, o signo interior é introduzido no sistema de avaliações e normas éticas, sendo compreendido e assimilado do ponto de vista delas.

São possíveis ainda outras direções de auto-observação como compreensão. No entanto, a auto-observação, sempre e em todo lugar, tende a assimilar o signo interior, tornando-o mais claro do ponto de vista sígnico. Esse processo atinge o seu limite quando o objeto da auto-observação torna-se suficientemente *compreensível*, ou seja, pode ser não apenas objeto de auto-observação, mas também da observação habitual, objetiva e ideológica (sígnica).

Desse modo, a auto-observação vista como compreensão ideológica é inserida na unidade da experiência objetiva. Precisamos ainda acrescentar o seguinte: em um caso concreto é impossível traçar um limite claro entre o signo interior e o exterior, entre a auto-observação interior e a observação exterior; esta última, tanto do ponto de vista *sígnico* quanto do real, comenta ininterruptamente os signos interiores em processo de compreensão.

O comentário real sempre está presente. A compreensão de qualquer signo, tanto do exterior quanto do interior, está indissoluvelmente conectada a toda a *situação de realização do signo*. Mesmo na auto-observação essa situação aparece como um conjunto de fatos da experiência exterior que comenta e elucida o signo interior. Essa situação sempre é *social*. A orientação dentro da sua própria alma (auto-observação) é realmente inseparável da orientação dentro de uma situação social concreta da vivência. Por isso, qualquer aprofundamento da auto-observação é possível apenas em uma conexão indissolúvel com o aprofundamento da compreensão da orientação social. Uma abstração completa dessa última também resulta em uma completa anulação da vivência, assim como a abstração da sua natureza sígnica leva ao mesmo efeito. Como veremos com mais detalhes adiante, *o signo e sua situação social estão fundidos de modo inseparável*. O signo não pode ser isolado da situação social sem perder sua natureza sígnica.

Na filosofia da linguagem, o problema do signo interior é um dos mais importantes. Pois, na maioria das vezes, o signo interior é representado pela palavra, pelo discurso interior. O problema do discurso interior, assim como todas as questões analisadas nesse capítulo, apresenta um caráter filosófico. Ele se dá no entroncamento da psicologia com as áreas abordadas pelas ciências das ideologias. Apenas no terreno da filosofia da linguagem, compreendida como filosofia do signo, é possível obter uma solução de base metodológica para esse problema. O que representa a palavra na função de signo interior? De que modo se realiza o discurso interior? Qual é sua ligação com a situação social? Qual é a sua relação com o enunciado exterior? Qual é a metodologia para revelar ou, por assim dizer, captar o discurso interior? — Somente uma filosofia da linguagem bem elaborada pode dar uma resposta a essas questões.

Abordaremos, por exemplo, a segunda pergunta: de que modo se realiza o discurso interior?

Desde o começo está claro que todas as categorias elaboradas pela linguística para a análise das formas da linguagem exterior, ou seja, do discurso (lexicais, gramaticais, fonéticas), são, sem exceção, inaplicáveis para a análise das formas do discurso interior e que, mesmo quando aplicadas, é necessária a sua reelaboração essencial ou fundamental.

Uma análise mais detalhada revelaria que o discurso interior consiste em certas *unidades*, que lembram um pouco os parágrafos do discurso monológico ou enunciados inteiros. No entanto, acima de tudo eles lembram as *réplicas de um diálogo*. Não é por acaso que os pensadores da Antiguidade já concebiam o discurso interior como um *diálogo interior*. Essas unidades não podem ser divididas em elementos gramaticais (ou podem ser divididas apenas com grandes ressalvas) e, entre elas, assim como entre as réplicas de um diálogo, não há ligações gramaticais, predominando, em seu lugar, ligações de outro tipo. Essas unidades do discurso interior, espécies de *impressões totais*[27] dos enunciados, estão ligadas entre si e alternam-se não de acordo com leis gramaticais ou lógicas, mas segundo as leis da *correspondência valorativa* (emocional), de *enfileiramento dialógico* etc., dependendo estreitamente das condições históricas da situação social e de todo o decorrer pragmático da vida.[28]

Apenas a revelação das formas dos enunciados integrais e principalmente as formas do discurso dialógico podem também lançar luz sobre as formas do discurso interior e sobre a lógica peculiar de sua ordem no fluxo da vida interior.

É claro que todos os problemas do discurso interior esboçados aqui extrapolam totalmente os limites do nosso trabalho. Na atualidade, o seu estudo produtivo ainda é impos-

---

[27] Tomamos esse termo emprestado de Gompertz (*Weltanschauungslehre*). Parece que esse termo foi usado, pela primeira vez, por Otto Weininger. A impressão total é uma impressão ainda não separada do objeto como um todo, uma espécie de aroma do todo, que antecede e fundamenta o reconhecimento claro do objeto. Assim, às vezes não podemos lembrar de uma palavra ou de um nome, embora os tenhamos na "ponta da língua"; ou seja, já temos uma impressão total desse nome ou palavra, porém ele não consegue se desenvolver em sua imagem concreta e diferenciada. De acordo com Gompertz, as impressões totais são de extrema importância na cognição. Elas representam equivalentes psíquicos das formas do todo, contribuindo com a sua integridade.

[28] A divisão comumente aceita dos tipos de discurso interior — visual, auditivo e motor — não está relacionada às ideias expostas acima. Dentro de cada um dos tipos, o discurso se realiza por meio de impressões totais: visuais, auditivas, motoras.

sível. É necessário coletar previamente uma grande parcela de material factual, bem como compreender as questões mais elementares e fundamentais da filosofia da linguagem, como, em particular, o problema do enunciado.

Essa é a solução que, em nossa opinião, pode ser dada ao problema da delimitação mútua entre o psiquismo e a ideologia abarcados no território único do signo ideológico. Essa solução elimina também do ponto de vista dialético a contradição entre o psicologismo e o antipsicologismo.

O antipsicologismo tem razão ao recusar deduzir a ideologia do psiquismo. Mais do que isso, o psiquismo deve ser deduzido da ideologia. A psicologia precisa apoiar-se sobre a ciência das ideologias. Era necessário que a palavra[29] primeiramente nascesse e amadurecesse no processo da comunicação social dos organismos, para depois entrar no organismo e se tornar a palavra interior.

No entanto, o psicologismo também tem razão. Não há o signo exterior sem o signo interior. Um signo exterior, incapaz de entrar no contexto dos signos interiores, ou seja, incapaz de ser compreendido e vivido, deixa de ser um signo e torna-se um objeto físico.

---

[29] O termo russo *slovo* foi traduzido em inglês por *speech* (V. N. Volosinov, *Marxism and the Philosophy of Language*, tradução de L. M. Matejka, I. R. Titunik, Cambridge, Harvard University Press, 1986, p. 39), em francês por *mot* (V. N. Volosinov, *Marxisme et philosophie du langage*, tradução de P. Sériot e I. Tylkowski-Ageeva, Limoges, Lambert-Lucas, 2010) e em espanhol por *palabra* (V. N. Volóshinov, *El marxismo y la filosofía del lenguaje*, tradução de T. Bubnova, Buenos Aires, Godot, 2009, p. 71). Ao pé da letra, o termo significa "palavra", mas também é utilizado no sentido de linguagem verbal ou discurso. Na tradução brasileira de *Problemas da poética de Dostoiévski*, realizada por Paulo Bezerra, o último capítulo, "Slovo v romane", foi traduzido por "O discurso no romance". Embora esteja claro que o autor não tem em vista a palavra como unidade lexical, e usa o termo para representar a totalidade da expressão verbal, preferimos manter "palavra" em ambos os casos. (N. da T.)

O *signo ideológico vive por meio da sua realização psíquica, assim como a realização psíquica vive por meio do seu conteúdo ideológico*. A vivência psíquica é o interior que se torna exterior; o signo ideológico é o exterior que se torna interior. Dentro do organismo, o psiquismo é extraterritorial. É o aspecto social que penetrou no organismo de um indivíduo. No campo socioeconômico, todo o ideológico é extraterritorial, pois o signo ideológico, que se encontra fora do organismo, deve entrar no mundo interior para realizar sua significação sígnica.

Desse modo, entre o psiquismo e a ideologia existe uma interação dialética indissolúvel: *o psiquismo desaparece, anula-se, ao tornar-se ideologia, assim como a ideologia se exclui ao tornar-se psiquismo*. O signo interior, para se tornar um signo ideológico, deve se livrar de sua obsessão pelo contexto psíquico (biobiográfico), deixar de ser uma vivência subjetiva. O signo ideológico, para permanecer vivo, precisa imergir no universo dos signos subjetivos interiores, obter tonalidades subjetivas, para não se transformar em uma relíquia de museu que é respeitada mas incompreendida.

Essa interação dialética entre o signo interior e exterior — psiquismo e ideologia — por diversas vezes chamou a atenção dos pensadores, porém não foi devidamente compreendida nem expressa de maneira adequada.

Recentemente uma análise mais profunda e interessante dessa questão foi feita pelo já falecido filósofo e sociólogo Georg Simmel.

Simmel compreendeu essa interação de um modo característico para o pensamento burguês atual: como uma "tragédia da cultura" ou, mais precisamente, como uma tragédia da personalidade subjetiva que cria a cultura. De acordo com Simmel, a personalidade criadora anula a si mesma, a sua subjetividade e a sua "personalidade" no produto objetivo criado por ela mesma. O nascimento do valor objetivo cultural é condicionado pela morte da alma subjetiva.

Não entraremos aqui nos detalhes da análise de Simmel sobre esse problema, que contém inúmeras observações finas e interessantes.[30] Atentaremos apenas para o principal defeito da concepção de Simmel. Na obra de Simmel, existe uma ruptura insuperável entre o psiquismo e a ideologia: *ignora-se o signo como uma forma da realidade comum ao psiquismo e à ideologia*. Além disso, apesar de ser um sociológico, ele *menospreza completamente a preponderância do aspecto social tanto da realidade psíquica quanto ideológica*. Pois ambas as realidades são refrações da mesma existência socioeconômica. Como resultado disso, em Simmel, a contradição dialética viva entre o psiquismo e a existência transforma-se em uma antinomia inerte, imóvel, em uma "tragédia". Ele tenta em vão superar essa antinomia inevitável por meio do processo dinâmico da vida visto pelo prisma metafísico.

A solução dialética de todas as contradições desse gênero é possível apenas no terreno do monismo materialista. Em um outro terreno, essas contradições teriam que ser ignoradas ou desconsideradas, ou se transformariam em uma antinomia insolúvel, em um trágico beco sem saída.[31]

---

[30] Entre os trabalhos de Simmel dedicados a essa questão, dois possuem tradução para o idioma russo: "Traguédia kulturi" ["A tragédia da cultura"], *Logos*, 1911-12, Livros II-III, e um pequeno livro com prefácio do professor Sviatlóvski: *Konflikti sovremiénnoi kultúri* [*Os conflitos da cultura moderna*], Petrogrado, Natchatki Znani, 1923. Seu último livro aborda o mesmo problema do ponto de vista da filosofia da vida: *Lebensanschauung* [*Concepção de vida*], 1919. A mesma ideia predomina no livro de Simmel sobre Goethe e, em parte, nos seus trabalhos sobre Nietzsche, Schopenhauer, Rembrandt e Michelângelo (conferir a tradução para o russo do seu artigo sobre Michelângelo na revista *Logos*, 1911-12, Livro I). Simmel fundamenta a sua tipologia das individualidades criativas nos diferentes modos de superar o conflito entre a alma e sua objetivação criativa no produto exterior da cultura.

[31] Na bibliografia filosófica russa, os problemas da objetivação do psiquismo subjetivo em produtos ideológicos, bem como as subsequentes

Essa síntese dialética viva entre o psíquico e o ideológico, entre o interior e o exterior, se realiza sempre reiteradamente na palavra, em cada enunciado, por mais insignificante que seja. Em cada ato discursivo, a vivência subjetiva é eliminada no fato objetivo da palavra-enunciado dita; já a palavra dita, por sua vez, é subjetivada no ato de compreensão responsiva, para gerar mais cedo ou mais tarde uma réplica responsiva. Como já sabemos, toda palavra é uma pequena arena em que as ênfases sociais multidirecionadas se confrontam e entram em embate. Uma palavra nos lábios de um único indivíduo é um produto da interação viva das forças sociais.

É assim que o psiquismo e a ideologia se interpenetram dialeticamente no processo único e objetivo da comunicação social.

contradições e conflitos, foram e continuam sendo estudados por Fiódor Stepun (consultar seus trabalhos na revista *Logos*, 1911-12, Livros II-III, e 1913, Livros II-IV). Ele também vê esses problemas de um ponto de vista trágico e até mesmo místico. Ele não consegue desenvolvê-los no plano da realidade objetiva e material, o único em que eles podem encontrar uma solução dialética produtiva e sóbria.

Parte II

Os caminhos da filosofia da linguagem marxista

1

Duas tendências
do pensamento filosófico-linguístico

A colocação do problema da existência real da língua. Os fundamentos da primeira tendência do pensamento filosófico-linguístico (o subjetivismo individualista). Os representantes do subjetivismo individualista. Os fundamentos da segunda tendência do pensamento filosófico-linguístico (o objetivismo abstrato). As raízes históricas da segunda tendência. Os representantes atuais do objetivismo abstrato. Conclusão.

Qual é o objeto da filosofia da linguagem? Onde podemos encontrá-lo? Qual é a sua realidade concreta e material? Qual é a metodologia da sua abordagem?

Na primeira parte do nosso trabalho, introdutória, essas questões concretas não foram abordadas em absoluto. Tratamos da filosofia da linguagem, da filosofia da palavra. Entretanto, o que é a linguagem, o que é a palavra?

É claro que não se trata de uma definição mais ou menos acabada desses conceitos fundamentais. Tal definição pode ser dada no fim e não no início do trabalho (se é que uma definição científica em geral pode ser acabada). No início da pesquisa não se pode construir uma definição, apenas indicações metodológicas: é preciso, antes de mais nada, apalpar o objeto real da pesquisa, destacá-lo da realidade circundante e apontar previamente seus limites. No início da pesquisa, quem busca não é tanto o pensamento que cria fórmulas e definições quanto os olhos e as mãos que tentam apalpar a existência real de um objeto.

Entretanto, justamente no nosso caso os olhos e as mãos estão em uma situação difícil: o olhos nada veem e as mãos não têm nada para apalpar. Talvez o ouvido esteja numa situação melhor, pois tende a ouvir a palavra, ouvir a língua. De fato, as tentações do *empirismo fonético superficial* são muito fortes na ciência sobre a linguagem. O estudo do aspecto sonoro da palavra ocupa um lugar desproporcionalmente grande na linguística, frequentemente dá o tom a ela e, na maioria dos casos, se realiza sem nenhuma ligação com a essência real da língua como signo ideológico.[1]

A tarefa de delimitação do objeto real da filosofia da linguagem não é nada fácil. Sempre que tentamos circunscrever o objeto de pesquisa, reduzi-lo a um conjunto objetivo-material definido, visível e compacto, perdemos a própria essência do objeto estudado, ou seja, a sua natureza sígnica e ideológica. Se isolarmos o som como um *fenômeno* puramente *acústico*, não teremos a língua como objeto específico. O som se encontra sob o domínio absoluto da física. Se acrescentarmos o *processo fisiológico de produção do som* e o processo da sua *percepção* sonora, ainda assim não nos aproximaremos do seu objeto. Se adicionarmos a *vivência* (os signos interiores) do falante e do ouvinte, teremos dois processos psicofísicos que ocorrem em dois sujeitos psicofisiológicos distintos e um conjunto físico e sonoro que se realiza na natureza, de acordo com as leis da física. A língua, como um

---

[1] Acima de tudo, esse fato diz respeito à fonética experimental que, em sua essência, não estuda o som da língua, mas o som produzido pelos órgãos articuladores e percebido pelo ouvido de um modo completamente independente do lugar desse som no sistema da língua na construção do enunciado. Também no restante da fonética uma parcela enorme de material factual, coletado por meio de um trabalho grande e minucioso, não recebe nenhuma abordagem metodológica.

objeto específico, ainda continuará ausente. Entretanto, já abarcamos três esferas da realidade — física, fisiológica e psicológica — e obtivemos um conjunto bastante complexo e de composição diversificada. Esse conjunto, no entanto, está privado de alma, e as suas partes isoladas encontram-se lado a lado sem serem interligadas por nenhuma lei interna que o atravesse e que o transforme em um fenômeno tipicamente linguístico.

O que então é necessário acrescentar ao nosso conjunto já bastante complexo?

Acima de tudo, é necessário incluir esse conjunto em outro muito mais amplo e que abranja o primeiro: na esfera una da comunicação social organizada. Para observar o processo de combustão, é necessário colocar o corpo no ambiente atmosférico. Para observar o fenômeno da língua, é necessário colocar os sujeitos falante e ouvinte, bem como o próprio som, no ambiente social. É preciso que tanto o falante quanto o ouvinte pertençam a uma mesma coletividade linguística, a uma sociedade organizada de modo específico. É fundamental ainda que os nossos dois indivíduos sejam abarcados pela unidade da situação social mais próxima, isto é, que o encontro entre essas duas pessoas ocorra em um terreno determinado. O intercâmbio verbal só é possível nesse terreno determinado, por mais geral e, por assim dizer, ocasional que ele seja.

Desse modo, *a unidade do meio social e do acontecimento da comunicação social mais próximo* são duas condições totalmente necessárias para que o conjunto físico-psicofisiológico apontado por nós possa ter uma relação com a língua, com o discurso, possa tornar-se um fato da língua-discurso (linguagem).[2] Dois organismos biológicos nas condi-

---

[2] Uma vez que em russo os termos "linguagem" e "língua" são expressos pela mesma palavra, *iazik*, e que é necessário marcar a diferença entre os dois conceitos, o autor vê-se obrigado a criar uma palavra com-

ções de um meio puramente natural não gerarão nenhum fato discursivo.

Entretanto, a nossa análise, ao invés de delimitar o objeto de pesquisa, acabou por torná-lo muito mais amplo e complexo.

O meio social organizado no qual incluímos nosso conjunto, bem como a situação social de comunicação mais próxima, são, por si sós, extremamente complexos e repletos dos mais diversos tipos e modos de relações, que nem sempre são igualmente necessários para a compreensão dos fatos linguísticos, assim como também nem sempre representam aspectos constitutivos da língua. Por fim, todo esse sistema multiforme de fenômenos e relações, de processos e de objetos precisa ser reduzido a um único denominador; todas as suas linhas devem ser direcionadas a um único centro: ao foco do processo linguístico.

* * *

Na seção anterior expusemos o problema da linguagem, ou seja, desenvolvemos o próprio problema e as dificuldades nele contidas. Mas que solução foi dada a esse problema na filosofia da linguagem e na linguística geral? Quais etapas norteadoras marcaram o processo da sua solução?

Foge do nosso objetivo uma descrição detalhada da história da filosofia da linguagem e da linguística geral, e até mesmo da sua situação atual. Realizaremos apenas uma análise geral das tendências fundamentais do pensamento filosófico e linguístico da modernidade.[3]

---

posta em russo, língua-discurso (*iazik-rietch*), para o conceito de "linguagem", restringindo o termo *iazik* para o de "língua". É importante destacar que a palavra *rietch* em russo recobre uma vasta gama de sentidos, inclusive fala, discurso e linguagem, podendo englobar todo o universo da expressão verbal. (N. da T.)

[3] Até o presente momento, não existem trabalhos específicos sobre

Na filosofia da linguagem e nas seções metodológicas correspondentes da linguística geral observamos *duas tendências principais* na solução do nosso problema, isto é, *o problema do isolamento e da delimitação da linguagem como um objeto específico de estudo*. Obviamente essa divergência fundamental entre as duas tendências compreende não só essa questão, mas também todos os demais temas da ciência da linguagem.

A primeira tendência pode ser chamada de *subjetivismo individualista* na ciência da linguagem, e a segunda, de *objetivismo abstrato*.[4]

---

a história da filosofia da linguagem. Existem apenas os estudos fundamentais sobre a história da filosofia da linguagem e da linguística na Antiguidade, como por exemplo: Steinthal, *Geschichte der Sprachwissenschaft bei den Griechen und Römern* [*História da ciência da linguagem nos gregos e romanos*] (1890). Para a história europeia, existem apenas monografias sobre alguns pensadores e linguistas (sobre Humboldt, Wundt, Marty, entre outros). Eles serão mencionados em ocasião oportuna. No momento, o leitor poderá encontrar o único ensaio de peso sobre a história da filosofia da linguagem e da linguística no livro de Ernst Cassirer, *Philosophie der symbolischen Formen — Erster Teil: Die Sprache* [*A filosofia das formas simbólicas — I. A linguagem*] (1923), cap. 1, "Das Sprachproblem in der Geschichte der Philosophie" ["O problema linguístico na história da filosofia"] (pp. 55-121).

Na língua russa existe um esboço breve porém aprofundado sobre a situação atual da linguística e da filosofia da linguagem, de autoria de R. Chor, no artigo: "Krísis sovremiénnoi lingvístiki" ["A crise da linguística moderna"], em *Iafetítcheski sbórnik* [*Coletânea jafética*], vol. 5, 1927, pp. 32-71. Uma relação geral, porém longe de completa, dos trabalhos sociológicos sobre a linguística é dada no artigo de M. N. Peterson, "Iazik kak sotsiálnoie iavliénie" ["A língua como fenômeno social"], em *Utchiónie zapíski Institúta Iaziká i Literatúri* [*Notas científicas do Instituto de Língua e Literatura*], Moscou, Ranion, 1927, pp. 3-21. Não mencionamos aqui trabalhos sobre a história da linguística.

[4] Ambas as denominações, assim como todas as denominações desse gênero, estão longe de abarcar toda a plenitude e complexidade das ten-

A primeira tendência analisa o ato discursivo individual e criativo como fundamento da língua (ou seja, todos os fenômenos linguísticos sem exceção). O psiquismo individual representa a fonte da língua. As leis da criação linguística — uma vez que a língua é formação e criação ininterrupta — na verdade são leis individuais e psicológicas; são elas que devem ser estudadas pelo linguista e pelo filósofo da linguagem. Elucidar um fenômeno linguístico significa reduzi-lo a um ato individual e criativo consciente (muitas vezes até inteligente). No trabalho de um linguista, todo o restante possui apenas um caráter prévio, de constatação, de descrição e de classificação, apenas prepara a verdadeira explicação do fenômeno linguístico a partir do ato individual e criativo ou serve para objetivos práticos de ensinar uma língua pronta. Desse ponto de vista, a língua é análoga a outros fenômenos ideológicos, especialmente a arte e a atividade estética.

O principal ponto de vista da primeira tendência consiste, portanto, nos quatro postulados a seguir:

1) *A língua é atividade, um processo ininterrupto de criação* (ἐνέργεια),[5] *realizado por meio de atos discursivos individuais;*

2) *As leis da criação linguística são, em sua essência, leis individuais e psicológicas;*

3) *A criação da língua é uma criação consciente, análoga à criação artística;*

4) *A língua como um produto pronto* (ἔργον),[6] *como um sistema linguístico estável* (dotado de vocabulário, gramática, fonética), *representa uma espécie de sedimentação*

---

dências em questão. Como veremos, o nome da primeira tendência é especialmente inadequado. Entretanto, não conseguimos pensar em denominações melhores.

[5] Em grego no original [*enérgeia*], "atividade", "produção". (N. da T.)

[6] Em grego no original [*érgon*], "obra", "produto". (N. da T.)

imóvel, de lava petrificada da criação linguística, *construída de modo abstrato pela linguística com o objetivo prático de ensinar a língua como um instrumento pronto*.

O mais importante representante e fundador da primeira tendência foi Wilhelm von Humboldt.[7] A influência do potente pensamento humboldtiano ultrapassa em muito os limites da tendência por nós caracterizada. É possível dizer que toda a linguística pós-humboldtiana encontra-se sob sua influência determinante até os dias de hoje. O pensamento de Humboldt em sua totalidade não cabe, é claro, nos limites dos quatro postulados destacados por nós; ele é mais amplo, complexo e contraditório, e é por isso que Humboldt se tornou mentor de orientações bastante díspares. No entanto, o núcleo principal das ideias humboldtianas é a expressão mais forte e profunda dos rumos fundamentais da primeira tendência abordada por nós.[8]

---

[7] Hamann e Herder foram os precursores de Humboldt nessa tendência.

[8] Humboldt expôs suas ideias sobre a filosofia da linguagem no trabalho *Über die Verschiedenheiten des menschlichen Sprachbaues* [*Sobre as diferenças da construção das línguas humanas*], Vorstudie zur Einleitung zum Kawiwerk, Gesamm. Schriften (Akademie-Ausgabe), B VI. Há uma tradução russa muito antiga de P. P. Biliárski, *O razlítchii organízmov tcheloviétcheskogo iaziká* [*Sobre a diferença dos organismos da linguagem humana*], 1859. Existe uma bibliografia bastante ampla sobre Humboldt. Mencionaremos o livro de R. Haym, *Wilhelm von Humboldt*, traduzido para o russo. Entre os livros mais recentes podemos apontar o livro de Ed. Spranger, *Wilhem von Humboldt*, Berlim, 1909.

O leitor encontrará informações sobre Humboldt e sua importância para o pensamento linguístico russo no livro de B. M. Engelhardt *A. N. Vesselóvski*, Petrogrado, 1922. Recentemente saiu um livro muito importante e perspicaz de G. Chpiet, *Vnútrenniaia forma slova: etiúdi i variátsi na tiému Gúmboldta* [*A forma interna da palavra: esboços e variações sobre o tema de Humboldt*]. Ele tenta recriar o verdadeiro Humboldt livrando-o dos estratos da interpretação tradicional (existem várias tradições de

Na bibliografia russa sobre a linguística, o mais importante representante da primeira tendência é *A. A. Potebniá* e o círculo dos seus seguidores.[9]

Os representantes posteriores da primeira tendência não atingiram a síntese filosófica e a profundidade de Humboldt. A tendência degenerou-se de modo significativo, principalmente por causa da passagem para a orientação positivista e empírico-superficial. *Steinthal* já não possui a grandeza de Humboldt. Em compensação, ele possui grande clareza metodológica e sistematicidade. Steinthal também considera que o psiquismo individual é a fonte da linguagem, e as leis de desenvolvimento linguístico são psicológicas.[10]

Os postulados primordiais da primeira tendência perdem considerável importância no psicologismo empirístico de *Wundt* e dos seus seguidores.[11] A ideia central de Wundt reduz-se à afirmação de que todos os fatos linguísticos, sem exceção, podem ser explicados do ponto de vista da psicologia individual e com uma base voluntarista.[12] No entanto,

---

interpretação de Humboldt). A concepção de Chpiet, muito subjetiva, prova mais uma vez o quão complexo e contraditório era Humboldt, pois as variações são muito livres.

[9] Seu trabalho filosófico fundamental é *Misl i iazik* [*Pensamento e linguagem*] (reeditado pela Academia de Ciências da Ucrânia). Os seguidores de Potiebniá, a assim chamada escola de Khárkov (Ovsiániko-Kulikóvski, Liézin, Khartsiév, entre outros), publicaram uma série não periódica: *Vopróssi teóri i psikhológui tvórtchestva* [*Questões de teoria e de psicologia da criação*], da qual fazem parte os trabalhos póstumos do próprio Potebniá e os ensaios dos seus alunos sobre ele. No livro fundamental de Potebniá, há uma exposição das ideias de Humboldt.

[10] A concepção de Steinthal baseia-se na psicologia de Herbart, que tenta construir todo o edifício do psiquismo humano a partir dos elementos das ideias reunidas por laços associativos.

[11] Nesse caso, a ligação com Humboldt já é muito fraca.

[12] O voluntarismo considera o elemento da vontade como a base do psiquismo.

Wundt, assim como Steinthal, considera a língua como um fato da "psicologia dos povos" (*Völkerpsychologie*) ou "psicologia étnica".[13] Contudo, de acordo com Wundt, a psicologia dos povos é composta pelos psiquismos dos indivíduos isolados; para ele, apenas esses últimos possuem toda a plenitude da realidade.

Todas as suas explicações dos fatos linguísticos, mitológicos e religiosos reduzem-se, no final das contas, a explicações puramente psicológicas. Wundt desconhece as leis específicas puramente sociológicas, próprias de todo signo ideológico e que jamais podem ser reduzidas a leis individuais e psicológicas.

No presente momento, a primeira tendência da filosofia da linguagem, tendo se livrado das amarras do positivismo, alcançou novamente, na escola de *Vossler*, um enorme florescimento e grande amplitude na compreensão dos seus objetivos.

A escola de Vossler (a assim chamada "*idealistische Neuphilologie*") é indiscutivelmente uma das mais poderosas tendências do pensamento filosófico-linguístico atual. A contribuição positiva e especial dos seus seguidores para a linguística (na romanística e na germanística) é também de grande peso. Basta citar, além do próprio Vossler, os seus seguidores Leo Spitzer, Lorck, Lerch e assim por diante. Ainda falaremos reiteradamente sobre cada um deles.

A exposição dos quatro postulados da primeira tendência é suficiente para caracterizar a concepção filosófico-lin-

---

[13] O termo "psicologia étnica" foi sugerido por G. Chpiet em substituição da tradução literal do termo alemão *Völkerpsychologie*, "psicologia dos povos". Esse último termo realmente está longe de ser satisfatório, e a definição de Chpiet parece-nos bastante feliz. Cf. G. Chpiet, *Vvediénie v etnítcheskuiu psikhalóguiu* [*Introdução à psicologia étnica*], Moscou, Akadiémia Khudójestvennik Nauk, 1927). O livro apresenta uma crítica detalhada da concepção de Wundt, mas a própria ideia de Chpiet é absolutamente inadmissível.

guística geral de Vossler e da sua escola. Acima de tudo, a escola de Vossler é definida por uma decisiva e intransigente *recusa do positivismo linguístico* que não enxerga nada além da forma linguística (fonética, em sua maioria, por ser mais "positiva") e do ato elementar psicofisiológico de sua produção.[14] Por essa razão, coloca-se em primeiro plano o aspecto *consciente-ideológico* da língua. O principal propulsor da criação linguística é o *gosto linguístico*, que é uma espécie particular de gosto artístico. O gosto linguístico é aquela verdade linguística que mantém a língua viva e que o linguista deve revelar em cada fenômeno da língua, se realmente quer compreendê-lo e explicá-lo.

Segundo Vossler, "só pode aspirar a um caráter científico uma história da língua que analise toda a sequência pragmático-causal com o objetivo de encontrar nela uma série estética específica, de modo que o pensamento linguístico, a verdade linguística, o gosto linguístico, o senso linguístico ou, como diz Humboldt, a forma interna da língua se torne clara e compreensível em suas transformações condicionadas de forma física, psíquica, política, econômica e, em geral, cultural".[15]

Desse modo, como vemos, todos os fatores que determinam um fenômeno linguístico (sejam eles físicos, políticos, econômicos etc.), de acordo com Vossler, não têm uma importância direta para um linguista, que se importa apenas com o sentido artístico desse fenômeno linguístico.

Esta é a concepção puramente estética da língua em Vossler. Segundo ele, "a ideia de língua em sua essência é uma

---

[14] O primeiro trabalho fundamental de Vossler é dedicado à crítica do positivismo linguístico: *Positivismus und Idealismus in der Sprachwissenschaft* [*Positivismo e idealismo na ciência da linguagem*] (Heildelberg, 1904).

[15] "Grammátika i istória iaziká" ["Gramática e história da língua"], *Logos*, 1910, Livro I, p. 170.

ideia poética; a verdade da língua é uma verdade artística, é uma beleza consciente".[16]

Está bastante claro que, para Vossler, o fenômeno principal, isto é, a realidade fundamental da língua não é o sistema linguístico pronto, no sentido de um conjunto de formas fonéticas, gramaticais e outras existentes e herdadas, mas sim o *ato criativo individual discursivo* (*Sprache als Rede*). Disso decorre o fato de que em cada ato discursivo, do ponto de vista da formação da língua, o que importa não são as formas gramaticais gerais, estáveis e presentes em todos os outros enunciados da língua, mas a modificação e a concretização estilístico-individual dessas formas abstratas em um enunciado.

Apenas essa individualização estilística da língua em um enunciado concreto é histórica e produtiva do ponto de vista criativo. É justamente aqui que ocorre a formação da língua, que se sedimenta depois nas formas gramaticais: *tudo que se torna um fato gramatical foi antes um fato estilístico*. Nisso se resume a ideia de Vossler a respeito do *primado da estilística sobre a gramática*.[17] A maioria dos estudos linguísticos decorrentes da escola de Vossler se encontram no limiar entre a linguística (em sentido estrito) e a estilística. Em cada forma da língua, os vosslerianos tendem a revelar de modo coerente as suas raízes ideológico-conscientes.

Essas são as concepções filosófico-linguísticas gerais de Vossler e sua escola.[18]

---

[16] *Idem*, p. 167.

[17] Posteriormente ainda voltaremos a uma crítica dessa ideia.

[18] Os trabalhos filosófico-linguísticos fundamentais de Vossler, que saíram depois do livro mencionado acima, foram reunidos em *Philosophie der Sprache* (1926). Nesse último livro, Vossler apresenta uma visão completa da sua concepção filosófica e linguística geral. Entre os trabalhos linguísticos característicos do método vossleriano, mencionaremos o seu *Frankreichs Kultur im Spiegel seiner Sprachentwicklung* [*A cultura fran-*

Entre os representantes contemporâneos da primeira tendência na filosofia da linguagem deve-se citar ainda o filósofo e estudioso da literatura italiano Benedetto Croce, devido a sua grande influência sobre o pensamento filosófico-linguístico e sobre a teoria literária da Europa atual.

As ideias de Benedetto Croce são, em muitos sentidos, próximas às de Vossler. Para ele, a língua é também um fenômeno estético. O conceito principal e chave da sua concepção é a *expressão*. Qualquer expressão é artística em sua essência. E por isso a linguística, por ser uma ciência da expressão *par excellence* (e a palavra é uma expressão) coincide com a estética. Disso decorre que, para Croce também, o ato individual de expressão pela fala é o fenômeno fundamental da língua.[19]

Passaremos à caracterização da segunda tendência do pensamento filosófico-linguístico.

---

cesa refletida em seu desenvolvimento linguístico] (1913). O leitor encontrará a bibliografia completa de Vossler (até o ano de 1922) na coletânea dedicada a ele: *Festschrift für K. Vossler* [*Escritos em homenagem a Karl Vossler*] (1922). Em língua russa existem dois artigos, um já citado por nós e outro: "Otnochénie istóri iazikov k istóri literaturi" ["A relação da história das línguas com a história da literatura"], *Logos*, 1912-13, Livros I-II. Ambos os artigos contribuem para o conhecimento das bases das concepções vosslerianas. Na bibliografia linguística russa, as ideias de Vossler e seus seguidores não foram em absoluto discutidas. Algumas menções aparecem apenas no artigo de V. M. Jirmúnski sobre os estudos literários na Alemanha contemporânea (*Poética*, coletânea III, 1927, Academia). No ensaio de R. Chor já mencionado, a escola de Vossler aparece somente nas notas. Os trabalhos dos seguidores de Vossler que têm importância filosófica e metodológica ainda serão abordados.

[19] Foi publicada em russo a primeira parte da estética de B. Croce: *Estétika kak naúka o virajéni i kak óbschaia lingvístika* [*A estética como ciência da expressão e como linguística geral*], Moscou, 1920. Nessa parte traduzida já são expostas as ideias gerais de Croce sobre a língua e a linguística.

O centro organizador de todos os fenômenos linguísticos, que os transforma em um objeto específico da ciência da língua, é transferido pela segunda tendência para um elemento bem diferente: *o sistema linguístico, compreendido como sistema de formas linguísticas fonéticas, gramaticais e lexicais.*

Se para a primeira tendência a língua é um fluxo eterno de atos discursivos, no qual nada permanece estável e idêntico a si mesmo, para a segunda tendência a língua é um arco-íris imóvel que se ergue acima desse fluxo.

Todo ato criativo individual, todo enunciado é individual e único, porém em todo enunciado há elementos idênticos aos dos outros enunciados de um dado grupo discursivo. São justamente esses elementos *idênticos* — fonéticos, gramaticais, lexicais — e portanto *normativos* para todos os enunciados que proporcionam a unicidade de dada língua e sua compreensão por todos os membros de dada coletividade.

Se pegarmos qualquer som da língua, por exemplo o fonema "a" na palavra "arco-íris", cada indivíduo falante produzirá um som único e irrepetível por meio do seu aparelho fonador fisiológico. Teremos tantas pronúncias particulares (embora nosso ouvido não queira nem possa perceber essa particularidade) do som "a" na palavra "arco-íris", quantas forem as pessoas que a pronunciarem. O som fisiológico (isto é, o som produzido pelo aparelho fisiológico individual) no final das contas é tão irreproduzível quanto a impressão digital de um dado indivíduo, assim como é irreproduzível a composição química do sangue de cada indivíduo (embora até o momento a ciência ainda não seja capaz de produzir uma fórmula individual do sangue).

No entanto, será que do ponto de vista da língua são significativas todas essas particularidades individuais do som "a", condicionadas, por exemplo, pela forma particular da língua, do céu da boca e dos dentes dos indivíduos falantes (suponhamos que fôssemos capazes de captar e registrar todas essas particularidades)? — É claro, são totalmente insignificantes. O que importa é justamente a *identidade normativa* de um dado som em todos os casos em que a palavra "arco-íris" é pronunciada. É justamente essa identidade normativa (pois não existe uma identidade factual) que constitui a unidade do sistema fonético da língua (em um corte de dado momento de sua vida) que providencia a compreensão dessa palavra por todos os membros da coletividade linguística. É justamente esse fonema "a" idêntico e normativo que representa o fato linguístico, isto é, o objeto específico da ciência sobre a língua.

O mesmo pode ser dito sobre todos os outros elementos da língua. Aqui também encontraremos em todo lugar a mesma identidade normativa da forma linguística (por exemplo, de qualquer modelo sintático), bem como a realização e o preenchimento individual e irrepetível de uma dada forma em um único ato discursivo. O primeiro aspecto faz parte do sistema da língua; o segundo é um fato dos processos individuais da fala, condicionados por fatores ocasionais (do ponto de vista da língua como um sistema), fisiológicos, subjetivo-psicológicos e outros, sem identificação precisa.

É claro que o sistema da língua, no sentido descrito acima, é completamente independente de quaisquer atos, intenções e motivos individuais e criativos. Do ponto de vista da segunda tendência já não se trata da criação consciente da língua pelo indivíduo falante.[20] A língua contrapõe-se ao indivíduo como uma norma inviolável e indiscutível, à qual só lhe resta aceitar. Caso o indivíduo não perceba alguma forma linguística como uma norma indiscutível, ela existirá para ele não como forma da língua, mas simplesmente como

---

[20] No entanto, como veremos adiante, os fundamentos da segunda tendência do pensamento filosófico-linguístico caracterizados por nós articulavam-se, no terreno do racionalismo, com a ideia de uma língua racional e universal criada artificialmente.

uma possibilidade natural do seu aparelho psicofísico individual. O indivíduo recebe o sistema da língua da coletividade falante de modo totalmente pronto, e qualquer mudança dentro desse sistema encontra-se fora dos limites da sua consciência individual. O ato individual de pronúncia de qualquer som torna-se um ato linguístico apenas na medida em que ele pertence ao sistema linguístico imutável em um dado momento e é indiscutível para o indivíduo.

Qual seria então a lei que vigora no interior do sistema linguístico?

Essa lei é puramente *imanente e específica*, irredutível a qualquer lei ideológica, artística ou outra. Todas as formas da língua, no contexto de um dado momento, isto é, em uma *sincronia*, são mutuamente necessárias entre si e complementam-se, transformando a língua em um sistema ordenado, que é perpassado por uma lei linguística específica. A *lei linguística* específica, diferentemente da *lei ideológica* — do conhecimento, da criação artística, do *ethos* — *não pode se tornar um motivo da consciência individual*. O indivíduo precisa aceitar e assimilar esse sistema por inteiro, como ele é; dentro dele não há lugar para quaisquer avaliações ideológicas: pior, melhor, bonito, feio e assim por diante. Em sua essência, há apenas um critério linguístico: correto e incorreto, sendo que a *correção linguística* é compreendida apenas como a *correspondência de uma dada forma ao sistema normativo da língua*. Portanto, não se trata de nenhum gosto ou verdade linguística. Do ponto de vista do indivíduo, a lei linguística é arbitrária, ou seja, privada de qualquer clareza e motivação natural e ideológica (por exemplo, artística). Assim, não há nem ligação natural nem correspondência (*correspondance*) artística entre a imagem fonética de uma palavra e a sua significação.[21]

[21] Como o *Curso de linguística geral* de Saussure foi traduzido para o russo posteriormente à publicação de *Marxismo e filosofia da linguagem*,

Se a língua, como um sistema de formas, é independente de qualquer impulso criativo ou de um ato do indivíduo, ela é um produto da criação coletiva: ela é social e, como toda instituição social, normativa para cada indivíduo.

Entretanto, o sistema da língua, único e imutável no contexto de um dado momento, ou seja, em uma sincronia, muda e se forma no processo da constituição histórica de uma dada coletividade falante. Pois a identidade normativa do fonema estabelecida por nós é diferente nas distintas épocas de desenvolvimento de uma língua. Em síntese, a língua possui a sua história. Mas como essa história pode ser compreendida do ponto de vista da segunda tendência?

Para a segunda tendência do pensamento filosófico-linguístico é extremamente característica uma espécie de *ruptura entre a história e o sistema da língua* em seu corte extra-histórico ou sincrônico (para um dado momento). Do ponto de vista dos fundamentos da segunda tendência, essa ruptura dualista é absolutamente insuperável. Não pode haver nada em comum entre a lógica que rege o sistema das formas linguísticas em um dado momento e a lógica (ou mais precisamente ilógica) da mudança histórica dessas formas. São duas lógicas distintas; ou, se reconhecemos uma delas como lógica, a outra será ilógica, isto é, uma pura violação da lógica aceita.

De fato, as formas linguísticas que compõem o sistema da língua necessitam-se e complementam-se mutuamente de modo semelhante aos componentes de uma fórmula matemática. A mudança de um componente do sistema cria um

---

Volóchinov utilizou a palavra *znatchiénie* ("significação") como uma tradução própria do conceito saussuriano de "significado" nos contextos em que tratou do signo linguístico. Na tradução russa do *Curso de linguística geral* de 1933, foi utilizado o termo *oznatcháemoe* para o "significado" do signo, termo utilizado até os dias de hoje. (N. da T.)

novo sistema, assim como a mudança de um dos componentes de uma fórmula cria uma nova fórmula. Aquela ligação ou lei que governa as relações entre os membros de uma fórmula certamente não se estende nem pode se estender às relações desse sistema ou fórmula com outro sistema ou fórmula adjacente.

Aqui é possível fazer uma analogia grosseira, mas que, no entanto, expressa com bastante precisão a visão da segunda tendência do pensamento filosófico-linguístico sobre a história da língua. Vamos comparar o sistema da língua à fórmula da solução do binômio de Newton. Nessa fórmula reina uma lei rígida que subordina cada um de seus membros, tornando-os imutáveis. Suponhamos que o aluno cometeu um erro ao utilizar a fórmula (por exemplo, trocou expoentes e sinais), obtendo como resultado uma nova fórmula com sua própria lei interna (é claro que essa fórmula não é aplicável para a solução do binômio, porém isso não é importante para nossa analogia). Entre a primeira e a segunda fórmula já não há nenhuma ligação matemática análoga àquela que vigora no interior de cada fórmula.

Na língua ocorre absolutamente o mesmo. As ligações sistemáticas que relacionam duas formas linguísticas no sistema da língua (no corte de um dado momento) não possui nada em comum com aquelas relações que ligam uma dessas formas à sua imagem transformada em um momento posterior da formação histórica da língua. Até o século XVI, um alemão conjugava da seguinte forma: *ich was; wir waren*. Já o alemão moderno conjuga *ich war, wir waren*. Desse modo, *ich was* transformou-se em *ich war*. Entre as formas *ich was — wir waren* e *ich war — wir waren* existe uma ligação linguística sistemática e uma complementação mútua. Em particular, elas estão ligadas e complementam-se entre si como o número singular e plural da primeira pessoa na conjugação de um mesmo verbo. Entre *ich was — ich war* e entre *ich war* (moderno) e *wir waren* (séculos XV-XVI) existe uma relação diferente e totalmente específica que não possui nada em comum com a primeira, que é sistemática. A forma *ich war* formou-se em analogia com *wir waren*: no lugar de *ich was*, sob influência de *wir waren* (alguns indivíduos) passaram a criar *ich war*.[22] O fenômeno massificou-se e, como resultado, um erro individual se transformou em uma norma linguística.

Desse modo, existem diferenças profundas e essenciais entre as duas séries:

I. *Ich was — wir waren* (no corte sincrônico do século XV, por exemplo) ou *ich war — wir waren* (no corte sincrônico do século XIX, por exemplo) e

II. *Ich was — ich war* em que *wir waren* é um fator condicionante da analogia.

A primeira série — sincrônica — é regida pela relação linguística de elementos que são mutuamente necessários e complementares. Essa série opõe-se ao indivíduo por ser uma norma linguística indiscutível. A segunda série — histórica (ou *diacrônica*) — é regida por sua própria lei que, a rigor, é uma lei de erro por analogia.

A lógica da história da língua é a lógica dos erros ou desvios individuais, e a passagem de *ich was* para *ich war* realiza-se fora dos limites da consciência individual. Essa passagem é involuntária e não é percebida; é por isso que ela pode se realizar. Em cada época pode existir apenas uma norma linguística: ou *ich was* ou *ich war*. Paralelamente a essa norma, pode ocorrer apenas a sua violação e não outra norma que a contrarie (e é por isso que não pode haver "tragédias" linguísticas). Considerando que essa violação não seja percebida e por conseguinte não seja corrigida, e considerando que haja um terreno benéfico para proporcionar a trans-

---

[22] Os ingleses falam até hoje: *I was*.

formação dessa violação em um fato generalizado — no nosso caso, esse terreno benéfico é a analogia —, essa violação se transforma em uma nova norma linguística.

Desse modo, não há nenhuma relação nem nada em comum entre a lógica da língua como sistema de formas e a lógica de sua formação histórica. As duas esferas são regidas por leis completamente diferentes e por diferentes fatores. Aquilo que atribui sentido e unifica a língua em seu corte sincrônico é violado e ignorado no corte diacrônico. *O presente da língua e a sua história não compreendem nem são capazes de compreender um ao outro.*

Justamente aqui, neste ponto, notamos a profunda diferença entre a primeira e a segunda tendência da filosofia da linguagem. Para a primeira tendência a essência da língua era revelada justamente na sua história. A lógica da língua não é a da repetição de uma forma normativa e idêntica, mas a eterna renovação, a individualização dessa forma por meio de um enunciado estilisticamente irreproduzível. *A realidade da língua é a sua formação.* Reina uma completa intercompreensão entre um dado momento da língua e sua história. Tanto lá quanto cá predominam os mesmos motivos ideológicos: para usar a linguagem de Vossler, *o gosto linguístico cria a unidade da língua em um dado corte temporal*; *ele também cria e proporciona a unidade da formação histórica da língua*. Em linhas gerais, a passagem de uma forma histórica a outra se realiza nos limites da consciência individual, pois, como sabemos, de acordo com Vossler, toda forma gramatical era inicialmente uma forma estilística livre.

A diferença entre a primeira e a segunda tendência pode ser ilustrada com muita clareza do seguinte modo: as formas idênticas a si mesmas que compõem o sistema imóvel da língua (ἔργον) eram, para a primeira tendência, apenas uma estratificação morta da formação linguística real, que é a verdadeira essência da língua, realizada por meio de um ato individual, criativo e irreproduzível. Para a segunda tendência, justamente esse sistema de formas idênticas a si mesmas torna-se a essência da língua; já a refração individual e criativa e a variação das formas linguísticas são, para ela, apenas resíduos da vida linguística ou, mais precisamente, da imobilidade linguística monumental, apenas sobretons imperceptíveis e desnecessários do tom principal e permanente das formas linguísticas.

Em linhas gerais, o principal ponto de vista da segunda tendência pode ser reduzido aos seguintes fundamentos:

1) *A língua é um sistema estável e imutável de formas linguísticas normativas e idênticas, encontrado previamente pela consciência individual e indiscutível* para ela.

2) *As leis da língua são leis linguísticas específicas de conexão entre os sinais linguísticos dentro de um sistema linguístico fechado.* Essas leis são objetivas em relação a *qualquer* consciência subjetiva.

3) *As leis linguísticas específicas não possuem nada em comum com os valores ideológicos* (artísticos, cognitivos e outros). Nenhum motivo ideológico é capaz de fundamentar o fenômeno da língua. Entre a palavra e a sua significação não existe uma conexão, seja ela natural e compreensível para a consciência, seja artística.

4) *Os atos individuais da fala são, do ponto de vista da língua, apenas refrações e variações ocasionais ou simplesmente distorções das formas normativas idênticas*; mas justamente esses atos de uma fala individual explicam a mutabilidade histórica das formas linguísticas, que, como tal, do ponto de vista do sistema da língua, é irracional e sem sentido. *Entre o sistema da língua e sua história não existe nem conexão nem motivos em comum. Eles são alheios entre si.*

Como o leitor pode observar, os quatro fundamentos da segunda tendência do pensamento filosófico linguístico formulados por nós são opostos aos quatro fundamentos correspondentes da primeira tendência.

Os caminhos históricos da segunda tendência são muito mais difíceis de serem acompanhados. Nesse caso, na aurora dos nossos tempos não havia um representante ou fundador cuja dimensão se igualasse à de W. Humboldt. As raízes dessa tendência devem ser procuradas no racionalismo dos séculos XVII e XVIII. Essas raízes se originam no terreno do cartesianismo.[23]

As ideias da segunda tendência foram primeiramente expressas com muita clareza por Leibniz em sua concepção da gramática universal.

Todo o racionalismo se caracteriza pela ideia da *condicionalidade, arbitrariedade da língua* e também *pela comparação entre o sistema da língua e o sistema de símbolos matemáticos*. A mente dos racionalistas, matematicamente orientada, não se interessa pela relação do som com a realidade por ele retratada ou com o indivíduo que o gerou, mas pela *relação de um signo com outro dentro de um sistema fechado*, uma vez aceito e postulado. Em outras palavras, eles se interessam apenas pela *lógica interna do próprio sistema de signos*, que é, assim como na álgebra, totalmente independente das significações ideológicas que preenchem os signos. Os racionalistas até tendem a considerar o ponto de vista daquele que compreende, porém ignoram o ponto de vista do falante como um sujeito que expressa sua vida interior. Dificilmente o símbolo matemático pode ser compreendido como uma expressão do psiquismo individual, e para os racionalistas o símbolo matemático representava o ideal de qualquer signo, inclusive o linguístico. Tudo isso foi clara-

---

[23] É indubitável a profunda ligação interna da segunda tendência com o pensamento cartesiano e com a visão de mundo geral do neoclassicismo, com seu culto da forma abstrata, racional e imóvel. O próprio Descartes não deixou trabalhos sobre a filosofia da linguagem, porém há ideias esclarecedoras em suas cartas. Ver a respeito o capítulo citado da obra de Cassirer, pp. 67-8.

mente expresso na ideia de Leibniz a respeito da gramática universal.[24]

Aqui também é preciso notar que o primado do ponto de vista daquele que compreende sobre o ponto de vista do falante é uma particularidade constante da segunda tendência. Disso decorre que, no terreno da segunda tendência, não há uma abordagem do problema da expressão, e, consequentemente, do problema da formação do pensamento e do psiquismo subjetivo na palavra (um dos problemas fundamentais da primeira tendência).

Os representantes do Iluminismo no século XVIII elaboraram a forma mais simplificada da ideia de língua, como sistema de signos arbitrários, convencionais e racionais em sua essência.

Até o presente momento as ideias do objetivismo abstrato, que se originaram em solo francês, continuam a predominar sobretudo na França.[25] Desconsiderando as etapas intermediárias de seu desenvolvimento, passaremos diretamente às características da situação atual da segunda tendência.

Atualmente, a assim chamada "escola de Genebra" de *Ferdinand de Saussure* (falecido há muito tempo) é a expressão mais clara do objetivismo abstrato. Os representantes dessa escola, principalmente *Charles Bally*, são os maiores linguistas da atualidade. Ferdinand de Saussure deu a todas as ideias da segunda tendência uma clareza e uma precisão surpreendentes. As suas formulações dos principais concei-

---

[24] As opiniões correspondentes de Leibniz podem ser encontradas no livro fundamental de Cassirer, *Leibniz' System in seinen wissenschaftlichen Grundlagen* [*O sistema de Leibniz em suas bases científicas*] (Marburg, 1902).

[25] É interessante observar que a primeira tendência, ao contrário da segunda, se desenvolveu e continua a se desenvolver predominantemente em solo alemão.

tos da linguística podem ser consideradas clássicas. Além disso, Saussure não temia concluir seus raciocínios, dando a todas as principais linhas do objetivismo abstrato uma precisão e uma clareza excepcionais.

Na Rússia, a impopularidade da escola de Vossler é inversamente proporcional à popularidade e influência da escola de Saussure. É possível dizer que a maioria dos representantes do nosso pensamento linguístico se encontra sob influência determinante de Saussure e seus alunos: Bally e Sechehaye.[26]

Agora vamos nos deter com mais detalhes na caracterização das opiniões de Saussure, em razão do seu significado fundamental para toda a segunda tendência e para o pensamento linguístico russo. Entretanto, mesmo aqui, nos limitaremos apenas aos principais postulados filosófico-linguísticos de Saussure.[27]

---

[26] O trabalho de R. Chor *Iazik i óbchestvo* [*Língua e sociedade*] (Moscou, 1926) foi redigido no espírito da "escola de Genebra". No artigo já citado por nós, intitulado "Krízis sovremiénnoi lingvístiki" ["A crise da linguística contemporânea"], Chor se expressa como um apologista veemente das principais ideias de Saussure. V. V. Vinográdov também é um seguidor da "escola de Genebra". Duas escolas linguísticas russas, a escola de Fortunátov e a assim chamada escola de Kazan (Kruszewski e Baudouin de Courtenay), uma forte expressão do formalismo linguístico, encontram-se inteiramente dentro dos limites da segunda tendência do pensamento filosófico linguístico descrito por nós.

[27] O trabalho teórico fundamental de Saussure foi editado após sua morte por seus alunos: Ferdinand de Saussure, *Cours de linguistique générale* (1916). Daqui em diante, citaremos a partir da segunda edição, publicada em 1922. É de surpreender que o livro de Saussure, apesar de sua grande influência, até hoje não possua tradução para o russo. Um breve resumo das ideias de Saussure pode ser encontrado no artigo de Chor já citado e no artigo de Peterson: "Óbchaia lingvístika" ["Linguística geral"], *Petchát i Revoliútsia*, vol. 6, 1923.

[A primeira edição russa do *Kurs óbchei lingvístiki* [*Curso de linguística geral*] foi publicada pela editora moscovita SotsEkGuiz em 1933 e é reeditada nos dias de hoje pela editora Librokom. (N. da T.)]

Saussure parte da distinção de três aspectos da língua: *linguagem* (*langage*), *língua como sistema de formas* (*langue*) e o ato individual discursivo — *enunciado* (*parole*).[28] A língua (no sentido de sistema de formas) e o enunciado (*parole*) são elementos que compõem a linguagem, compreendida como um conjunto de todos os fenômenos sem exceção — físicos, fisiológicos e psicológicos — que participam na realização da atividade discursiva. De acordo com Saussure, a linguagem (*langage*) não pode ser o objeto da linguística. Ela, por si só, é privada de unidade interior e de leis independentes e autônomas. Ela é heteróclita, isto é, heterogênea. É difícil de compreender a sua composição contraditória. É impossível, permanecendo em seu terreno, dar uma definição precisa do fato linguístico. A linguagem não pode servir como ponto de partida de uma análise linguística.

Então, qual seria o caminho metodológico correto para a delimitação do objeto específico da linguística proposto por Saussure? Deixemos que ele mesmo fale:

> "Há, segundo nos parece, uma solução para todas essas dificuldades [trata-se das contradições dentro da *langage*, como ponto de partida da análise, V. V.]: é necessário colocar-se primeiramente no terreno da língua e tomá-la como norma de todas as outras manifestações da linguagem. De fato, entre tantas dualidades, somente a língua parece

---

[28] Como o *Curso de linguística geral* não tinha ainda sido traduzido para o russo à época da publicação de *Marxismo e filosofia da linguagem*, Volóchinov optou pelos termos *iazik-rietch* ou *rietch* (*langage*), *iazik* (língua) e *viskázivanie* (*parole*). Na tradução russa de 1933 (mencionada na nota anterior), o tradutor utilizou outros termos, a saber: *retcheváia diéiatelnost* (*langage*), *iazik* (*langue*) e *rietch* (*parole*). (N. da T.)

suscetível de uma definição autônoma e fornece um ponto de apoio satisfatório para o espírito."[29]

De acordo com Saussure, qual seria a diferença principal entre a linguagem (*langage*) e língua (*langue*)?

"Tomada em seu todo, a linguagem é multiforme e heteróclita; a cavaleiro de diferentes domínios, ao mesmo tempo física, fisiológica e psíquica, ela pertence além disso ao domínio individual e ao domínio social; não se deixa classificar em nenhuma categoria de fatos humanos, pois não se sabe inferir sua unidade.
A língua, ao contrário, é um todo por si e um princípio de classificação. Desde que lhe demos o primeiro lugar entre os fatos da linguagem, introduzimos uma ordem natural num conjunto que não se presta a nenhuma outra classificação." (F. de Saussure, *op. cit.*, p. 17)

Desse modo, de acordo com Saussure, é necessário partir da língua, compreendida como um sistema de formas normativas idênticas, e esclarecer todos os fenômenos da linguagem em relação a essas formas estáveis e autônomas (com suas leis próprias).

Ao distinguir a língua da linguagem como um conjunto de absolutamente todas as manifestações da capacidade dis-

---

[29] Essa citação foi retirada da tradução brasileira do *Curso de linguística geral*, realizada por Antônio Chelini, José Paulo Paes e Izidoro Blikstein (São Paulo, Cultrix, s.d.). No original russo, o autor faz traduções próprias e coloca o original francês em nota de rodapé. É bom lembrar que a primeira edição russa do *Curso de linguística geral* foi publicada em 1933. (N. da T.)

cursiva, Saussure passa em seguida a sua diferenciação dos atos de fala individual, isto é, do enunciado (*parole*).

"Com o separar a língua da fala, separa-se ao mesmo tempo: 1°) o que é social do que é individual; 2°) o que é essencial do que é acessório e mais ou menos acidental.

A língua não constitui, pois, uma função do falante: é o produto que o indivíduo registra passivamente; não supõe jamais premeditação, e a reflexão nela intervém somente para a atividade de classificação, da qual trataremos nas pp. 142 ss.

A fala[30] é, ao contrário, um ato individual de vontade e inteligência, no qual convém distinguir: 1) as combinações pelas quais o falante realiza o código da língua no propósito de exprimir seu pensamento pessoal; 2) o mecanismo psicofísico que lhe permite exteriorizar essas combinações." (F. de Saussure, *op. cit.*, p. 22)

O enunciado não pode ser um objeto da linguística como Saussure a entende.[31] No enunciado, o elemento linguístico consiste apenas nas formas normativas e idênticas

---

[30] Na tradução feita por Volóchinov, o termo francês *parole* (fala) foi traduzido pelo termo russo *viskázivanie*, que na tradição bakhtiniana costuma ser traduzido por "enunciado". (N. da T.)

[31] Entretanto, Saussure admite a possibilidade de uma linguística específica do enunciado (*linguistique de la parole*), porém não fala de como ela poderia ser. Eis o que ele diz em relação a isso: "Cumpre escolher entre dois caminhos impossíveis de trilhar ao mesmo tempo; devem ser seguidos separadamente. Pode-se, a rigor, conservar o nome de Linguística para cada uma dessas duas disciplinas e falar de uma Linguística da fala. Será, porém, necessário não confundi-la com a Linguística propriamente dita, aquela cujo único objeto é a língua" (F. de Saussure, *op. cit.*, p. 28).

da língua presentes nele. Todo o restante é "secundário e ocasional".

Destacaremos a tese principal de Saussure: *a língua opõe-se ao enunciado, assim como o social ao individual*. O enunciado, portanto, é inteiramente individual. Nisso, como veremos adiante, está o *proton pseudos* de Saussure e de toda a tendência do objetivismo abstrato.

O ato individual de fala, isto é, do enunciado que foi tão decisivamente colocado à margem da linguística, retorna, no entanto, como um fator necessário da história da língua.[32] No espírito de toda a segunda tendência, Saussure opõe rigorosamente a história da língua à língua tomada enquanto sistema sincrônico. Com sua individualidade e caráter ocasional, o "enunciado" predomina na história, que é governada por uma lei totalmente diferente daquela do sistema da língua. De acordo com Saussure,

"[...] assim é que o 'fenômeno' sincrônico nada tem em comum com o diacrônico [...]. (p. 107)

A *Linguística sincrônica* se ocupará das relações lógicas e psicológicas que unem os termos coexistentes e que formam sistema, tais como são percebidos pela consciência coletiva.

A *Linguística diacrônica* estudará, ao contrário, as relações que unem termos sucessivos não percebidos por uma mesma consciência coletiva e que se substituem uns aos outros sem formar sistema entre si." (F. de Saussure, *op. cit.*, p. 116)

As opiniões de Saussure sobre a história são extremamente características daquele espírito do racionalismo até ho-

---

[32] Saussure diz: "*tudo quanto seja diacrônico na língua, não o é senão pela fala. É na fala que se acha o germe de todas as modificações*" (*idem*, p. 115).

je predominante na segunda tendência do pensamento filosófico-linguístico e para o qual a história é um universo irracional que distorce a pureza lógica do sistema linguístico.

Atualmente, Saussure e a sua escola não constituem o único vértice do objetivismo abstrato. Ao lado dela ergue-se outro vértice: a escola sociológica de Durkheim, representada na linguística por Meillet. Não iremos nos deter na caracterização de suas ideias.[33] Elas se encaixam inteiramente nos limites dos fundamentos da segunda tendência expostos acima. Para Meillet, também, a língua é um fenômeno social não na qualidade de processo, mas como um sistema estável de normas linguísticas. A exterioridade da língua em relação a cada consciência individual e a sua obrigatoriedade são, de acordo com Meillet, as características sociais fundamentais da língua.

Essas são as ideias da segunda tendência do pensamento filosófico-linguístico, isto é, do objetivismo abstrato.

Obviamente, muitas escolas e correntes do pensamento linguístico, algumas delas muito expressivas, não se enquadram nos limites das duas tendências por nós apresentadas. Nosso objetivo foi apenas traçar as diretrizes principais. O restante dos fenômenos do pensamento filosófico-linguístico possui, em relação às duas primeiras tendências analisadas, um caráter híbrido ou intermediário, ou são totalmente privados de princípios orientadores claros.

Tomaremos como exemplo um fenômeno importante da linguística da segunda metade do século XIX, a saber, o movimento dos *neogramáticos*. Os neogramáticos, no que diz respeito aos seus fundamentos principais, estão ligados à primeira tendência, aproximando-se principalmente do seu li-

---

[33] As ideias de Meillet em relação aos fundamentos do método sociológico de Durkheim estão expostas no artigo de M. N. Peterson já citado, "Iazik kak sotsiálnoie iavliénie" ["A linguagem como fenômeno social"], onde também se encontra a bibliografia.

mite inferior, ou seja, fisiológico. Segundo eles, o indivíduo criador da língua é sobretudo um ser fisiológico. Por outro lado, os neogramáticos tentavam formular, no terreno psicofisiológico, leis linguísticas naturais e científicas, abstraindo-as totalmente de qualquer arbritrariedade individual dos falantes.

Daí provém a ideia dos neogramáticos sobre as leis sonoras (*Lautgesetze*).[34]

Na linguística, como em toda ciência particular, existem dois modos principais de se livrar da obrigação e do trabalho de estabelecer um pensamento responsável, de princípios, e, portanto, filosófico. O primeiro caminho é aceitar imediatamente todos os principais pontos de vista (ecletismo acadêmico); o segundo é não aceitar nenhum dos pontos de vista dominantes e proclamar o "fato" como a última base e critério de qualquer conhecimento (positivismo acadêmico).

O efeito filosófico de ambos os modos de se livrar da filosofia é o mesmo, pois, mesmo quando o segundo ponto de vista é assumido, todas as perspectivas principais, sem exceção, acabam por penetrar na análise. A escolha de um desses meios depende inteiramente do temperamento do pesquisador: os ecléticos são mais benevolentes, enquanto os positivistas, mais impertinentes.

Na linguística existem muitos fenômenos e até escolas (escolas no sentido de origem técnico-científica) que se livram do trabalho de adotar uma orientação filosófico-linguística. É claro que eles foram desconsiderados no presente panorama.

---

[34] As mais importantes obras da tendência neogramática são: Osthoff, *Das physiologische und psychologische Moment in der sprachlichen Formenbildung* [*O momento fisiológico e psicológico na construção das formas linguísticas*] (Berlim, 1879); o programa dos neogramáticos foi apresentado no prefácio do livro de Osthoff e Brugmann, *Morphologische Untersuchungen* [*Investigações morfológicas*], I, Leipzig, 1878.

Alguns dos linguistas e filósofos da linguagem não mencionados aqui, por exemplo Ottmar Dittrich e Anton Marty, serão citados adiante na análise do problema da interação discursiva e do problema da significação.

No início do capítulo, colocamos o *problema do isolamento e da delimitação da língua como um objeto específico de pesquisa*. Tentamos revelar os marcos importantes que já foram deixados no caminho da solução desse problema pelas tendências anteriores do pensamento filosófico-linguístico. Como resultado, deparamo-nos diante de duas séries de marcos que tendem a direções diametralmente opostas: as *teses do subjetivismo individualista* e as *antíteses do objetivismo abstrato*.

Qual seria então o verdadeiro centro da realidade linguística: o ato discursivo individual — o enunciado — ou o sistema da língua? E qual seria a forma da existência da realidade linguística: a formação criativa ininterrupta ou a imutabilidade imóvel das formas idênticas a si mesmas?

2
Língua, linguagem e enunciado

A língua como um sistema de formas normativas idênticas a si mesmas é objetiva? A língua como sistema de normas e como ponto de vista real da consciência falante. Qual realidade linguística fundamenta o sistema da língua? O problema da palavra alheia e estrangeira. Os erros do objetivismo abstrato. Conclusões.

No capítulo anterior tentamos fazer uma apresentação totalmente objetiva das duas tendências do pensamento filosófico-linguístico. Agora iremos submetê-las a uma análise crítica minuciosa. Apenas depois disso poderemos responder à pergunta feita no final do capítulo anterior.

Começaremos com a crítica da segunda tendência: o objetivismo abstrato.

Antes de mais nada, faremos a seguinte pergunta: em que medida o sistema das normas linguísticas idênticas a si mesmas, isto é, o sistema da língua, como o entendem os representantes da segunda tendência, é real?

É claro que nenhum dos representantes do objetivismo abstrato atribui ao sistema da língua uma realidade material e objetiva. Esse sistema de formas normativas idênticas, apesar de ser expresso em objetos materiais, isto é, em signos, é real apenas na qualidade de norma social.

Os representantes da segunda tendência sempre sublinham — e esse é um dos seus fundamentos basilares — que o sistema da língua é, para *qualquer* consciência individual, um fato objetivo e exterior, independente dessa consciência. No entanto, somente para a consciência individual e do ponto de vista dessa consciência esse sistema consiste em normas imutáveis, isto é, idênticas a si mesmas.

De fato, se considerarmos a consciência individual subjetiva como oposta à língua enquanto um sistema de normas indiscutíveis, se olharmos para a língua de modo verdadeiramente objetivo, à distância, por assim dizer, mais precisamente posicionando-se sobre a língua, não encontraremos nenhum sistema imóvel de normas idênticas entre si. Ao contrário, veremos um processo ininterrupto de formação de normas linguísticas.

De um ponto de vista verdadeiramente objetivo, que tente olhar para a língua de modo totalmente independente da visão de determinado falante em um dado momento, a língua apresenta-se como um fluxo de formação ininterrupto. Para o ponto de vista objetivo situado acima da língua não existe um momento real em cujo corte poderia ser construído um sistema sincrônico da língua.

Desse modo, *o sistema sincrônico, de um ponto de vista objetivo, não corresponde a nenhum momento real do processo de formação histórica.* De fato, para o historiador da língua que assume um ponto de vista diacrônico, o sistema sincrônico não é real e serve apenas como uma escala convencional para registrar os desvios existentes em cada momento real do tempo.

Portanto, o sistema sincrônico da língua existe somente do ponto de vista da consciência subjetiva de um indivíduo falante pertencente a um grupo linguístico em um determinado momento do tempo histórico. Do ponto de vista objetivo, esse sistema não existe em nenhum dos momentos reais do tempo histórico. Podemos presumir que, quando César escrevia suas obras, a língua latina era um sistema imutável e indiscutível de normas idênticas a si mesmas, porém, para um historiador da língua latina, naquele exato momento em que César criava suas obras ocorria um processo ininterrupto de mudanças linguísticas (mesmo se o historiador não conseguisse registrá-las).

Todo sistema de normas sociais encontra-se em uma posição análoga. Ele existe apenas em relação à consciência subjetiva dos indivíduos que pertencem a uma dada coletividade, direcionada por certas normas. O mesmo pode ser dito sobre o sistema de normas morais, jurídicas, do gosto estético (pois também existem normas desse tipo) etc. É claro, essas normas são diversas: possuem diferentes graus de obrigatoriedade, de amplitude do diapasão social e de importância social, que é determinada pela proximidade à base, e assim por diante. No entanto, a natureza da existência das normas é a mesma: elas existem apenas em relação às consciências subjetivas dos membros de uma coletividade.

Será que disso decorre que a concepção da consciência subjetiva a respeito da língua, que a entende como um sistema de normas objetivas indiscutíveis, seja privada de qualquer objetividade? É claro que não. Quando compreendida corretamente, essa concepção pode ser um fato objetivo.

Se dissermos que a língua como sistema de normas indiscutíveis e imutáveis existe de modo objetivo, cometeremos um erro grave. No entanto, se dissermos que a língua em relação à consciência individual é um sistema de normas indiscutíveis e imutáveis, que esse é o *modus* de existência da língua para cada um dos membros dessa coletividade linguística, expressaremos uma concepção totalmente objetiva. Mas será que o próprio fato foi estabelecido corretamente, será que a língua na consciência do falante seria apenas um sistema de normas imutável e imóvel? Por enquanto, deixaremos essa questão em aberto. De qualquer modo, trata-se do estabelecimento de uma concepção objetiva.

Como os próprios representantes do objetivismo abstrato concebem essa questão? Será que eles afirmam que a língua é um sistema de normas objetivas indiscutíveis e idênticas a si mesmas, ou se dão conta de que esse é apenas o *modus* da existência da língua na consciência subjetiva dos seus falantes?

Essa pergunta pode ser respondida do seguinte modo.

A maioria dos representantes do objetivismo abstrato tende a afirmar *a realidade e a objetividade imediatas da língua como sistema de formas normativas idênticas*. Na obra dos representantes da segunda tendência, o objetivismo abstrato se transforma diretamente em *objetivismo abstrato hipostático*. Os demais representantes da mesma tendência (como Meillet) são mais críticos e têm consciência do caráter abstrato e convencional do sistema linguístico. Entretanto, nenhum dos representantes do objetivismo abstrato chegou a uma compreensão clara e definida do tipo da atividade que a língua possui enquanto sistema objetivo. Na maioria dos casos, esses representantes se equilibram entre as duas concepções da palavra "objetivo" aplicada ao sistema da língua: entre a sua compreensão, por assim dizer, entre aspas (do ponto de vista da consciência subjetiva do falante) e a sua compreensão sem aspas (do ponto de vista objetivo). Aliás, Saussure também procede desse modo, isto é, não apresenta uma solução clara para a questão.

No entanto, agora devemos perguntar: a língua realmente existe para a consciência subjetiva do falante como um sistema objetivo de formas normativas idênticas e indiscutíveis? Será que o objetivismo abstrato compreendeu corretamente o ponto de vista da consciência subjetiva do falante? Ou ainda, o *modus* de existência da língua na consciência linguística subjetiva seria realmente assim?

Devemos responder negativamente a essa pergunta. A consciência subjetiva do falante não trabalha com a língua como um sistema de formas normativas e idênticas. Esse sistema é apenas uma abstração, obtida mediante um enorme trabalho realizado com uma certa orientação cognitiva e prática. O sistema é um produto de reflexão sobre a língua, sendo que essa reflexão de modo algum é realizada pela consciência do próprio falante e está longe de visar à fala imediata.

De fato, o objetivo do falante é direcionado a um enunciado concreto pronunciado por ele. Para ele, não se trata da aplicação de uma forma normativa idêntica (por enquanto, admitiremos a sua existência) em um contexto concreto. O centro de gravidade para ele não se encontra na identidade da forma, mas naquela significação nova e concreta que ela adquire nesse contexto. Para um falante, não importa o aspecto da forma, que permanece o mesmo em todos os casos do seu uso por mais variados que eles sejam. O que importa para o falante é aquele aspecto da forma linguística graças ao qual ela pode aparecer em um contexto concreto, graças ao qual ela se torna um sinal adequado nas condições de uma situação concreta.

Expressaremos isso do seguinte modo: *para um falante, a forma linguística é importante não como um sinal constante e invariável, mas como um signo sempre mutável e flexível.* Esse é o ponto de vista do falante.

No entanto, o falante deve levar em consideração o ponto de vista daquele que escuta e compreende. Será que justamente aqui entra em vigor a identidade normativa da forma linguística?

Isso tampouco é assim. A principal tarefa da compreensão de modo algum se reduz ao momento de reconhecimento da forma linguística usada pelo falante como a "mesma" forma, assim como reconhecemos claramente, por exemplo, um sinal ao qual ainda não nos habituamos suficientemente, ou uma forma de uma língua pouco conhecida. Não, no geral a tarefa de compreensão não se reduz ao reconhecimento da forma usada, mas à sua compreensão em um contexto concreto, à compreensão da sua significação em um enuncia-

Língua, linguagem e enunciado

do, ou seja, à compreensão da sua novidade e não ao reconhecimento da sua identidade.

Em outras palavras, se pertencer à mesma coletividade linguística, aquele que compreende também se orienta para uma forma linguística tomada não como um sinal imóvel e idêntico a si, mas como um signo mutável e flexível.

De modo algum o processo de compreensão deve ser confundido com o processo de reconhecimento. Eles são profundamente diferentes. Apenas um signo pode ser compreendido, já o sinal é reconhecido. O sinal é um objeto internamente imóvel e unitário que, na verdade, não substitui, reflete ou refrata nada, mas é simplesmente um meio técnico através do qual se aponta para algum objeto (definido e imóvel) ou para alguma ação (também definida e imóvel!).[35] O sinal jamais deve ser relacionado à área do ideológico; ele é parte do universo dos objetos técnicos e dos instrumentos de produção no sentido amplo dessa palavra. Os sinais abordados pela reflexologia se encontram ainda mais longe da ideologia. Esses sinais não possuem nenhuma relação com a tecnologia de produção, pois são tomados em relação ao organismo do animal submetido a testes, isto é, na forma de sinais direcionados a ele. Nesse sentido, eles não são sinais, mas estímulos de um tipo específico que se transformam em instrumentos de produção apenas pelas mãos do experimentador humano. Somente um triste mal-entendido e hábitos do pensamento mecânico profundamente arraigados resultaram no fato de que esses "sinais" por pouco não foram transforma-

---

[35] As diferenças interessantes e originais entre o sinal e a combinação de sinais (por exemplo, na área marítima) e entre a forma linguística e a combinação de formas linguísticas em relação ao problema da sintaxe são apresentadas por Karl Bühler em seu artigo "Vom Wesen der Syntax" ["Sobre a essência da sintaxe"] em *Festschrift für Karl Vossler* [*Escritos em homenagem a Karl Vossler*], pp. 61-9.

dos em uma chave para a compreensão da língua e do psiquismo humano (da palavra interior).

Uma forma linguística não será compreendida como tal enquanto ela for apenas um sinal para aquele que a compreende. Um sinal puro não existe nem nas fases iniciais da aprendizagem de uma língua. Mesmo nesse caso, a forma é orientada pelo contexto e se constitui em um signo, embora estejam presentes sua natureza de sinal e o momento do seu reconhecimento.

Desse modo, o aspecto constitutivo da forma linguística enquanto signo não é sua identidade a si como um sinal, mas a sua mutabilidade específica. O aspecto constitutivo na compreensão da forma linguística não é o reconhecimento do "mesmo", mas a compreensão no sentido exato dessa palavra, isto é, a sua orientação em dado contexto e em dada situação, orientação dentro do processo de constituição e não "orientação" dentro de uma existência imóvel.[36]

Evidentemente, tudo isso não resulta no fato de que a língua não possua um momento de sinalização e um momento correspondente de reconhecimento do sinal. Ele existe, porém não é constitutivo da língua como tal. Ele é eliminado de um ponto de vista dialético e consumido pela nova qualidade do signo (isto é, da língua como tal). Na língua materna, o sinal e o reconhecimento são eliminados dialeticamente, ou seja, isso ocorre precisamente na consciência linguística do membro de uma dada coletividade linguística. No processo de assimilação de uma língua estrangeira, o momento do sinal e o reconhecimento são percebidos, porém ainda não

---

[36] Veremos adiante que a base da resposta, isto é, a base da interação discursiva consiste justamente na compreensão em sentido estrito, isto é, como processo de constituição. Em geral, é impossível traçar um limite claro entre a compreensão e a resposta. Toda compreensão responde, isto é, traduz o compreendido em um novo contexto, ou seja, em um contexto de uma possível resposta.

Língua, linguagem e enunciado   179

estão superados, pois a língua ainda não se tornou completamente ela mesma. O ideal da assimilação da língua é a incorporação do sinal pelo signo puro e do reconhecimento pela compreensão pura.[37]

Desse modo, a consciência linguística do falante e daquele que escuta e compreende não lida na prática ou na fala viva com um sistema abstrato de formas linguísticas normativas e idênticas, mas com a linguagem no sentido do conjunto de diferentes contextos possíveis em que essa forma linguística pode ser usada. Para o falante nativo, a palavra se posiciona não como um vocábulo de dicionário, mas como uma palavra presente nos enunciados mais variados da combinação linguística A, B, C etc., e como palavra de seus próprios enunciados multiformes. Partindo desse ponto para chegar à palavra idêntica a si do sistema lexicológico da língua, ao vocábulo do dicionário, será necessária uma orientação específica. É por isso que um membro da coletividade linguística não costuma perceber as normas linguísticas como indiscutíveis. A forma da língua realiza a sua significação norma-

---

[37] Na prática, a afirmação por nós apresentada encontra-se na base de todas as metodologias efetivas de ensino de uma língua estrangeira viva, porém sem uma consciência teórica correta. Porque a essência dessas metodologias reduz-se, em sua maioria, à apresentação aos alunos da forma linguística apenas em um contexto ou situação concreta. Por exemplo, a palavra é apresentada por meio de uma série de contextos diferentes nos quais ela aparece. Graças a isso, desde o início o momento do reconhecimento da palavra idêntica é combinado e incorporado dialeticamente pelos momentos da sua mutabilidade, diferença e novidade contextual. Entretanto, a palavra, retirada do contexto, anotada no caderno e decorada de acordo com a sua significação em russo, torna-se um sinal, isto é, passa a ser tão somente objetificada e estagnada, e no processo da sua compreensão passa a prevalecer em excesso o momento do seu reconhecimento. Em linhas gerais, na metodologia de ensino prática e funcional, uma forma não deve ser assimilada no sistema abstrato da língua como idêntica a si, mas na estrutura concreta de um enunciado, como um signo mutável e flexível.

tiva apenas nos momentos mais raros de conflito que não são característicos do discurso vivo (para um homem moderno, isso quase sempre ocorre em relação à linguagem escrita).

Seria necessário acrescentar a isso mais uma consideração de extrema relevância. Na realidade, a consciência linguística dos falantes não lida com a forma da língua nem com a língua como tal.

De fato, a forma linguística é dada ao falante, como acabamos de mostrar, apenas no contexto de certos enunciados e portanto apenas em um determinado contexto ideológico. Na realidade, nunca pronunciamos ou ouvimos palavras, mas ouvimos uma verdade ou mentira, algo bom ou mal, relevante ou irrelevante, agradável ou desagradável e assim por diante. *A palavra está sempre repleta de conteúdo e de significação ideológica ou cotidiana.* É apenas essa palavra que compreendemos e respondemos, que nos atinge por meio da ideologia ou do cotidiano.

O critério da correção é aplicado por nós ao enunciado apenas nos casos anormais ou específicos (por exemplo, no ensino da língua). Normalmente, o critério da correção linguística é incorporado pelo critério puramente ideológico: a correção do enunciado é incorporada pelo seu caráter verdadeiro ou falso, sua poeticidade ou vulgaridade etc.[38]

A língua no processo de sua realização prática não pode ser separada do seu conteúdo ideológico ou cotidiano. Para separar de modo abstrato a língua do seu conteúdo ideológico ou cotidiano, também seria necessária uma orientação específica, não condicionada pelos objetivos da consciência falante.

---

[38] Em vista disso, como veremos adiante, é impossível concordar com Vossler, que destaca a existência de um gosto linguístico nem sempre coincidente com um "gosto" ideológico específico: artístico, cognitivo, ético ou outro.

Se elevarmos essa separação abstrata à condição de princípio, isto é, se dermos substância à forma linguística abstraída do conteúdo ideológico, como fazem alguns representantes da segunda tendência, chegaremos novamente ao sinal e não ao signo da linguagem.

A ruptura entre a língua e seu conteúdo ideológico é um dos erros mais graves do objetivismo abstrato.

Portanto, a língua, como um sistema de formas normativas idênticas, de maneira alguma é o *modus vivendi* da língua para a consciência dos seus indivíduos falantes. Do ponto de vista da consciência falante e da sua prática viva na comunicação social, não há caminho direto para o sistema da língua, tal como foi concebido pelo objetivismo abstrato.

Então o que seria esse sistema?

Desde o início, está totalmente claro que esse sistema foi obtido por meio de uma abstração, na qual os elementos são retirados dos enunciados, que são as unidades reais do fluxo discursivo. Toda abstração, para ser legítima, deve justificar-se por determinado objetivo teórico e prático. Uma abstração pode ser produtiva e improdutiva, isto é, pode ser produtiva para alguns objetivos e tarefas e improdutiva para outros.

Quais objetivos estão na base da abstração linguística que leva ao sistema sincrônico da língua? De qual ponto de vista esse sistema é produtivo e necessário?

Na base daqueles métodos linguísticos de pensamento que conduzem à criação da língua como sistema de formas normativas idênticas está *a orientação teórica e prática para o estudo das línguas estrangeiras mortas conservadas nos monumentos escritos.*

É preciso sublinhar com absoluta firmeza que essa orientação filológica determinou de modo significativo todo o pensamento linguístico do mundo europeu. Esse pensamento se formou e amadureceu sobre os cadáveres das línguas escritas; quase todas as categorias, conceitos e práticas fundamentais desse pensamento foram desenvolvidos no processo de ressuscitação desses cadáveres.

O filologismo é um traço incontornável de toda a linguística europeia e foi condicionado pelos destinos históricos do seu nascimento e desenvolvimento. Se retornássemos no tempo seguindo a história das categorias e métodos linguísticos, por mais longe que fôssemos encontraríamos filólogos por toda parte. Eram filólogos não apenas os alexandrinos, mas também os romanos, os gregos (Aristóteles era um filólogo típico) e os indianos.

Podemos dizer diretamente: *a linguística surge onde e quando surgem as necessidades filológicas*. A necessidade filológica gerou a linguística, a embalou no berço e deixou a flauta filológica em seus lençóis. Essa flauta é destinada a despertar os mortos. No entanto, faltam-lhes sons para dominar a linguagem viva em sua formação ininterrupta.

O acadêmico N. Ia. Marr aponta de modo totalmente correto essa essência filológica do pensamento linguístico indo-europeu:

> "A linguística indo-europeia, cujo objeto de pesquisa já estava constituído e formado há muito tempo, isto é, as línguas indo-europeias das épocas históricas, partia quase exclusivamente de formas petrificadas das línguas escritas, mortas em sua maioria, e portanto, naturalmente, não podia revelar o processo do surgimento da linguagem em geral e da origem dos seus tipos."[39]

Ou em outro lugar:

---

[39] N. Ia. Marr, *Po etapam iafetítcheskoi teori* [*As etapas da teoria jafética*], 1926, p. 269.

> "O maior obstáculo [para o estudo da linguagem primitiva, V. V.] não está na dificuldade dos próprios estudos ou na falta de dados evidentes, mas no nosso pensamento científico, imobilizado pela visão tradicional filológica ou histórico-cultural e que não foi educado com base na percepção etnológico-linguística da linguagem viva, das suas variações criativas infinitamente livres."[40]

É claro que as palavras do acadêmico N. Ia. Marr são justas não apenas em relação aos estudos indo-europeus, que dão o tom à linguística moderna, mas também em relação a toda a linguística que conhecemos na história. A linguística, como mostramos, é sempre fruto da filologia.

Guiada pela necessidade filológica, a linguística sempre partiu do enunciado monológico finalizado, o monumento antigo, tomado como realidade última. Foi no trabalho com esse enunciado monológico morto, ou mais precisamente com uma série desses enunciados, unidos apenas pela língua comum, que a linguística elaborou os seus métodos e categorias.

Entretanto, o enunciado monológico já é uma abstração, apesar de ser, por assim dizer, uma abstração natural. Qualquer enunciado monológico, inclusive um monumento escrito, é um elemento indissolúvel da comunicação discursiva. Todo enunciado, mesmo que seja escrito e finalizado, responde a algo e orienta-se para uma resposta. Ele é apenas um elo na cadeia ininterrupta de discursos verbais. Todo monumento continua a obra dos antecessores, polemiza com eles, espera por uma compreensão ativa e responsiva, antecipando-a etc. Todo monumento é uma parte real e indissolúvel ou da ciência ou da literatura ou da vida política. O mo-

---

[40] *Op. cit.*, pp. 94-5.

numento, como qualquer enunciado monológico, é orientado para ser percebido no contexto da vida científica ou da realidade literária atual, isto é, na formação daquela esfera ideológica da qual ele é um elemento indissolúvel.

O filólogo-linguista retira o monumento dessa esfera real, percebendo-o como um todo autossuficiente, isolado e relacionado não a uma compreensão ideológica ativa, mas a uma compreensão totalmente passiva, sem resposta, diferentemente do que ocorre em toda compreensão verdadeira. O filólogo correlaciona esse monumento isolado, tomado como um documento da língua, com outros monumentos existentes no plano geral dessa língua.

Os métodos e as categorias do pensamento linguístico se formaram justamente no processo de comparação e mútua elucidação de enunciados monológicos no plano da língua.

É claro que a língua morta estudada pelo linguista é uma língua alheia para ele. Por isso, o sistema de categorias linguísticas dificilmente é um produto de reflexão cognitiva da consciência do falante dessa língua. Não é uma reflexão sobre a percepção da língua materna, não, é uma reflexão da consciência a desbravar e abrir caminho em um mundo desconhecido de uma língua alheia.

A compreensão passiva do filólogo linguista é inevitavelmente projetada para o próprio monumento, estudado do ponto de vista da língua, como se ele tivesse sido orientado para essa compreensão, como se ele tivesse sido escrito para o filólogo.

Como resultado disso, surge uma teoria da compreensão falsa em sua essência, que se encontra não apenas na base dos métodos da interpretação linguística do texto, mas também na base de toda a semasiologia europeia. Toda a doutrina sobre a significação e o tema da palavra é impregnada inteiramente pela ideia falsa da *compreensão passiva*, isto é, de uma compreensão da palavra em que a resposta ativa é eliminada de antemão e por princípio.

Veremos adiante que a compreensão em que a resposta é eliminada de antemão na verdade está longe de ser uma compreensão da linguagem. Essa última compreensão é inseparável da posição ativa em relação ao dito e ao compreendido. É própria da compreensão passiva justamente a percepção clara do momento da identidade do signo linguístico, isto é, a sua percepção como objeto e sinal em que, por conseguinte, predomina o momento do reconhecimento.

Em suma, *a língua morta, escrita e alheia* é a definição real da linguagem do pensamento linguístico.

O enunciado isolado, finalizado e monológico, abstraído do seu contexto discursivo e real, que não se opõe a uma possível resposta ativa, mas a uma possível compreensão de um filólogo, é a realidade última e o ponto de partida do pensamento linguístico.

O pensamento linguístico nascido no processo de domínio de uma língua morta e alheia para o pesquisador objetivava não apenas a pesquisa, mas o ensino: buscava não só decifrar a língua, mas também ensinar essa língua decifrada. Os monumentos deixam de ser documentos heurísticos e se transformam em um modelo escolar e clássico da língua.

Essa segunda tarefa da linguística — a de criar o dispositivo necessário para ensinar a língua decifrada, por assim dizer, codificá-la, adaptando-a aos objetivos do ensino escolar — influenciou significativamente o pensamento linguístico. A *fonética*, a *gramática* e o léxico — as três partes do sistema linguístico ou três centros organizadores das categorias linguísticas — se formaram no bojo das duas tarefas linguísticas apontadas: a *heurística* e a *pedagógica*.

Quem é o filólogo?

Por mais diferentes que sejam as imagens histórico-culturais dos linguistas, começando pelos sacerdotes hindus e terminando pelo linguista moderno europeu, o filólogo sempre é em todo lugar um decifrador de escritas e palavras, alheias e "misteriosas", e um professor, isto é, um transmissor daquilo que foi decodificado ou herdado da tradição.

Os primeiros filólogos e linguistas sempre e em todo lugar foram os *sacerdotes*. A história não conhece nenhum povo cujas lendas ou escrituras sagradas não tenham sido, em menor ou maior grau, escritas em uma língua alheia e incompreensível para o profano. A tarefa dos sacerdotes filólogos era justamente decifrar o mistério das palavras sagradas.

Foi nesse terreno que também nasceu a filosofia antiga da linguagem: a doutrina védica da palavra, a doutrina sobre o *Logos* dos pensadores gregos antigos e a filosofia bíblica do verbo.[41]

A fim de compreender esses filosofemas, nem por um momento devemos esquecer que se trata de *filosofemas da palavra alheia*. Se algum povo conhecesse somente sua língua materna, se a palavra para ele coincidisse com a palavra materna de sua vida, se a palavra alheia enigmática, isto é, a palavra de uma língua alheia não tivesse aparecido em seu horizonte, esse povo nunca teria criado filosofemas[42] semelhantes. Um traço impressionante: desde a Antiguidade remota até os dias atuais, a filosofia da palavra e o pensamento linguístico têm se fundamentado na sensação específica da palavra alheia, estrangeira e naquelas tarefas que justamente a palavra alheia coloca à consciência, isto é, decifrar e ensinar o decifrado.

---

[41] Traduzimos o termo russo *slovo*, que literalmente significa "palavra", por "verbo", em razão da referência à Bíblia. (N. da T.)

[42] De acordo com a religião védica, a palavra sagrada — no uso que lhe dá o "conhecedor", iniciado ou sacerdote — torna-se a senhora de toda a existência, tanto dos deuses quanto das pessoas. Nela, o sacerdote--"conhecedor" se define como aquele que governa a palavra: nisso está todo o seu poder. Essa doutrina já se encontra no Rigue-Védia. O filosofema grego antigo do *Logos* e o ensinamento alexandrino sobre o *Logos* são de conhecimento geral.

Em seu pensamento sobre a língua, o sacerdote védico e o filólogo-linguista contemporâneo são enfeitiçados e escravizados pelo mesmo fenômeno: a palavra alheia estrangeira.

A palavra própria é sentida de modo completamente diferente ou, de maneira mais precisa, nem é sentida como uma palavra dotada de todas aquelas categorias que ela gera no pensamento linguístico e gerava no pensamento filosófico-religioso dos antigos. A palavra materna é "de casa", ela é percebida como uma roupa habitual ou, melhor ainda, como aquela atmosfera costumeira na qual vivemos e respiramos. Nela não há mistérios; ela pode se tornar misteriosa nos lábios alheios no sentido hierárquico, nos lábios do líder, nos lábios do sacerdote, mas nesse caso ela já se torna uma palavra diferente, é transformada no exterior ou eliminada das relações cotidianas (torna-se um tabu para os hábitos corriqueiros ou uma arcaização da linguagem), isso se ela, já desde o princípio, não tiver sido uma palavra estrangeira nos lábios de um líder-conquistador. A "Palavra" nasce somente aqui, somente aqui é *incipit philosophia, incipit philologia*.

A orientação da linguística e da filosofia da linguagem para a palavra alheia estrangeira de modo algum é ocasional ou arbitrária. Não, essa orientação representa uma expressão do enorme papel histórico que a palavra alheia desempenhou no processo de formação de todas as culturas históricas. A palavra alheia teve esse papel em todas as esferas da criação ideológica, sem exceção: do sistema sociopolítico até a etiqueta cotidiana. Pois justamente a palavra alheia estrangeira trazia luz, cultura, religião e organização política (os sumérios e os semitas babilônicos; os povos jaféticos e os helênios; Roma, o cristianismo e os povos bárbaros; o Império Bizantino, os "varegues", tribos eslavas do sul e os eslavos do leste etc.). Esse grandioso papel organizador da palavra alheia sempre vinha acompanhado pela força e pela organização alheia ou era encontrado por um jovem povo conquistador no terreno de uma cultura antiga e poderosa ocupada por ele, como se ele escravizasse a consciência ideológica do povo conquistador a partir dos túmulos. Como resultado, a palavra alheia, nas profundezas da consciência histórica dos povos, fundiu-se com a ideia de poder, de força, de santidade e de verdade, fazendo com que a noção de palavra se orientasse na maioria das vezes justamente para a palavra alheia.

No entanto, mesmo no presente momento a filosofia da linguagem e a linguística de modo algum têm uma consciência objetiva do enorme papel histórico desempenhado pela palavra estrangeira. Não, ela até hoje escraviza a linguística, a qual é uma espécie de representação da última onda que chegou até nós do fluxo vivo da fala alheia, um último resquício do seu papel ditador e criador da cultura.

É por isso que a linguística, sendo um produto da palavra estrangeira, está muito longe da compreensão correta desta na história da língua e da consciência linguística. Pelo contrário, os estudos indo-germânicos elaboraram categorias de compreensão da história da língua que excluem totalmente a avaliação correta do papel da palavra alheia. Entretanto, ao que tudo indica, esse papel é enorme.

A ideia de *cruzamento linguístico como principal fator responsável pela evolução das línguas* foi apresentada com toda a clareza pelo acadêmico N. Ia. Marr. Ele também reconheceu o cruzamento linguístico como o fator fundamental para a solução do problema da origem da linguagem. Segundo N. Ia. Marr:

> "O cruzamento em geral como um fator de surgimento de diferentes espécies e até mesmo tipos linguísticos, o cruzamento como uma fonte de formação das novas espécies foi observado e notado em todas as línguas jaféticas, e é uma das mais importantes conquistas da linguística jafética. [...] O

problema é que não existe a língua sonora — primitiva, a língua da mesma tribo, e como veremos ela não existiu nem poderia ter existido. A língua é uma criação da sociedade e surgiu na base da comunicação mútua entre várias tribos, motivada pelas necessidades econômicas e administrativas, e representa uma segmentação justamente desse caráter social sempre multitribal."[43]

No artigo "O proiskhojdiéni iaziká" ["Sobre a origem da linguagem"], N. Ia. Marr fala o seguinte a respeito da nossa questão:

"Em suma, a abordagem que a assim chamada cultura nacional faz de uma língua, compreendendo-a como língua materna falada massivamente por toda a população, não é científica nem real, pois uma língua nacional que ignore a divisão em classes e abranja todas elas é por enquanto uma ficção. E não é só isso. Assim como as classes nas primeiras épocas da evolução originaram-se nas tribos — nas formações propriamente tribais, porém de modo algum simples — por meio do seu cruzamento, da mesma forma as línguas tribais completas e ainda mais as línguas nacionais são um tipo linguístico obtido no processo de cruzamento dos elementos simples, cuja combinação é responsável pela formação de qualquer língua. A análise paleontológica da linguagem humana não vai além da definição desses elementos tribais, porém a teoria jafética os destaca decisiva e claramente, de modo que

---

[43] N. Ia. Marr, *Po etapam iafetítcheskoi teori* [*As etapas da teoria jafética*], p. 268.

a questão da origem da linguagem reduz-se à questão do surgimento desses elementos que não representam outra coisa a não ser nomes tribais."[44]

Aqui apenas apontamos o significado da palavra alheia para o problema da origem da linguagem e da sua evolução. Contudo, esses problemas ultrapassam os limites de nosso trabalho. A palavra alheia é importante para nós como um fator que determinou o pensamento filosófico-linguístico, bem como todas as categorias e abordagens desse pensamento.

Abstrairemos aqui tanto as particularidades da compreensão primitiva da palavra alheia[45] quanto as categorias antigas dos filosofemas da palavra mencionadas acima. Tentaremos apontar apenas as particularidades da compreensão da palavra que se sedimentaram no decorrer dos séculos e determinaram o pensamento linguístico moderno. Como veremos, foram essas categorias que encontraram uma expressão mais clara e definida na doutrina do objetivismo abstrato.

Tentaremos relatar brevemente as particularidades da percepção da palavra alheia tal como elas fundamentaram o objetivismo abstrato. Desse modo, resumimos a exposição anterior, completando-a em alguns pontos essenciais.[46]

---

[44] *Idem*, pp. 315-6.

[45] Assim, a percepção primitiva e mágica da palavra é determinada pela palavra alheia em um grau significativo. Aqui estamos nos referindo a todo o conjunto dos fenômenos relacionados.

[46] No entanto, não se pode esquecer que o objetivismo abstrato, em sua nova formação, é uma expressão daquele estado da palavra alheia em que ela já perdeu grande parte de sua autoridade e força produtiva. Além disso, a especificidade da percepção da palavra alheia é enfraquecida no objetivismo abstrato pelo fato de que as principais categorias do seu pensamento estavam voltadas para a percepção das línguas vivas e maternas. A linguística estuda uma língua viva como se ela fosse morta e a língua

1) *O aspecto estável da identidade das formas linguísticas prevalece sobre a sua mutabilidade.*

2) *O abstrato predomina sobre o concreto.*

3) *A sistematicidade abstrata prevalece sobre a historicidade.*

4) *As formas do elementos preponderam sobre as formas do todo.*

5) *Ocorre a substancialização do elemento linguístico isolado, ao invés da dinâmica da fala.*

6) *Uma palavra com um único sentido e ênfase, ao invés da pluralidade viva de seus sentidos e ênfases.*

7) *A compreensão da língua como um objeto pronto, transferido de uma geração para outra.*

8) *A incapacidade de compreender a formação da língua a partir de dentro.*

Vamos nos deter brevemente em cada uma dessas particularidades da compreensão da palavra alheia.

I. A primeira particularidade não necessita de explicação. Como já havíamos mostrado, a compreensão da sua própria língua não é direcionada para o reconhecimento dos elementos idênticos da fala, mas para a compreensão da sua nova significação contextual. Já a construção de um sistema de formas idênticas a si mesmas é uma etapa necessária e importante no processo de decifração e transmissão de uma língua alheia.

II. O segundo ponto também é evidente com base no que já foi exposto. Um enunciado monológico finalizado é, na verdade, uma abstração. A concretização da palavra só é possível por meio da sua inclusão no contexto histórico real da sua realização inicial. Em um enunciado monológico isola-

materna como se ela fosse estrangeira. Essa é a razão pela qual a teoria do objetivismo abstrato diverge tanto dos filosofemas antigos da palavra alheia.

do, são cortados justamente os fios que o ligavam à concretude da sua formação histórica.

III. O formalismo e a sistematicidade representam um traço típico de qualquer pensamento orientado para um objeto pronto e, por assim dizer, estagnado.

Essa particularidade do pensamento possui múltiplas manifestações. É característico que se costume (quase sempre) sistematizar a ideia alheia. Os criadores — os fundadores de novas tendências ideológicas — nunca são os seus sistematizadores e formalizadores. Quem a sistematiza é a época, que se sente em posse de uma ideia recebida como pronta e respeitada. É necessário o término da época da criação para que então se inicie a sistematização e a formalização, da qual se ocupam os herdeiros e epígonos que se consideram os detentores de uma palavra alheia e arcaica. A orientação do fluxo de formação nunca pode ser formalizadora e sistematizadora. É por isso que o pensamento gramatical, formalizador e sistematizador, só pode adquirir sua força e plenitude no material de uma língua alheia e morta, e apenas nos casos em que essa língua já perdeu parte do seu charme, isto é, seu caráter sagrado e abalizado. O pensamento gramatical sistemático inevitavelmente teve de ocupar uma posição conservadora e acadêmica em relação à língua viva, ou seja, tratá-la como se estivesse finalizada, pronta e, consequentemente, encarar com inimizade todo tipo de novidade linguística. De modo formal, o pensamento sistemático sobre a língua é incompatível com a sua compreensão viva e histórica. Do ponto de vista do sistema, a história é sempre concebida apenas como uma série de violações ocasionais.

IV. Como pudemos observar, a linguística é orientada para um enunciado monológico isolado. A consciência interpretante passiva do filólogo se confronta com o estudo de monumentos linguísticos. Desse modo, todo trabalho acontece dentro dos limites de um enunciado. Entretanto, os limites do enunciado como um todo são percebidos de modo insuficiente, ou podem até mesmo passar despercebidos. Todo o estudo é dedicado à análise das ligações imanentes ao território interno do enunciado. Mas os problemas da, por assim dizer, política externa do enunciado permanecem fora da análise, tal como ocorre, por conseguinte, com todas aquelas ligações que extrapolam os limites desse enunciado como um todo monológico. É óbvio que o próprio todo do enunciado, bem como suas formas, fica à margem do pensamento linguístico. De fato, este não vai além dos elementos do enunciado monológico. O máximo que a linguística consegue abarcar é a construção de um período composto. Já a construção de um enunciado inteiro, a linguística deixa para outras disciplinas: a retórica e a poética. A linguística não tem meios de abordar as formas da composição do todo. É por isso que entre as formas linguísticas dos elementos do enunciado e as formas do seu todo não há uma passagem ininterrupta e, no geral, nenhuma ligação. Seria necessário um salto para conseguirmos passar da sintaxe às questões da composição. Isso é totalmente inevitável, pois as formas de um enunciado inteiro podem ser sentidas e compreendidas apenas em comparação com outros enunciados inteiros na unidade de uma esfera ideológica. Assim, as formas do enunciado literário — uma obra — podem ser compreendidas apenas dentro da unidade da vida literária, numa ligação inseparável com outras formas também literárias. Ao relacionar uma obra à unidade da língua como sistema, ao analisá-la como um documento linguístico, perdemos a abordagem das suas formas, compreendidas enquanto formas de um todo literário. É impossível resolver, no terreno do objetivismo abstrato, a enorme ruptura existente entre relacionar uma obra ao sistema da língua e relacioná-la à unidade concreta da vida literária.

V. A forma linguística é apenas um aspecto isolado de modo abstrato do todo dinâmico do discurso verbal: o enunciado. É claro que, no contexto de determinadas tarefas linguísticas, essa abstração é totalmente legítima. Entretanto, no terreno do objetivismo abstrato, a forma linguística é substancializada, ou seja, torna-se uma espécie de elemento efetivamente isolável capaz de sua própria existência independente e histórica. Isso é bastante compreensível, pois o sistema como um todo não é capaz de se desenvolver historicamente. O enunciado como um todo não existe para a linguística. Consequentemente, restam apenas os elementos do sistema, isto é, as formas linguísticas isoladas. São elas que podem ter uma história.

Desse modo, a história da língua resulta na história de formas linguísticas isoladas (fonéticas, morfológicas e outras), que se desenvolvem contrariamente ao sistema como um todo e fora dos enunciados concretos.[47]

É totalmente justa a explicação de Vossler sobre a história da língua segundo a entende o objetivismo abstrato:

> "A história da língua, como é apresentada na gramática histórica, pode ser comparada, grosseiramente falando, a uma história do vestuário que não parte do conceito de moda ou do gosto da época, mas que apresenta uma lista cronológica e geograficamente ordenada dos botões, alfinetes, meias de seda, chapéus e fitas. Na gramática histórica, esses botões e fitas são chamados, por exemplo, de *t* forte ou fraco, *e* fechado, *d* sonoro etc."[48]

VI. O sentido da palavra é inteiramente determinado pelo seu contexto. Na verdade, existem tantas significações pa-

---

[47] O enunciado é visto apenas como um meio indiferente em que a forma linguística se altera.

[48] Conferir o já mencionado artigo de Vossler, "Grammátika i istória iaziká" ["Gramática e história da língua"], p. 170.

ra uma palavra quantos contextos de seu uso.[49] No entanto, a palavra não perde a sua unicidade; ela, por assim dizer, não se desfaz em uma quantidade de palavras equivalente aos seus contextos de uso. Obviamente, essa integridade da palavra é garantida não apenas pela integridade da sua composição fonética, mas também pela unicidade comum a todas as suas significações. Como equilibrar a polissemia essencial da palavra com a sua unidade? Essa é a formulação grosseira e elementar do problema fundamental da significação. Esse problema pode ser solucionado apenas de modo dialético. Mas como procede o objetivismo abstrato? Para ele, a questão da unicidade da palavra se enrijece e se isola da multiplicidade essencial de suas significações. Essa multiplicidade é compreendida como tonalidades ocasionais de uma significação única, firme e estável. A direção da atenção linguística é inversamente oposta à direção da compreensão viva dos falantes que participam do fluxo discursivo. Um filólogo-linguista, ao comparar os contextos de uma palavra, orienta-se para o aspecto da identidade do seu uso, pois, para ele, é importante isolar essa palavra tanto de um quanto de outro contexto em comparação e dar-lhe uma definição fora do contexto, isto é, torná-la uma palavra dicionarizada. Esse processo de isolamento da palavra e de estabilização de sua significação fora do contexto é reforçado ainda mais quando há comparação entre línguas, isto é, quando há necessidade de encontrar uma palavra equivalente em outra língua. No processo de trabalho linguístico, a significação é formada como se estivesse no limite de pelo menos duas línguas. Esse trabalho do linguista torna-se ainda mais complexo pelo fato de que ele cria a ficção de um objeto único, real e correspondente à palavra. Esse objeto, por ser único e idêntico a si mesmo, garante a unidade do significado. Essa ficção das realidades literais da pala-

---

[49] Por enquanto, não iremos nos deter na separação entre significação e tema, sobre a qual falaremos no capítulo 4.

vra contribui ainda mais para a substancialização do seu significado. A combinação dialética da unidade do significado com a sua multiplicidade torna-se impossível nesse terreno.

O objetivismo abstrato cometeu ainda o seguinte erro gravíssimo: os diferentes contextos de uso de uma palavra são compreendidos como se estivessem posicionados no mesmo plano. É como se os contextos formassem uma série de enunciados fechados e autônomos, orientados para a mesma direção. No entanto, isso está longe de ser verdade: os contextos de uso de uma mesma palavra frequentemente são opostos entre si. O caso clássico dessa oposição entre os contextos de uma mesma palavra são as réplicas de um diálogo. Nesse caso, a mesma palavra aparece em dois contextos em colisão. É claro, as réplicas de um diálogo representam apenas o caso mais claro e evidente dos contextos multidirecionais. Na verdade, qualquer enunciado real, em um grau maior ou menor e de um modo ou de outro, concorda com algo ou nega algo. Os contextos não se encontram lado a lado, como se não percebessem um ao outro, mas estão em estado de interação e embate tenso e ininterrupto. Essa alteração da ênfase valorativa da palavra em diferentes contextos é totalmente ignorada pela linguística e não encontra nenhuma expressão na doutrina da unidade da significação. Essa ênfase dificilmente pode ser substancializada, entretanto é justamente a pluralidade enfática da palavra que a torna viva. O problema da pluralidade enfática deve ser estreitamente ligado ao problema da pluralidade de significações. Os dois problemas só podem ser solucionados quando há essa ligação. No entanto, justamente essa ligação é totalmente irrealizável no terreno do objetivismo abstrato e de seus fundamentos. A ênfase valorativa é deixada à margem da linguística juntamente com o enunciado unitário (*parole*).[50]

---

[50] As ideias expostas aqui serão desenvolvidas no capítulo 4 desta parte.

VII. De acordo com a doutrina do objetivismo abstrato, a língua como uma obra pronta é transmitida de uma geração a outra. É claro, os representantes da segunda tendência compreendem metaforicamente a transmissão da língua por herança, como objeto, no entanto em suas mãos essa comparação não é somente uma metáfora. Ao substancializar o sistema da língua e ao perceber uma língua viva como morta e alheia, o objetivismo abstrato a transforma em algo externo em relação ao fluxo da comunicação discursiva. Esse fluxo movimenta-se para adiante, enquanto a língua, como uma bola, é jogada de uma geração a outra. No entanto, a língua movimenta-se adiante juntamente com o fluxo, pois é inseparável dele. Na verdade, ela não é transmitida; ela é continuada, mas como um processo de formação ininterrupto. Os indivíduos não recebem em absoluto uma língua pronta; eles entram nesse fluxo da comunicação discursiva, ou mais precisamente, é nesse fluxo que a sua consciência se realiza pela primeira vez. Apenas no processo de aprendizagem de uma língua alheia a consciência pronta — pronta graças à língua materna — opõe-se a uma língua também pronta, a qual resta-lhe apenas aceitar. A língua materna não é recebida pelas pessoas; é nela que elas despertam pela primeira vez.[51]

VIII. Como observamos, o objetivismo abstrato não consegue estabelecer a relação da existência da língua em um corte abstrato sincrônico com a sua formação. Para a consciência do falante, a língua existe como um sistema de formas normativas idênticas; já para o historiador, ela existe apenas como um processo de formação. Com isso, exclui-se a possibilidade da participação ativa da própria consciência do falante no processo de formação histórica da língua. A

---

[51] O processo de aprendizagem da língua materna por uma criança é um processo de inserção gradual da criança na comunicação discursiva. Na medida em que ocorre essa inserção, sua consciência é formada e preenchida pelo conteúdo.

combinação dialética da necessidade com a liberdade e, por assim dizer, com a responsabilidade linguística, é totalmente impossível nesse terreno. Aqui, predomina uma compreensão puramente mecanicista da necessidade linguística. É claro, não há dúvida de que esse traço do objetivismo abstrato está ainda relacionado com a sua orientação inconsciente para uma língua morta e alheia.

Resta-nos fazer um balanço da nossa análise crítica do objetivismo abstrato. O problema apontado no início do primeiro capítulo — o problema da existência real dos fenômenos linguísticos como um objeto específico e único de estudo — foi solucionado por ele de modo errôneo. A língua como sistema de formas normativas e idênticas é uma abstração que pode ser justificada de modo teórico e prático apenas do ponto de vista da decifração e ensino de uma língua alheia e morta. Esse sistema não pode ser a base à compreensão e explicação dos fatos linguísticos em sua vida e formação. Ao contrário, ele nos desvia da realidade viva e em formação da língua e das suas funções sociais, embora os defensores do objetivismo abstrato pretendam que o seu ponto de vista tenha uma significação sociológica. A base teórica do objetivismo abstrato se origina nas premissas do pensamento racionalista e mecanicista, dificilmente capazes de fundamentar a compreensão correta da história, apesar de a língua ser um fenômeno puramente histórico.

Será que disso decorre que os fundamentos da primeira tendência — o subjetivismo individualista — são corretos? Será que somente ele teria conseguido apalpar a realidade efetiva da linguagem? Ou talvez a verdade se encontre no meio-termo, sendo um compromisso entre a primeira e a segunda tendências, entre as teses do subjetivismo individualista e as antíteses do objetivismo abstrato?

Suponhamos que aqui, como sempre, a verdade não se encontre no meio-termo nem seja um compromisso entre a tese e a antítese, ficando fora e além dos seus limites, e negando tanto a tese quanto a antítese, ou seja, representando uma *síntese dialética*. Como veremos no capítulo seguinte, as teses da primeira tendência também não resistem à crítica.

Aqui, chamaremos a atenção ainda para o seguinte fato. O objetivismo abstrato, ao considerar o sistema da língua como único e essencial para os fenômenos linguísticos, negava o ato discursivo — o enunciado — como individual. Nisso, como havíamos dito certa vez, está o *proton pseudos* do objetivismo abstrato. O subjetivismo individualista considera justamente o ato discursivo — o enunciado — como único e essencial. No entanto, ele também define esse ato como individual e por isso tenta explicá-lo a partir das condições da vida psicoindividual do indivíduo falante. Nisso está o seu *proton pseudos*.

De fato, o ato discursivo, ou mais precisamente o seu produto — o enunciado — de modo algum pode ser reconhecido como um fenômeno individual no sentido exato dessa palavra, e tampouco pode ser explicado a partir das condições psicoindividuais e psíquicas ou psicofisiológicas do indivíduo falante. *O enunciado é de natureza social.*

Essa tese será fundamentada no próximo capítulo.

3

A interação discursiva[52]

A teoria da expressão do subjetivismo individualista, a crítica da teoria da expressão, a estrutura sociológica da vivência e da expressão. O problema da ideologia do cotidiano. O enunciado como base da formação da língua. Os caminhos para a solução do problema da realidade efetiva da língua. O enunciado como um todo e suas formas.

Como observamos, a segunda tendência do pensamento filosófico-linguístico está relacionada com o racionalismo e o neoclassicismo. A primeira tendência — o subjetivismo individualista — está ligada ao *romantismo*. O romantismo em grande parte foi uma reação à palavra alheia e às categorias do pensamento condicionadas por ela. De modo mais preciso, o romantismo foi uma reação à última recidiva do domínio cultural da palavra alheia, ao Renascimento e ao neoclassicismo. Os românticos foram os primeiros filólogos

---

[52] Optamos por traduzir a expressão russa *rietchevóie vzaimodiéistvie* por "interação discursiva", uma vez que se trata do uso concreto da língua em uma situação social mais próxima e em um meio social mais amplo, resultando no enunciado. Além disso, o adjetivo *retchevói* ("discursivo" ou "de discurso") é o mesmo que aparece no título do famoso texto de Bakhtin *Os gêneros do discurso* (ed. bras.: Mikhail Bakhtin, *Os gêneros do discurso*, tradução de Paulo Bezerra, São Paulo, Editora 34, 2016). (N. da T.)

da língua materna, os primeiros a tentar reconstruir radicalmente o pensamento linguístico na base das vivências da língua materna, vista como *medium* de formação da consciência e do pensamento. Mesmo assim, os românticos permaneceram filólogos no sentido estrito da palavra. É claro que eles não foram capazes de reconstruir o pensamento linguístico que constituiu e se assentou ao longo dos séculos. Apesar disso, a esse pensamento foram introduzidas novas categorias responsáveis pelas particularidades específicas da primeira tendência. É característico que, mesmo no presente momento, os representantes do subjetivismo individualista sejam em sua maioria romanistas, especialistas em línguas novas (Vossler, Leo Spitzer, Lorck e outros).

Entretanto, o subjetivismo individualista também considerava o enunciado monológico enquanto a última realidade, isto é, o ponto de partida do seu pensamento sobre a linguagem. É verdade que eles a abordavam não do ponto de vista de um filólogo que compreende passivamente, mas como se fosse de dentro, do ponto de vista do próprio falante que se expressa.

O que seria então o enunciado monológico do ponto de vista do subjetivismo individualista? — Como observamos, ele é um ato puramente individual, uma expressão da consciência individual, dos seus propósitos, intenções, impulsos criativos, gostos e assim por diante. A categoria da expressão é aquela categoria superior e geral à qual é reduzido o ato linguístico, isto é, o enunciado.

Porém, o que seria essa expressão?

A sua definição mais simples e grosseira é a seguinte: algo que se formou e se definiu de algum modo no psiquismo do indivíduo e é objetivado para fora, para os outros com a ajuda de alguns signos externos.

Desse modo, a expressão possui dois membros: *o expresso* (interior) e a sua *objetivação exterior* para os outros (ou talvez até para si mesmo). A teoria da expressão, por mais refinadas e complexas que sejam as suas formas, supõe inevitavelmente esses dois membros: todo o acontecimento da expressão ocorre entre eles. Por conseguinte, toda a teoria da expressão supõe inevitavelmente que o expresso pode de algum modo se formar e existir fora da expressão, que ele existe em uma forma e depois se converte em outra. Pois, caso contrário, se o expresso desde o início existisse na forma da expressão e entre eles houvesse uma conversão quantitativa (no sentido de compreensão, diferenciação etc.), toda a teoria da expressão desmoronaria. A teoria da expressão pressupõe invariavelmente um certo dualismo entre o interior e o exterior e uma certa primazia do interior, pois todo o ato de objetivação (expressão) ocorre de dentro para fora. As suas fontes encontram-se no interior. Não é por acaso que a teoria do subjetivismo individualista, como todas as teorias da expressão no geral, se originou exclusivamente no terreno idealista e espiritualista. Tudo que é essencial se encontra no interior e o exterior pode se tornar essencial apenas ao se converter em um recipiente do interior, isto é, a expressão do espírito.

No entanto, ao se tornar exterior e expressar-se para fora, o interior muda de aspecto, pois ele é obrigado a dominar o material exterior que possui as suas próprias leis, alheias ao interior. No processo desse domínio do material, da sua superação, da sua transformação em um *medium* obediente da expressão, aquilo que é vivido e expresso muda de aspecto e é forçado a buscar uma espécie de meio-termo. É por isso que, no terreno do idealismo, no qual se formaram todas as teorias da expressão, pode ocorrer a negação radical desta, vista como distorção da pureza do interior.[53] Em

---

[53] "A ideia proferida é uma mentira" (Fiódor Tiútchev); "Ah, se fosse possível dizer com a alma sem usar palavras" (Afanássi Fet). Essas afirmações são absolutamente típicas do romantismo idealista.

todo caso, todas as forças criativas e organizadoras encontram-se no interior. Todo o exterior é apenas um material passivo da formulação interior. De modo geral, a expressão é construída no interior e é em seguida convertida para o exterior. Disso decorre que o processo de compreensão, interpretação e explicação de um fenômeno ideológico também deve ser direcionado para o interior; ele deve ocorrer na direção oposta da expressão: partindo da objetivação exterior, a explicação deve chegar a suas raízes interiores e organizadoras. É assim que o subjetivismo individualista compreende a expressão.

A teoria da expressão que se encontra na base da primeira tendência do pensamento filosófico-linguístico é incorreta em sua essência.

A vivência expressa e a sua objetivação exterior são criadas, como sabemos, a partir do mesmo material. Com efeito, não há vivência fora da encarnação sígnica. Portanto, desde o início, não pode haver nenhuma diferença qualitativa entre o interior e o exterior. Mais do que isso, o centro organizador e formador não se encontra dentro (isto é, no material dos signos interiores), e sim no exterior. Não é a vivência que organiza a expressão, mas, ao contrário, a expressão organiza a vivência, dando-lhe sua primeira forma e definindo a sua direção.

De fato, não importa qual aspecto da expressão-enunciado considerarmos, ele será definido pelas condições reais do enunciado e, antes de tudo, pela *situação social mais próxima*.

Efetivamente, o enunciado se forma entre dois indivíduos socialmente organizados, e, na ausência de um interlocutor real, ele é ocupado, por assim dizer, pela imagem do representante médio daquele grupo social ao qual o falante pertence. *A palavra é orientada para o interlocutor*, ou seja, é orientada para *quem* é esse interlocutor: se ele é integrante ou não do mesmo grupo social, se ele se encontra em uma posição superior ou inferior em relação ao interlocutor (em termos hierárquicos), se ele tem ou não laços sociais mais estreitos com o falante (pai, irmão, marido etc.). Não pode haver um interlocutor abstrato, por assim dizer, isolado; pois com ele não teríamos uma língua comum nem no sentido literal, tampouco no figurado. Mesmo quando pretendemos viver e expressar *urbi et orbi*, é claro que, na verdade, vemos tanto a cidade quanto o mundo pelo prisma do ambiente social concreto circundante. Na maioria dos casos, pressupomos um certo *horizonte social* típico e estável para o qual se orienta a criação ideológica do grupo social e da época a que pertencemos; isto é, para um contemporâneo da nossa literatura, da nossa ciência, da nossa moral, das nossas leis.

O mundo interior e o pensamento de todo indivíduo possuem seu *auditório social* estável, e nesse ambiente se formam os seus argumentos interiores, motivos interiores, avaliações etc. Quanto mais culto for um indivíduo, tanto mais o seu auditório se aproximará do auditório médio da criação ideológica, mas, em todo caso, o interlocutor ideal não é capaz de ultrapassar os limites de uma determinada classe e época.

A importância da orientação da palavra para o interlocutor é extremamente grande. Em sua essência, *a palavra é um ato bilateral*. Ela é determinada tanto por aquele *de quem* ela procede quanto por aquele *para quem* se dirige. Enquanto palavra, ela é justamente *o produto das inter-relações do falante com o ouvinte*. Toda palavra serve de expressão ao "um" em relação ao "outro". Na palavra, eu dou forma a mim mesmo do ponto de vista do outro e, por fim, da perspectiva da minha coletividade. A palavra é uma ponte que liga o eu ao outro. Ela apoia uma das extremidades em mim e a outra no interlocutor. A palavra é o território comum entre o falante e o interlocutor.

Mas quem seria o falante? Pois mesmo se a palavra não lhe pertencer por inteiro — sendo uma espécie de zona limítrofe entre ele e o interlocutor — ela é em grande medida uma propriedade do falante.

Em um determinado momento, o falante é o proprietário indiscutível da palavra, que é inalienável dele. Trata-se do ato fisiológico da realização da palavra. Todavia, por ser um ato puramente fisiológico, a categoria de propriedade não pode ser aplicada.

No entanto, se tomarmos não o ato fisiológico da realização do som, mas a realização da palavra como um signo, a questão da propriedade se tornará extremamente complicada. Isso sem mencionar o fato de que a palavra como signo é tomada de empréstimo pelo falante da reserva social de signos disponíveis; a própria constituição individual desse signo social em um enunciado concreto é determinada integralmente pelas relações sociais. Justamente aquela individualização estilística do enunciado abordada pelos vosslerianos é o reflexo das inter-relações sociais e é em seu ambiente que se constitui o enunciado em questão. *A situação social mais próxima e o meio social mais amplo determinam completamente e, por assim dizer, de dentro, a estrutura do enunciado.*

De fato, não importa qual enunciado considerarmos: ainda que ele não represente uma mensagem objetiva (uma comunicação no sentido estrito), mas uma expressão verbal de alguma necessidade como, por exemplo, a fome, concluiremos que sua orientação é inteiramente social. Antes de mais nada, ele é determinado de modo mais próximo pelos participantes do evento do enunciado, tanto os imediatos quanto os distantes, e em relação a uma situação determinada; isto é, a situação forma o enunciado, obrigando-o a soar de um modo e não de outro, seja como uma exigência ou um pedido, seja como a defesa de um direito ou como uma súplica por piedade, seja em estilo pomposo ou simples, seja de modo confiante ou tímido e assim por diante.

Essa situação mais próxima e os participantes sociais imediatos determinam a forma e o estilo ocasionais do enunciado. As camadas mais profundas da sua estrutura são determinadas por ligações sociais mais duradouras e essenciais, das quais o falante participa.

Se tomarmos o enunciado no processo da sua constituição "ainda dentro da alma", a essência da questão não será alterada, pois a estrutura da vivência é tão social quanto a estrutura da sua objetivação exterior. O grau de consciência, de clareza e de constituição da vivência está proporcionalmente relacionado à orientação social.

De fato, mesmo uma tomada de consciência simples e imprecisa de alguma sensação, por exemplo, da fome, não pode ser expressa para fora sem uma forma ideológica. Toda tomada de consciência precisa do discurso interior, da entonação interior e do estilo interior embrionário, uma vez que é possível tomar consciência da própria fome de modo suplicante, aflito, irritado, inconformado. É claro que aqui enumeramos somente as orientações mais grosseiras e fortes da entonação interior, quando na verdade uma vivência pode ter uma entonação bastante sutil e complexa. Na maioria dos casos, a expressão exterior apenas continua e esclarece a orientação do discurso interior e as entonações contidas nela.

O sentido da entonação da sensação interior de fome dependerá tanto da situação mais próxima da vivência quanto da posição social geral daquele que passa fome. Com efeito, essas condições determinarão qual será o contexto valorativo e o horizonte social em que a experiência da fome será concebida. O contexto social mais próximo determinará os possíveis ouvintes, aliados ou inimigos para os quais a consciência e a vivência da fome irão se orientar, por exemplo, a amargura com a má sorte e o destino infeliz, consigo mesmo, com a sociedade, com um determinado grupo social ou com uma pessoa etc. É claro que essa orientação social da vivência pode possuir diferentes graus de consciência, precisão e diferenciação, porém não pode haver vivência sem ao menos uma orientação social valorativa. Até o choro de um bebê de colo é "orientado" para a mãe. A vivência da fome pode possuir tons de apelo ou de propaganda, a experiência pode se direcionar para um possível apelo, para um argumento de propaganda, ser concebida como um protesto e assim por diante.

Em relação ao ouvinte potencial (que às vezes é percebido de modo bem evidente), é possível distinguir dois polos ou dois extremos entre os quais a vivência pode ser concebida e formada ideologicamente, tendendo ora para uma direção, ora para outra. Denominaremos esses extremos convencionalmente de "vivência do eu" e "vivência do nós".

Em sua essência, a "vivência do eu" tende à eliminação, isto é, ela perde a sua forma ideológica à medida que se aproxima do limite e, por conseguinte, deixa de ser concebida, aproximando-se da reação fisiológica de um animal. No limite, a vivência perde todas as potencialidades, todos os germes de orientação social e, consequentemente, também a sua forma verbal. Algumas vivências e até grupos inteiros podem se aproximar desse limite extremo, sendo privados de sua clareza e forma ideológica e demonstrando uma falta de enraizamento social da consciência.[54]

A "vivência do nós" não é de modo algum uma vivência gregária primitiva: ela é diferenciada. Mais do que isso, a diferenciação ideológica e o aumento da consciência são diretamente proporcionais à firmeza e à convicção da orientação social. Quanto mais unida, organizada e diferenciada for

---

[54] Sobre a possibilidade de um grupo de vivências sexuais de um homem ficar fora de um contexto social e a perda da consciência verbal em decorrência disso, conferir nosso livro *Freidizm*, Lenotguiz, 1927, pp. 136-7.

[Ed. bras.: Mikhail Bakhtin, *O freudismo: um esboço crítico*, tradução de Paulo Bezerra, São Paulo, Perspectiva, 2001. (N. da T.)]

a coletividade na qual se orienta um indivíduo, tanto mais diversificado e complexo será seu mundo interior.

Existem diferentes graus da "vivência do nós" e suas formas ideológicas podem se manifestar de vários modos.

Suponhamos que um faminto tome consciência de sua fome em uma multidão desunida de famintos ocasionais (um azarado, um mendigo etc.). A vivência desse solitário marginalizado terá um tom específico e tenderá a certas formas ideológicas, cuja amplitude pode ser bastante vasta: resignação, vergonha, inveja e outros tons valorativos marcarão a sua vivência. Esta irá se desenvolver na direção das formas ideológicas correspondentes: o protesto individualista de um miserável ou a resignação mística penitente.

Suponhamos que o faminto pertença a uma coletividade em que a fome não é ocasional e tem um caráter coletivo, porém a própria coletividade de famintos não possui uma ligação firme e material, isto é, passa fome desunida. Na maioria dos casos, os camponeses se encontram nessa posição. A fome é partilhada por todos, porém, como há desunião material e ausência de uma economia única, cada um a vive no mundinho pequeno e fechado da sua economia individual. Uma coletividade assim não possui um corpo material unificado para uma ação unificada. Nessas condições prevalecerá a consciência resignada da sua fome, porém sem os sentimentos de vergonha e humilhação: "Todos aguentam, aguente você também". Nesse terreno se desenvolvem os sistemas filosóficos e religiosos como a não violência e o fatalismo (o cristianismo primitivo e o tolstoismo).

O membro de uma coletividade (regimento de soldados; trabalhadores reunidos em uma fábrica; lavradores assalariados de uma grande fazenda capitalista; e por fim uma classe inteira, ao amadurecer até a forma da "classe para si") organizada em termos objetivo-materiais vivencia a fome de modo totalmente diferente. Nesse caso, prevalecerão na vivência os tons de protesto ativo e confiante, e não haverá espaço para entonações de resignação e de submissão. Além disso, o terreno será mais fértil para a clareza ideológica e o acabamento da vivência.[55]

Todos os tipos de vivências que tiveram suas principais entonações analisadas por nós carregam imagens e formas correspondentes de enunciados possíveis. A situação social sempre determina qual será a imagem, a metáfora e a forma de enunciar a fome que pode se desenvolver a partir de dada direção entonacional da vivência.

A *autovivência* individualista possui um caráter específico. Não se trata da "vivência do eu" no sentido exato da palavra, definido acima. A vivência individualista é bastante diferenciada e acabada. O individualismo é uma forma ideológica específica da "vivência do nós" da classe burguesa (existe um tipo análogo de autovivência individualista na classe da aristocracia feudal). O tipo de vivência individualista é determinado por uma orientação social sólida e confiante. A autoconfiança individualista, a sensação do valor próprio não vem do interior nem das profundezas da personalidade, mas de fora: é a interpretação ideológica do meu reconhecimento social, da garantia dos meus direitos e do apoio e proteção objetivos concedidos por todo o regime político à minha atividade econômica individual. A estrutura da personalidade individual consciente é tão social quanto o tipo de vivência coletiva: é uma determinada interpretação ideológica de uma situação socioeconômica complexa e es-

---

[55] Um material interessante sobre a questão da expressão da fome encontra-se nos livros de um linguista moderno famoso da escola de Vossler — Leo Spitzer: *Italienische Kriegsgefangenenbriefe* [*Cartas italianas de prisioneiros de guerra*] e *Die Umschreibungen des Begriffes Hunger* [*As paráfrases do conceito de fome*]. O principal problema abordado nessas obras é a flexibilidade com que a palavra e a imagem se adaptam às condições de uma situação excepcional. Entretanto, o autor não apresenta uma abordagem verdadeiramente sociológica.

tável projetada para alma individual. Contudo, no tipo de "vivência do nós" individualista, assim como no regime correspondente, há uma contradição interna que mais cedo ou mais tarde romperá o seu acabamento ideológico.

O tipo de autovivência solitária possui uma estrutura análoga ("o dom e a força de ser solitário em sua verdade", tipo cultivado por Romain Rolland e em parte por Tolstói). O orgulho dessa solidão também se apoia no "nós". Esse é um tipo característico da "vivência do nós" da *intelligentsia* atual da Europa Ocidental. As palavras de Tolstói sobre a existência do pensamento para si e do pensamento para o público compreendem apenas duas concepções de público. Na verdade, a expressão "para si" significa apenas outra concepção social do ouvinte, própria de Tolstói. Não existe um pensamento fora da orientação para uma expressão possível e, por conseguinte, fora da orientação social dessa expressão e do próprio pensamento.

Desse modo, a personalidade falante, tomada por assim dizer de dentro, é inteiramente um produto das inter-relações sociais. Seu território social não é apenas a expressão exterior, mas também a vivência interior. Consequentemente, todo o caminho entre a vivência interior (aquilo que é "expresso") e a sua objetivação exterior (o "enunciado") percorre o território social. Já quando a vivência é atualizada em um enunciado finalizado, a sua orientação social adquire uma direção para a situação social mais próxima da fala e, acima de tudo, aos interlocutores concretos.

Tudo o que dissemos lança uma nova luz sobre o problema da consciência e da ideologia analisado por nós.

A consciência é uma ficção fora da objetivação, fora da encarnação em um material determinado (o material do gesto, da palavra interior, do grito). Trata-se aqui de uma construção ideológica ruim, criada por meio de uma abstração dos fatos concretos da expressão social. Todavia, a consciência como uma expressão material organizada (no material ideológico da palavra, do signo, do desenho, das tintas, do som musical etc.) é um fato objetivo e uma enorme força social. Entretanto, essa consciência não se encontra acima da existência nem pode determiná-la de modo constitutivo, pois a consciência é uma parte da existência, uma das suas forças e, portanto, possui a capacidade de agir, de desempenhar um papel na arena da existência. Enquanto a consciência permanece na cabeça daquele que pensa como um embrião verbal da expressão, ela é apenas uma parte muito pequena da existência, com um campo de ação reduzido. No entanto, quando ela passa todos os estágios da objetivação social e entra no campo de força da ciência, da arte, da moral, do direito, ela se torna uma força verdadeira, capaz até de exercer uma influência inversa nas bases econômicas da vida social. É claro, a força da consciência está na sua encarnação em determinadas organizações sociais e na sua fixação em expressões ideológicas estáveis (ciência, arte e assim por diante), porém ela já era um pequeno acontecimento social, e não um ato individual interior, na forma primária vaga de um pensamento e uma vivência instantâneos.

Desde o princípio, a vivência está orientada para uma expressão exterior bastante atualizada e tende para ela. Essa expressão da vivência pode ser realizada, mas também pode ser atrasada e retardada. Nesse último caso, a vivência é uma expressão retardada (não abordaremos aqui a questão bastante complexa das causas e condições do retardamento). Por sua vez, a expressão realizada exerce uma potente influência inversa sobre a vivência: ela começa a penetrar na vida interior, dando-lhe uma expressão mais estável e definida.

Essa influência inversa da expressão acabada e estável sobre a vivência (ou seja, a expressão interior) possui um enorme significado e deve ser sempre levada em consideração. É possível dizer que *não é tanto a expressão que se adapta ao nosso mundo interior, mas nosso mundo interior que se adapta às possibilidades da nossa expressão* e aos seus possíveis caminhos e direções.

A todo o conjunto de vivências da vida e expressões externas ligadas diretamente a elas chamaremos, diferentemente dos sistemas ideológicos formados — a arte, a moral, o direito —, de ideologia do cotidiano. A ideologia do cotidiano é o universo do discurso interior e exterior, não ordenado nem fixado, que concebe todo nosso ato, ação e estado "consciente". Considerando o caráter sociológico da estrutura da expressão e da vivência, podemos dizer que a ideologia do cotidiano, no nosso entender, corresponde em geral àquilo que na literatura marxista é denominado como "psicologia social". No presente contexto preferimos evitar a palavra "psicologia", uma vez que tratamos excepcionalmente do conteúdo do psiquismo e da consciência inteiramente ideológico e determinado não por fatores individuais e orgânicos (biológicos, fisiológicos), mas de caráter puramente sociológico. O fator individual-orgânico é totalmente irrelevante para a compreensão das principais linhas criativas e vivas do conteúdo da consciência.

Os sistemas ideológicos formados — a moral social, a ciência, a arte e a religião — cristalizam-se a partir da ideologia do cotidiano e, por sua vez, exercem sobre ela uma forte influência inversa e costumam dar-lhe o tom. Todavia, ao mesmo tempo, esses produtos ideológicos formados preservam constantemente a mais viva ligação orgânica com a ideologia do cotidiano, nutrem-se da sua seiva e fora dela estão mortos, assim como estão mortas uma obra literária finalizada ou uma ideia cognitiva fora da sua percepção avaliativa viva. No entanto, uma obra ideológica existe apenas para essa percepção que se realiza na linguagem da ideologia do cotidiano. A ideologia do cotidiano insere a obra em uma dada situação social. A obra passa a ser ligada a todo o conteúdo da consciência e é percebida apenas no contexto dessa consciência atual. A obra é interpretada no espírito desse conteúdo da consciência (da consciência daquele que percebe) e é elucidada por ele de modo novo. É essa a vida de uma obra ideológica. Em cada época de sua existência histórica, a obra deve interagir estreitamente com a ideologia do cotidiano em transformação, preencher-se por ela e nutrir-se de sua seiva nova. Apenas à medida que a obra é capaz de interligar-se ininterrupta e organicamente com a ideologia do cotidiano de uma época, ela é capaz de ser viva dentro dela (é claro, em um dado grupo social). Fora dessa ligação, ela deixa de existir, por não ser vivida como algo ideologicamente significativo.

Devemos distinguir várias camadas na ideologia do cotidiano. Essas camadas são determinadas pela escala social que mede a vivência e a expressão, bem como pelas forças sociais que as orientam diretamente.

Como já sabemos, o horizonte no qual se realiza uma dada vivência ou expressão pode ser mais ou menos amplo. O mundinho da vivência pode ser estreito e escuro e a sua orientação social, ocasional e instantânea, própria apenas a um grupo eventual e instável formado por algumas pessoas. É claro que mesmo essas vivências voluntariosas são ideológicas e sociológicas, apesar de já estarem no limite entre o normal e o patológico. Essa vivência ocasional permanece isolada na vida espiritual de uma pessoa. Ela não será capaz de firmar-se e encontrar uma expressão diferenciada e acabada, pois, se ela é privada de um auditório socialmente fundamentado e estável, de onde surgirão as bases para sua diferenciação e acabamento? É menos provável ainda que essa vivência ocasional seja fixada (por escrito e tampouco de forma impressa). Evidentemente, essa vivência gerada por uma situação instantânea ocasional não terá nenhuma chance de adquirir força e influência sociais posteriores.

Essas vivências compõem a camada mais inferior, fluida e rapidamente mutável da ideologia do cotidiano. Por conseguinte, a essa camada pertencem todas aquelas vivências vagas, pouco desenvolvidas, que relampejam na nossa alma, bem como pensamentos e palavras ocasionais e vazios. Todos eles são embriões de orientações sociais, inaptos à vida, romances sem personagem e discursos sem auditório. Eles são privados de qualquer lógica e unidade. É extremamente difícil perceber uma lei sociológica nesses retalhos ideológicos. Na camada inferior da ideologia do cotidiano é possível captar apenas a lei estática; somente uma grande massa de produtos desse gênero revela as linhas gerais da lei socioeconômica. Evidentemente é impossível revelar de modo prático as premissas socioeconômicas de uma vivência ou expressão isolada e ocasional.

Já as camadas superiores da ideologia do cotidiano, aquelas que se encontram em contato direto com os sistemas ideológicos, são mais substanciais, responsáveis e possuem um caráter criativo. Elas são muito mais ativas e sensíveis do que a ideologia formada; são capazes de transmitir as mudanças da base socioeconômica com mais rapidez e clareza. É justamente aqui que se acumulam as energias criativas responsáveis pelas transformações parciais ou radicais dos sistemas ideológicos. Antes de conquistar seu espaço na ideologia oficial organizada, as novas forças sociais emergentes primeiramente encontram expressão e acabamento ideológicos nas camadas superiores da ideologia do cotidiano. É claro, no processo de luta, no processo de penetração gradual nas formações ideológicas (na imprensa, na literatura, na ciência), essas novas tendências da ideologia do cotidiano, por mais revolucionárias que sejam, sofrem a influência de sistemas ideológicos já formados, assimilando parcialmente as formas acumuladas, as práticas e as abordagens ideológicas.

Aquilo que é normalmente chamado de "individualidade criativa" expressa a linha fundamental, firme e constante da orientação social de um homem. Acima de tudo, ela é constituída pelas camadas superiores e mais acabadas do discurso interior (da ideologia do cotidiano), cujas imagens e entonações passaram pelo estágio de expressão, isto é, por uma espécie de teste com a expressão. Desse modo, trata-se aqui de palavras, entonações, gestos intraverbais, que passaram pela experiência da expressão exterior em uma escala social maior ou menor, que foram por assim dizer socialmente bastante amoldados e polidos pelas reações e réplicas, pela reprovação ou apoio do auditório social.

É óbvio que, nas camadas inferiores da ideologia do cotidiano, o fator biobiográfico desempenha um papel essencial; porém, à medida que o enunciado se insere em um sistema ideológico, a sua importância torna-se cada vez menor. Consequentemente, se nas camadas inferiores da vivência e expressão (do enunciado) as explicações biobiográficas podem possuir algum valor, nas camadas superiores o seu papel é extremamente modesto. O método sociológico objetivo tem aqui uma soberania total.

Em síntese, a teoria da expressão que fundamenta o subjetivismo individualista deve ser dispensada por nós. *O centro organizador de qualquer enunciado, de qualquer expressão não está no interior, mas no exterior: no meio social que circunda o indivíduo*. Somente um grito animal inarticulado é de fato organizado a partir do interior, do aparelho fisiológico de um indivíduo. Ele é pura reação fisiológica, sem nenhum acréscimo ideológico. No entanto, o enunciado humano mais primitivo, pronunciado por um organismo, é organizado fora dele do ponto de vista do seu conteúdo, sentido e significação: nas condições extraorgânicas do meio social. O enunciado como tal é inteiramente um produto da interação social, tanto a mais próxima, determinada pela situação da fala, quanto a mais distante, definida por todo o conjunto das condições dessa coletividade falante.

Ao contrário do que diz a doutrina do objetivismo abstrato, o enunciado singular (*parole*) de modo algum é um fato individual que, devido a sua individualidade, não pode ser submetido a uma análise sociológica. Se fosse assim, a soma desses atos individuais, bem como seus aspectos abstratos ("as formas normativas-idênticas") não poderiam gerar nenhum produto social.

O subjetivismo individualista *tem razão* ao defender que os enunciados singulares são de fato a realidade concreta da língua e possuem nela uma significação criativa.

No entanto, o subjetivismo individualista *não tem razão* em ignorar e não compreender a natureza social do enunciado, tentando deduzi-lo como uma expressão do mundo interior do falante. A estrutura do enunciado, bem como da própria vivência expressa, é uma *estrutura social*. O acabamento estilístico do enunciado — o acabamento social e o próprio fluxo discursivo dos enunciados que de fato representa a realidade da língua — é um fluxo social. Cada gota nele é social, assim como toda a dinâmica da sua formação.

O subjetivismo individualista *tem absoluta razão* ao afirmar que é impossível separar a forma linguística do seu conteúdo ideológico. Toda palavra é ideológica, assim como cada uso da língua implica mudanças ideológicas. O subjetivismo individualista, no entanto, *não tem razão* em deduzir o conteúdo ideológico da palavra das condições do psiquismo individual.

O subjetivismo individualista *tampouco tem razão* ao partir, assim como o objetivismo abstrato, principalmente do enunciado monológico. É verdade que alguns vosslerianos estão começando a abordar o problema do diálogo e, por conseguinte, vêm se aproximando da compreensão mais correta da interação discursiva. Nesse sentido é extremamente característico o livro de Leo Spitzer já citado, *Italienische Umgangsschprache* [*Linguagem coloquial italiana*], onde foram feitas tentativas de analisar as formas da linguagem coloquial italiana em ligação estreita com as condições da fala e principalmente com a posição do interlocutor.[56] Não obstante, o método de Leo Spitzer é descritivo-psicológico. Ele não tira as devidas conclusões sociológicas da sua análise. Portanto, para os vosslerianos, o enunciado monológico permanece como uma realidade fundamental.

O problema da interação discursiva foi colocado com extrema clareza por Ottmar Dittrich.[57] Ele parte da crítica da teoria do enunciado como expressão. Para o autor, a função principal da língua não é a expressão, mas a *mensagem*. Isso o leva a considerar o papel do ouvinte. De acordo com Dittrich, *dois participantes* (o falante e o ouvinte) são a condição mínima de um fenômeno linguístico. No entanto, as premissas psicológicas gerais de Dittrich são as mesmas do subjetivismo individualista. Além disso, os estudos de Dittrich carecem de uma base sociológica definida.

Agora podemos dar uma resposta às questões por nós colocadas no início do primeiro capítulo desta parte. *A realidade efetiva da linguagem não é o sistema abstrato de formas linguísticas nem o enunciado monológico isolado, tampouco o ato psicofisiológico de sua realização, mas o acon-

---

[56] A própria composição do livro, dividido em quatro capítulos, é bastante característica. Eis os seus títulos: I. Eröffnungsformen des Gesprächs. II. Sprecher und Hörer; a) Höflichkeit (Rücksicht auf den Partner). b) Sparsamkeit und Verschwendung im Ausdruck; c) Ineinandergreifen von Rede und Gegenrede. III. Sprecher und Situation. IV. Der Abschluss des Gesprächs [I. Formas de introdução do diálogo. II. Locutor e interlocutor: a) Consideração pelo parceiro; b) Economia e desperdício na expressão; c) Imbricação de fala e réplica. III. Locutor e situação. IV. Conclusão do diálogo]. O precursor de Spitzer no estudo da linguagem coloquial nas condições da fala real foi Hermann Wunderlich. Confira seu livro: *Unsere Umgangsschprache* [*Nossa linguagem coloquial*] (1894).

[57] Cf. *Die Probleme der Sprachpsychologie* [*Problemas da psicologia da linguagem*] (1913).

tecimento social da interação discursiva que ocorre por meio de um ou de vários enunciados. Desse modo, a interação discursiva é a realidade fundamental da língua.

Obviamente, o diálogo, no sentido estrito da palavra, é somente uma das formas da interação discursiva, apesar de ser a mais importante. No entanto, o diálogo pode ser compreendido de modo mais amplo não apenas como a comunicação direta em voz alta entre pessoas face a face, mas como qualquer comunicação discursiva, independentemente do tipo. Um livro, ou seja, *um discurso verbal impresso* também é um elemento da comunicação discursiva. Esse discurso é debatido em um diálogo direto e vivo, e, além disso, é orientado para uma percepção ativa: uma análise minuciosa e uma réplica interior, bem como uma reação organizada, também impressa, sob formas diversas elaboradas em dada esfera da comunicação discursiva (resenhas, trabalhos críticos, textos que exercem influência determinante sobre trabalhos posteriores etc.). Além disso, esse discurso verbal[58] é inevitavelmente orientado para discursos anteriores tanto do próprio autor quanto de outros, realizados na mesma esfera, e esse discurso verbal parte de determinada situação de um problema científico ou de um estilo literário. Desse modo, o discurso verbal impresso participa de uma espécie de discussão ideológica em grande escala: responde, refuta ou confirma algo, antecipa as respostas e críticas possíveis, busca apoio e assim por diante.

Todo enunciado, por mais significativo e acabado que seja, é apenas um momento da comunicação discursiva ininterrupta (cotidiana, literária, científica, política). No entanto, essa comunicação discursiva ininterrupta é, por sua vez, apenas um momento da *constituição* ininterrupta e multila-

[58] A expressão *rietchevóie vistupliénie* já apareceu no capítulo anterior como sinônimo de "enunciado". (N. da T.)

teral de uma dada coletividade social. Disso surge um problema importante: o estudo do elo entre a interação concreta e a situação extraverbal mais próxima e, por meio desta, a situação mais ampla. As formas desse elo são diversas e cada uma delas condiciona as diferentes significações que as situações adquirem em momentos variados (por exemplo, esses elos variam em conformidade com cada um dos momentos das situações da comunicação artística ou científica). *A comunicação discursiva nunca poderá ser compreendida nem explicada fora dessa ligação com a situação concreta.* A comunicação verbal está diretamente relacionada às comunicações de outros tipos, por terem surgido no terreno comum da comunicação produtiva. Obviamente, não se pode separar a palavra dessa comunicação unificada em eterna formação. Nessa sua relação concreta com a situação, a comunicação verbal é sempre acompanhada por atos sociais de caráter não discursivo (atos do trabalho, atos simbólicos de um rito ou de uma cerimônia e assim por diante), dos quais ela é frequentemente apenas um complemento, desempenhando um mero papel auxiliar. *A língua vive e se forma no plano histórico justamente aqui, na comunicação discursiva concreta, e não no sistema abstrato das formas da língua nem no psiquismo individual dos falantes.*

Disso decorre que a ordem metodologicamente fundamentada para o estudo da língua deve ser a seguinte: 1) formas e tipos de interação discursiva em sua relação com as condições concretas; 2) formas dos enunciados ou discursos verbais singulares em relação estreita com a interação da qual são parte, isto é, os gêneros dos discursos verbais determinados pela interação discursiva na vida e na criação ideológica; 3) partindo disso, revisão das formas da língua em sua concepção linguística habitual.

A evolução real da língua também ocorre na mesma ordem: *a comunicação social se forma* (fundamentada na base), *nela se criam a comunicação e a interação verbal e nessa úl-*

tima se constituem as formas dos discursos verbais e, por fim, *essa formação se reflete na mudança das formas da língua.*

A partir de tudo o que foi dito, evidencia-se a extrema importância do problema das formas do enunciado como uma *totalidade*. Já havíamos apontado que a linguística moderna carece de uma abordagem do próprio enunciado. A sua análise não vai além dos seus elementos. Entretanto, os enunciados são as unidades reais do fluxo da linguagem. Não obstante, justamente para estudar as formas dessa unidade real, não se pode isolá-la do fluxo histórico dos enunciados. O enunciado em sua totalidade se realiza apenas no fluxo da comunicação discursiva. A totalidade é determinada pelas fronteiras que se encontram na linha de contato desse enunciado com o meio extraverbal e verbal (isto é, com outros enunciados).

O problema da totalidade se encontra na primeira e na última palavra, no início e no fim do enunciado cotidiano. O processo do discurso, compreendido de modo amplo como um processo da vida discursiva exterior e interior, é ininterrupto e não conhece nem início nem fim. O enunciado exterior atualizado é uma ilha que se ergue do oceano infinito do discurso interior; o tamanho e as formas dessa ilha são determinados pela *situação* do enunciado e pelo seu *auditório*. A situação e o auditório forçam o discurso interior a atualizar-se em uma expressão exterior determinada e diretamente inserida no contexto cotidiano não enunciado, que é completado pela ação, ato ou resposta verbal dos outros participantes do enunciado. Uma pergunta acabada, uma exclamação, uma ordem, um pedido são as totalidades típicas dos enunciados cotidianos. Todas elas (principalmente a ordem e o pedido) exigem um complemento extraverbal, assim como um início extraverbal. O próprio tipo de acabamento desses pequenos *gêneros* cotidianos é determinado pelo atrito da palavra com o meio extraverbal e pelo atrito da palavra com a palavra alheia (das outras pessoas). Assim, a forma de uma ordem é determinada por aqueles obstáculos que ela pode encontrar, pelo grau de submissão etc. O acabamento do gênero corresponde aqui às particularidades ocasionais e singulares das situações cotidianas. Só é possível falar sobre determinados tipos de acabamento do gênero na fala cotidiana quando ocorrem formas de comunicação cotidiana que sejam ao menos um pouco mais estáveis, fixadas pelo cotidiano e pelas circunstâncias. Por exemplo, um tipo totalmente específico de acabamento de gênero formou-se no bate-papo de salão leve e sem quaisquer obrigações, onde todos se conhecem e onde a principal diferenciação no público (auditório) é a distinção entre homens e mulheres. Aqui são elaboradas formas específicas da palavra: alusão, insinuação, reminiscência de pequenas histórias sabidamente levianas etc. Um outro tipo de acabamento é elaborado em conversas entre marido e mulher, irmão e irmã. De modo completamente diferente, são iniciadas, finalizadas e construídas as afirmações e réplicas dos tipos mais variados de pessoas que se reúnem ocasionalmente na fila, em uma instituição ou em qualquer outro lugar. Também possuem seus tipos os bate-papos de vizinhos em povoados, as festas urbanas, as conversas informais entre trabalhadores no horário do almoço e assim por diante. Cada situação cotidiana recorrente possui uma determinada organização do auditório e portanto um determinado repertório de pequenos gêneros cotidianos. Em todo lugar, o gênero cotidiano se insere em uma determinada via da comunicação social, sendo um reflexo ideológico do seu tipo, estrutura, objetivo e composição social. O gênero cotidiano é uma parte do ambiente social: da festa, do lazer, da conversa na sala de visitas, na oficina etc. Ele entra em contato com esse ambiente, que o limita e define em todos os seus aspectos interiores.

Já os processos de trabalho industrial e de comunicação nos negócios possuem outros tipos de construção dos enunciados.

No que se refere às formas de comunicação ideológica no sentido estrito da palavra — os discursos e atos políticos, as leis, as fórmulas, as declarações e outros do gênero, as formas dos enunciados poéticos, os tratados científicos e assim por diante — elas foram especialmente estudadas na retórica e na poética, porém, como já havíamos dito, esses estudos ignoram totalmente, por um lado, o problema da língua e, por outro, os problemas da comunicação social.[59]

A análise produtiva das formas da totalidade dos enunciados como unidades reais do fluxo discursivo só é possível ao reconhecer cada um dos enunciados como um fenômeno puramente sociológico. A filosofia marxista da linguagem deve se fundamentar no enunciado concebido como um fenômeno real da linguagem e como uma estrutura socio-ideológica.

Depois de mostrar a estrutura sociológica do enunciado voltaremos a abordar as duas tendências do pensamento filosófico-linguístico e tiraremos as conclusões finais.

A linguista moscovita Rozália Chor,[60] que pertence à segunda tendência do pensamento filosófico-linguístico (o objetivismo abstrato), finaliza o seu breve panorama da situação da linguística contemporânea com as seguintes palavras:

> "'A língua não é um objeto (ἔργον), mas uma atividade essencial e natural do homem (ενέργεια)', disse a linguística romântica do século XIX. A lin-

---

[59] Confira o nosso trabalho "Slovo v jízni i slovo v poézi" ["A palavra na vida e a palavra na poesia"] (*Zvezdá*, nº 6, Guiz, 1926), dedicado ao estudo da obra poética que desconsidera as condições da comunicação artística, resultando em sua coisificação.

[60] Na primeira edição do livro (1929), o nome desta linguista apareceu como se fosse masculino, erro corrigido na segunda edição, de 1930. (N. da T.)

guística teórica moderna pensa diferente: 'A língua não é uma atividade individual (ἐνέργεια), mas o patrimônio cultural e histórico da humanidade (ἔργον)'."[61]

Essa conclusão surpreende pela sua unilateralidade e tendenciosidade. Ela é totalmente errônea do ponto de vista factual. Pois a linguística teórica moderna conta também com a escola de Vossler, um dos movimentos mais poderosos do pensamento linguístico na Alemanha. É inaceitável identificar a linguística moderna apenas com uma de suas tendências.

Do ponto de vista teórico, tanto a tese quanto a antítese elaboradas por Rozália Chor devem ser igualmente rejeitadas, por serem igualmente inadequadas à natureza real da língua.

Finalizando, tentaremos formular em poucas teses o nosso ponto de vista:

1) *A língua como um sistema estável de formas normativas idênticas é somente uma abstração científica*, produtiva apenas diante de determinados objetivos práticos e teóricos. Essa abstração não é adequada à realidade concreta da língua.

2) *A língua é um processo ininterrupto de formação, realizado por meio da interação sociodiscursiva dos falantes.*

3) *As leis da formação da língua não são de modo algum individuais e psicológicas, tampouco podem ser isoladas da atividade dos indivíduos falantes.* As leis da formação da língua são leis *sociológicas* em sua essência.

4) *A criação da língua não coincide com a criação artística ou com qualquer outra criação especificamente ideológica.* No entanto, ao mesmo tempo, a criação linguística não

---

[61] Trata-se do artigo de Rozália Chor, "Krízis sovremiénnoi lingvístiki" ["Crise da linguística contemporânea"], *Iafetítcheski Sbórnik*, nº 5, Leningrado, 1927, p. 71.

pode ser compreendida sem considerar os sentidos e os valores ideológicos que a constituem. A formação da língua, como qualquer formação histórica, pode ser percebida como uma necessidade mecânica cega, porém também pode ser uma "necessidade livre" ao se tornar consciente e voluntária.

5) *A estrutura do enunciado é uma estrutura puramente social.* O enunciado, como tal, existe entre os falantes. O ato discursivo individual (no sentido estrito da palavra "individual") é um *contradictio in adjecto*.

4
Tema e significação[62] na língua

Tema e significação. O problema da percepção ativa. Avaliação e significação. A dialética da significação.

O problema da significação é um dos mais difíceis da linguística. À medida que esse problema é solucionado, o monologismo unilateral da linguística se revela de modo especialmente claro. A teoria da compreensão passiva não abre a possibilidade de uma aproximação às especificidades mais fundamentais e essenciais da significação linguística.

Em razão dos limites de nosso trabalho, necessitaremos nos restringir somente a uma análise muito breve e superficial dessa questão. Tentaremos apontar apenas as linhas fundamentais de seu estudo produtivo.

Uma significação única e determinada, isto é, um sentido único pertence a qualquer enunciado *como uma totalidade*. O sentido da totalidade do enunciado será chamado de

---

[62] Como foi dito, quando Volóchinov trata diretamente do signo saussuriano, emprega o termo *znatchiénie* para se referir ao "significado" do signo, uma vez que o *Curso de linguística geral* ainda não tinha sido traduzido. Outro aspecto a ser considerado é que a palavra *znatchiénie* é a mesma empregada pelo filósofo russo Gustav Chpiet, com quem Volóchinov dialoga explicitamente no final deste capítulo a respeito da ruptura entre a significação objetual e a avaliação. (N. da T.)

seu *tema*.[63] O tema deve ser único, caso contrário não teremos nenhum fundamento para falar sobre um enunciado. Em sua essência, o tema deste é individual e irrepetível como o próprio enunciado. Ele expressa a situação histórica concreta que gerou o enunciado. O enunciado "Que horas são?" tem uma significação diferente a cada vez que ele é pronunciado e, consequentemente, em nossa terminologia, tem um tema diferente, a depender da situação histórica concreta (histórica em uma dimensão microscópica) na qual é pronunciado e à qual pertence em essência.

Por conseguinte, o tema do enunciado é definido não apenas pelas formas linguísticas que o constituem — palavras, formas morfológicas e sintáticas, sons, entonação —, mas também pelos aspectos extraverbais da situação. Sem esses aspectos situacionais, o enunciado torna-se incompreensível, assim como aconteceria se ele estivesse desprovido de suas palavras mais importantes. O tema do enunciado é tão concreto quanto o momento histórico ao qual ele pertence. *O enunciado só possui um tema ao ser considerado um fenômeno histórico em toda a sua plenitude concreta*. É isso que constitui o tema do enunciado.

Entretanto, não seríamos bons dialéticos se tivéssemos nos limitado à originalidade e singularidade histórica de cada enunciado concreto e de seu tema. Juntamente com o tema, ou melhor, dentro dele, o enunciado possui também a *significação*. Ao contrário do tema, entendemos a significação como aqueles aspectos do enunciado que são *repetíveis e idênticos a si mesmos* em todas as ocorrências. É claro, em sua forma convencional isolada esses aspectos são abstratos e não possuem uma existência independente concreta, mas,

---

[63] Obviamente essa designação é convencional. Aqui o tema abarca até mesmo sua realização, por isso não se deve confundir nosso conceito com o tema na obra literária. O conceito mais próximo dele é o de "unidade temática".

ao mesmo tempo, são parte inseparável e necessária do enunciado. O tema do enunciado é essencialmente indivisível. De modo diferente, a significação se decompõe em uma série de significações em conformidade com os elementos linguísticos do enunciado. O tema do enunciado "Que horas são?" é singular e, tomado em uma ligação estreita com a situação histórica concreta, não pode ser subdividido em seus elementos linguísticos. Obviamente, a significação do enunciado "Que horas são?" é a mesma em todas as situações históricas em que é proferido, sendo composta pelas significações das palavras, das formas da sua ligação morfológica e sintática, da entonação interrogativa etc.

O tema é *um complexo sistema dinâmico de signos que tenta se adequar ao momento concreto da formação*. O tema é *uma reação da consciência em constituição à formação da existência*. A significação é *um artefato técnico de realização do tema*. Evidentemente, é impossível traçar um limite absoluto e mecânico entre o tema e a significação. Não há tema sem significação, como não há significação sem tema. Mais do que isso, não é possível nem mostrar a significação de alguma palavra isolada (por exemplo, no processo de ensino de uma língua estrangeira a outra pessoa) sem torná-la um elemento do tema, isto é, sem construir um enunciado — "exemplo". Por outro lado, o tema deve apoiar-se em alguma significação estável, caso contrário ele perderá a sua conexão com aquilo que veio antes e que veio depois, ou seja, perderá totalmente o seu sentido.

O estudo das línguas dos povos primitivos e a paleontologia moderna das significações chegam à conclusão da existência do assim chamado caráter composto do pensamento primitivo. O homem primitivo usava uma mesma palavra para designar os mais variados fenômenos, que, do nosso ponto de vista, não têm nenhuma correlação entre si. Mais do que isso, a mesma palavra podia designar conceitos totalmente opostos, como acima e abaixo; terra e céu; bem e mal e assim por diante. Como disse o acadêmico N. Ia. Marr: "Basta dizer que a paleontologia moderna da língua possibilita com que cheguemos, em seu estudo, à época em que a tribo tinha apenas uma palavra para ser usada em todos os sentidos que a humanidade conhece".[64]

Contudo, podem nos perguntar: essa palavra omnissignificante era de fato uma palavra? Sim, só podia ter sido uma palavra. Por outro lado, se algum conjunto sonoro tivesse uma significação inerte e constante, esse conjunto não seria uma palavra, nem um signo, mas apenas um sinal.[65] *A pluralidade de significações é uma propriedade constitutiva da palavra*. A respeito da palavra omnissignificante abordada por N. Ia. Marr podemos dizer o seguinte: *essa palavra, em essência, quase não possui significação; ela é inteiramente tema*. A sua significação é inseparável da situação concreta de sua realização. Essa significação altera-se em conformidade com a mudança da situação. Nesse caso, o tema consome, dissolve em si a significação, não deixando que se estabilize nem se solidifique, um pouco que seja. No entanto, à medida que a língua se desenvolve e se amplia a reserva dos conjuntos sonoros, as significações começam a solidificar-se, em consonância com as linhas gerais e mais recorrentes da vida da coletividade que definem o uso temático das diferentes palavras.

Conforme já foi tratado, uma vez que o tema pertence somente à totalidade do enunciado, uma palavra isolada só

---

[64] *Po etápam iafetítcheskoi teóri* [*As etapas da teoria jafética*], p. 278.

[65] Isso evidencia o fato de que até aquela palavra primitiva da qual fala N. Ia. Marr não se parece em nada com o sinal ao qual alguns tentam reduzir a língua, pois aquele sinal que designa tudo é o menos capaz de realizar a função de sinal. O sinal é muito pouco adaptável às condições cambiantes da situação e, em essência, a sua mudança resulta na alteração de um sinal por outro.

adquire um tema na medida em que figurar na qualidade de um enunciado completo. Assim, por exemplo, a palavra omnissignificante de N. Ia. Marr sempre figura na qualidade de um todo (é por isso que ela não possui significações estáveis). Já a significação pertence a um elemento e ao conjunto dos elementos em sua relação com o todo. É claro, se abstraímos totalmente a relação com o todo (isto é, com o enunciado), perderemos por completo a significação. É por isso que não se pode traçar um limite rígido entre o tema e a significação.

O mais correto seria formular a relação entre o tema e a significação do seguinte modo. O tema é o *limite superior, real, do significar linguístico*; em essência, apenas o tema designa algo determinado. A significação é o limite inferior do significar linguístico. Na realidade, a significação nada significa, mas possui apenas uma potência, uma possibilidade de significação dentro de um tema concreto. O estudo da significação de um elemento linguístico, de acordo com a definição dada por nós, pode se desenvolver em duas direções: em direção ao limite superior, ao tema — porém, nesse caso teremos o estudo da significação contextual da palavra nas condições de um enunciado concreto; ou ele pode tender ao limite inferior, ao limite da significação. Neste caso, será o estudo da significação da palavra no sistema da língua, ou, em outros termos, da palavra dicionarizada.

A diferença entre tema e significação e a correta compreensão das suas relações são de extrema importância para se formar a verdadeira ciência sobre as significações. Até o momento, a importância disso não foi compreendida em absoluto. A diferença entre a significação *usual* e a *ocasional* da palavra, entre significação principal e secundária, entre significação e cossignificação, e assim por diante, é totalmente insatisfatória. A principal tendência em que se baseia esse tipo de diferenciação — a de atribuir o maior valor ao aspecto principal, usual da significação compreendido como realmente existente e estável — é totalmente errônea. Além disso, o tema, que obviamente de modo algum pode ser reduzido à significação ocasional e secundária das palavras, permanece incompreendido.

A diferença entre o tema e a significação torna-se especialmente clara em relação ao *problema da compreensão*, que abordaremos brevemente a seguir.

Já havíamos abordado o tipo filológico de compreensão passiva em que a resposta é excluída de antemão. Toda verdadeira compreensão é ativa e possui um embrião de resposta. Apenas a compreensão ativa é capaz de dominar o tema, pois um processo de formação só pode ser apreendido com a ajuda de outro processo também de formação.

Compreender um enunciado alheio significa orientar-se em relação a ele, encontrar para ele um lugar devido no contexto correspondente. Em cada palavra de um enunciado compreendido, acrescentamos como que uma camada de nossas palavras responsivas. Quanto maior for o seu número, quanto mais essenciais elas forem, tanto mais profunda e essencial será a compreensão.

Desse modo, cada elemento semântico isolável do enunciado, assim como o enunciado em sua totalidade, é traduzido por nós para outro contexto ativo e responsivo. *Toda compreensão é dialógica.* A compreensão opõe-se ao enunciado, assim como uma réplica opõe-se a outra no diálogo. A compreensão busca uma *contrapalavra* à palavra do falante. Apenas a compreensão de uma palavra estrangeira busca "exatamente a mesma" palavra em sua língua.

Por isso não se pode falar que a significação pertence à palavra como tal. Em sua essência, ela pertence à palavra localizada entre os falantes, ou seja, ela se realiza apenas no processo de uma compreensão ativa e responsiva. A significação não está na palavra, nem na alma do falante, nem na alma do ouvinte. A significação é *um efeito da interação entre o falante e o ouvinte no material de um dado conjunto sonoro*. É uma faísca elétrica surgida apenas durante o contato de dois polos opostos. Quem ignora o tema, acessível apenas a uma compreensão ativa e responsiva, e tenta, na definição da significação da palavra, aproximar-se ao seu limite inferior, estável e idêntico, na verdade quer acender uma lâmpada desligando-a da corrente elétrica. Apenas a corrente da comunicação discursiva atribui à palavra a luz da sua significação.

Agora, abordaremos um dos problemas mais importantes da ciência das significações: o problema da *inter-relação entre avaliação e significação*.

Qualquer palavra realmente dita não possui apenas um tema e uma significação no sentido objetivo, conteudístico dessas palavras, mas também uma *avaliação*, pois todos os conteúdos objetivos existem na fala viva, são ditos ou escritos em relação a certa ênfase valorativa. Sem uma ênfase valorativa não há palavra. O que então seria a ênfase e qual seria a sua relação com o aspecto objetivo da significação?

A camada mais evidente, mas ao mesmo tempo mais superficial, da avaliação social contida na palavra é transmitida com a ajuda da *entonação expressiva*. Na maioria dos casos a entonação é definida pela situação mais próxima, e muitas vezes pelas suas circunstâncias efêmeras. No entanto, a entonação pode ser mais essencial. Vejamos um caso clássico de entonação na fala cotidiana. Dostoiévski narra em *Diário de um escritor*:

> "Um dia, num domingo, já perto de anoitecer, fui obrigado a dar uns quinze passos com uma turma de meia dúzia de artesãos bêbados e, nesse momento, convenci-me de que é possível expressar quaisquer pensamentos, quaisquer sensações e até mesmo as reflexões mais profundas apenas com o uso deste substantivo, que, além de tudo, não é po-

lissilábico. [Trata-se de uma palavra obscena muito comum — Valentin Volóchinov.] Então, um rapaz pronuncia, intenso e enérgico, o tal substantivo para expressar uma negação, cheia de desdém, a algo que havia sido discutido antes. Em resposta, o segundo rapaz repete o mesmo substantivo, mas usando outro tom e sentido — o de dúvida quanto à veracidade da negação do primeiro. O terceiro rapaz, indignado contra o primeiro, intromete-se na conversa, intenso e excitado, e grita para ele aquele mesmo substantivo, mas já com um tom de repreensão e injúria. O segundo rapaz se intromete de novo, indignado contra o terceiro, contra o ofensor, e o interrompe como se dissesse algo assim: 'Por que foi meter o bedelho aqui? A gente estava discutindo com tranquilidade, e de repente surge você do nada e começa a xingar o Filka!'. E ele expressa todo esse pensamento com aquela mesma palavra proibida, com aquele mesmo nome monossilábico de certo objeto, talvez apenas erguendo o braço e tomando o terceiro rapaz pelo ombro. Mas, de repente, um quarto rapaz, o mais jovenzinho do grupo, até agora em silêncio, provavelmente depois de descobrir uma solução para o problema que originou toda a discussão, levanta a mão em êxtase e grita... talvez 'eureca'? É o que senhores acham? 'Descobri, descobri!'? Não, nada de 'eureca' ou de 'descobri'; ele apenas repetiu aquele mesmo substantivo não dicionarizado, apenas uma palavra, mas com entusiasmo e num ganido bem alto e, pelo visto, alto demais, pois, para o sexto rapaz, o carrancudo e o mais velho, isso não soou nada bem, e ele, num relance, refreou aquele entusiasmo infantil, voltando-se para o rapazinho e repetindo num tom grave, moralizador e carrancudo... o mesmo substantivo que não pode ser dito diante das damas e que, contudo, trazia um significado claro e preciso: 'Pra que está berrando, gastando a garganta desse jeito?!'. Assim, sem pronunciar nenhum outro termo, eles repetiram sua palavrinha predileta seis vezes seguidas, uma atrás da outra, e compreenderam plenamente um ao outro. Esse fato foi testemunhado por mim."[66]

Todos os seis "discursos verbais" dos operários são diferentes, apesar de consistirem na mesma palavra. Em essência, essa palavra é apenas um apoio para a entonação. A conversa aqui é realizada por meio de entonações que expressam as avaliações dos falantes. Essas avaliações, bem como as entonações correspondentes, ficam inteiramente determinadas na situação social mais próxima da conversa, e é por isso que elas não precisam de nenhuma referência concreta. Na fala cotidiana, a entonação costuma ter uma significação totalmente independente da sua composição semântica. O material entonacional interior acumulado tem vazão com frequência em construções linguísticas completamente impróprias para essa entonação. Nesse caso, a entonação não penetra na significação intelectual e objeto-material da construção. Manifestamos o nosso sentimento entoando expressiva e profundamente uma palavra eventual que às vezes é uma interjeição vazia ou um advérbio. Quase todo mundo tem sua interjeição ou advérbio preferido ou às vezes uma palavra com conteúdo semântico pleno que costuma usar para uma solução puramente entonacional de situações e emoções cotidianas insignificantes, e às vezes até importantes. Como escapes entonacionais desse tipo podem servir as expressões do gê-

---

[66] Fiódor Dostoiévski, "Pequenos retratos", em *Diário de um escritor (1873): meia carta de um sujeito*, tradução de Moissei Mountian e Daniela Mountian, São Paulo, Hedra, 2016, p. 203. (N. da T.)

nero: "pois é, pois é", "uhn-uhn", "eh-eh", "ahn-ahn"[67] e assim por diante. O que chama a atenção é que essas palavras muitas vezes são duplicadas, ou seja, a imagem sonora é prolongada de modo artificial com o objetivo de esgotar completamente a entonação acumulada. Obviamente, a mesma palavra preferida é pronunciada com uma enorme variedade de entonações a depender das diferentes situações e emoções cotidianas.

Em todos esses casos, o tema próprio a todo enunciado (pois mesmo no caso dos seis operários cada um dos enunciados possui seu tema específico) se realiza integralmente apenas por meio da entonação expressiva, sem a ajuda da significação das palavras e das relações gramaticais. Essa avaliação, bem como a entonação correspondente, não pode extrapolar os limites estreitos da situação mais próxima e do pequeno mundinho social íntimo. De fato, essa avaliação pode ser chamada apenas de um fenômeno secundário e adicional das significações linguísticas.

Entretanto, nem todas as avaliações são assim. A avaliação social tem uma enorme importância, mesmo em um enunciado com um sentido mais amplo e apoiado em um vasto auditório social. Apesar de essa avaliação não ser expressa adequadamente por meio de uma entonação, ela determinará a escolha e a ordem de todos os principais elementos significantes do enunciado. Não existe um enunciado sem avaliação. Todo enunciado é antes de tudo uma *orientação avaliativa*. Por isso, em um enunciado vivo, cada elemento não só significa mas também avalia. Apenas um elemento abstrato, percebido no sistema da língua e não na estrutura do enunciado, aparece privado de avaliação. Foi justamente a orientação para o sistema linguístico abstrato que fez com que a maioria dos linguistas isolasse a avaliação da significa-

---

[67] Em russo, respectivamente: *tak-tak*, *da-da*, *vot-vot*, *nu-nu*. (N. da T.)

ção, considerando-a um elemento secundário da significação, uma expressão da opinião individual do falante sobre o objeto da fala.[68] Na bibliografia russa, Gustav Chpiet aborda a avaliação como *cossignificação* da palavra. Ele separa claramente a significação objetiva e a cossignificação avaliativa, colocando-as em diferentes esferas da realidade. Essa ruptura entre a significação objetual e a avaliação é totalmente inadmissível e baseia-se na ignorância das funções mais profundas que a avaliação desempenha na fala. A significação objetual é formada pela avaliação, pois é ela que determina a inserção dessa significação objetual tanto no horizonte mais próximo quanto no mais amplo dos falantes desse grupo social. Além disso, a avaliação possui um papel criativo nas mudanças das significações. Na verdade, a mudança da significação sempre é uma *reavaliação*: a transferência da palavra de um contexto valorativo para outro. A palavra ou é elevada a uma potência superior, ou é degradada a uma inferior. A separação entre a significação da palavra e a avaliação resulta inevitavelmente no fato de que uma significação, privada de um lugar na constituição social viva (em que ela é sempre repleta de avaliação), é ontologizada, transformando-se em uma existência ideal e abstraída da formação histórica.

A consideração da avaliação social é necessária justamente para compreender a formação histórica do tema e das significações que o realizam. A formação do sentido na língua está sempre relacionada com a formação do horizonte valorativo do grupo social, e, por sua vez, essa formação, compreendida como um conjunto de tudo que possui signi-

---

[68] Anton Marty, que fez uma análise mais elaborada e detalhada das significações de palavras, assim define a avaliação. Cf. A. Marty, *Untersuchungen zur Grundlegung der allgemeinen Grammatik und Sprachphilosophie* [*Investigações para o estabelecimento da gramática e da filosofia da linguagem gerais*] (Halle, 1908).

ficação ou importância para o grupo, é determinada inteiramente pela ampliação da base econômica. Em decorrência da ampliação da base, amplia-se significativamente o horizonte da existência acessível, compreensível e essencial para o homem. O criador de gado primitivo não se interessa por quase nada e quase nada o afeta. O homem do fim da época capitalista se interessa por quase tudo, começando pelas regiões da terra mais remotas e terminando pelas estrelas mais distantes. Essa ampliação do horizonte valorativo se realiza de forma dialética. Os novos aspectos da existência que passam a integrar o horizonte de interesses sociais e que são abordados pela palavra e pelo *pathos*[69] humano não esquecem dos elementos da existência integrados anteriormente, mas entram em embate com eles, reavaliando-os, alterando o seu lugar na unidade do horizonte valorativo. Essa formação dialética se reflete na constituição dos sentidos linguísticos. Um sentido novo se revela em um antigo e por meio dele, mas com o objetivo de entrar em oposição e o reconstruir.

Isso resulta em um embate incessante de ênfases em cada elemento semântico da existência. Na composição do sentido não há nada que esteja acima da formação e independente da ampliação dialética do horizonte social. A sociedade em formação amplia a sua percepção da existência em formação. Nesse processo não pode haver nada de absolutamente estável. Por isso, a significação — elemento abstrato e idêntico a si — é absorvida pelo tema e dilacerada por seus conflitos vivos, para depois voltar como uma nova significação com a mesma estabilidade e identidade transitórias.

---

[69] Palavra grega, muito usada em textos russos para designar ênfase, emoção, paixão. (N. da T.)

Parte III

Para uma história das formas do enunciado nas construções da língua (experiência de aplicação do método sociológico aos problemas sintáticos)

1
A teoria do enunciado e os problemas de sintaxe

A importância dos problemas sintáticos. As categorias sintáticas e o enunciado como um todo. O problema dos parágrafos. O problema das formas de transmissão do discurso alheio.

No terreno dos princípios e métodos tradicionais da linguística e principalmente no terreno do objetivismo abstrato, em que esses métodos e princípios encontraram uma expressão mais clara e consequente, não existe uma abordagem produtiva dos problemas de sintaxe. Todas as principais categorias do pensamento linguístico moderno, elaboradas, em sua grande maioria, no terreno da linguística comparativa indo-germânica, estão impregnadas de *fonética* e *morfologia*. Esse pensamento, oriundo da fonética e da morfologia comparativas, é capaz de olhar para todos os outros fenômenos da língua apenas através dos óculos das formas fonéticas e morfológicas. Os problemas de sintaxe também são vistos por ele através desses óculos, resultando em sua morfologização.[1] Por isso, a sintaxe é analisada de modo extremamen-

---

[1] Essa tendência oculta a morfologizar a forma sintática tem como resultado o fato de que na sintaxe, como em nenhum outro lugar da linguística, predomine o pensamento escolástico.

te inadequado, o que é reconhecido abertamente pela grande maioria dos representantes dos estudos indo-germânicos.

Isso é bastante compreensível se lembrarmos das particularidades centrais de percepção de uma língua morta e alheia, percepção esta guiada pelos principais objetivos de decifração dessa língua e de seu ensino aos outros.[2]

Entretanto, para uma compreensão correta da língua e da sua constituição, os problemas de sintaxe possuem enorme importância. Com efeito, de todas as formas da língua, *as sintáticas são as que mais se aproximam das formas concretas do enunciado*, isto é, daquelas dos discursos verbais concretos. Todos os desmembramentos sintáticos do discurso desintegram o corpo vivo do enunciado, e por isso são os que geram mais dificuldade ao serem relacionados ao sistema abstrato da língua. As formas sintáticas são mais concretas do que as morfológicas e as fonéticas, e estão ligadas de modo mais estreito às condições reais da fala. Por isso, na nossa compreensão dos fenômenos vivos da língua, justamente as formas sintáticas devem ter primazia sobre as morfológicas e as fonéticas. No entanto, do que foi dito, também se torna claro que o estudo produtivo das formas sintáticas só é possível no terreno de uma teoria bem elaborada do enunciado. Enquanto o enunciado como um todo permanecer *terra incognita* para o linguista, não se pode falar de uma compreensão real, concreta e não escolástica das formas sintáticas.

---

[2] A linguística comparativa tem ainda outros objetivos específicos: o estabelecimento do parentesco das línguas, da sua série genética e da protolíngua. Esses objetivos contribuem mais ainda para a primazia da fonética no pensamento linguístico. O problema da linguística comparativa, muito importante para a filosofia da linguagem moderna pelo lugar de destaque que essa linguística ocupa na atualidade, infelizmente não foi abordado nos limites do presente trabalho. Esse é um problema muito complexo e, mesmo para uma análise mais superficial, seria necessário ampliar significativamente este livro.

Já havíamos falado que o enunciado como um todo foi analisado de modo extremamente precário na linguística. É possível dizer diretamente que *o pensamento linguístico perdeu em definitivo a percepção do todo discursivo*. O linguista se sente mais seguro no meio da frase. Na medida em que ele avança na direção dos limites do discurso, rumo ao todo do enunciado, a sua posição torna-se cada vez mais insegura. Ele não tem nenhuma abordagem do todo, pois nenhuma das categorias linguísticas serve para defini-lo.

Como se sabe, todas as categorias linguísticas são aplicáveis apenas no território interior do enunciado. Por exemplo, todas as categorias morfológicas só são importantes dentro do enunciado e se recusam a servir para definir o todo. O mesmo acontece com as categorias sintáticas; por exemplo, a categoria da "frase" se refere à frase apenas dentro do enunciado, como seu elemento, e de modo algum como um todo.

Para certificar-se dessa "elementaridade" fundamental de todas as categorias linguísticas, basta tomar um enunciado acabado (é claro que ele é relativo, pois qualquer enunciado é uma parte do processo discursivo) composto por uma palavra. Ao analisarmos essa palavra em todas as categorias linguísticas, veremos claramente que elas definem a palavra apenas como um elemento possível do discurso e não dão conta do todo do enunciado. Aquele aspecto adicional que transforma essa palavra em um enunciado íntegro permanece fora de absolutamente todas as categorias e definições linguísticas. Ao desenvolver essa palavra em uma frase acabada com todos os seus membros (seguindo a lógica do "subentendido"), teremos um período simples, mas de modo algum um enunciado. Seja qual for a categoria linguística que utilizemos para analisar esse período, nunca encontraremos nele justamente aquilo que o transforma em um enunciado íntegro. Desse modo, no âmbito das categorias gramaticais presentes na linguística moderna, o todo discursivo inapreensível nunca será compreendido. As categorias linguísticas nos arrastam de modo persistente do enunciado e da sua estrutura concreta rumo ao sistema abstrato da língua.

Entretanto, não apenas o enunciado como um todo, mas também todas as partes mais ou menos acabadas do enunciado monológico carecem de definições linguísticas. Isso acontece com os *parágrafos*, que são separados uns dos outros por alíneas. A composição sintática desses parágrafos é extremamente diversificada: eles podem consistir tanto de uma palavra, quanto de uma grande quantidade de períodos compostos. Afirmar que um parágrafo deve conter uma ideia acabada é o mesmo que não dizer absolutamente nada. Uma vez que são necessárias definições do ponto de vista da própria língua, a noção de parágrafo como uma ideia acabada não é, de modo algum, uma definição linguística. Se, como supomos, é inaceitável separar as definições linguísticas das ideológicas, tampouco se devem substituir umas pelas outras.

Se penetrássemos mais profundamente na essência linguística dos parágrafos, nos convenceríamos de que em alguns traços essenciais eles são análogos às réplicas de um diálogo. É como se fosse um *diálogo enfraquecido que passou a integrar um enunciado monológico*. A percepção do ouvinte e do leitor, bem como das suas reações possíveis, fundamenta a divisão do discurso em partes que, na linguagem escrita, são designadas como parágrafos. Na medida em que enfraquece a percepção do ouvinte e a consideração das suas possíveis reações, nossa fala será mais indivisível, no sentido da paragrafação. Os tipos clássicos de parágrafos são: pergunta e resposta com seus complementos (quando a pergunta é feita pelo próprio autor e ele mesmo a responde); a antecipação de possíveis objeções; a revelação no próprio discurso de contradições e absurdos aparentes etc. etc.[3] É muito comum

---

[3] É claro que aqui apenas apontamos o problema dos parágrafos. As

tomarmos nosso próprio discurso, ou parte dele (por exemplo, o parágrafo anterior), como objeto de discussão. Nesse caso, o falante muda seu foco de atenção do objeto para o discurso (reflete sobre seu próprio discurso). Essa mudança na direção da intenção discursiva é condicionada pelo interesse do ouvinte. Se a fala ignorasse por completo o ouvinte (o que obviamente é impossível), a sua divisão orgânica em partes seria reduzida ao mínimo. É claro que aqui abstraímos as divisões específicas condicionadas pelas tarefas e objetivos característicos de certos campos ideológicos, como por exemplo a divisão da poesia em estrofes ou as divisões puramente lógicas do tipo: premissas — conclusão; tese — antítese, e assim por diante.

Apenas o estudo das formas da comunicação discursiva e das formas correspondentes dos enunciados integrais pode elucidar o sistema de parágrafos e todos os problemas análogos. Enquanto a linguística for orientada para um enunciado monológico isolado, ela não terá uma abordagem natural de todas essas questões. Até os problemas mais elementares da sintaxe apenas podem ser analisados no terreno da comunicação discursiva. Nesse sentido, é preciso realizar uma reavaliação minuciosa de todas as principais categorias linguísticas. Parecem-nos pouco produtivos o interesse recente pelas entonações surgido na sintaxe, bem como as tentativas, resultantes dele, de renovar as definições das totalidades sintáticas por meio de uma análise mais detalhada e diferenciada das entonações. Elas podem se tornar produtivas apenas

---

nossas afirmações soam dogmáticas, pois não as comprovamos nem as sustentamos com a análise de exemplos concretos. Além disso, simplificamos o problema. Na linguagem escrita, as alíneas (os parágrafos) transmitem tipos bastante variados de fragmentação do discurso monológico. Abordamos aqui apenas um dos tipos importantes dessa fragmentação, que é condicionada pela consideração do ouvinte e da sua compreensão ativa.

quando combinadas com uma compreensão correta dos fundamentos da comunicação discursiva.

Os capítulos seguintes do nosso trabalho são dedicados justamente a um dos problemas específicos da sintaxe.

Às vezes é de extrema importância lançar uma nova luz sobre um fenômeno já conhecido e, aparentemente, bem estudado, por meio da sua *problematização renovada*, elucidando nele novos aspectos com a ajuda de perguntas orientadas para uma direção específica. Isso é principalmente importante nos campos em que a pesquisa é sobrecarregada por descrições e classificações pedantes e detalhadas, porém privadas de um direcionamento. Uma problematização renovada pode fazer com que um fenômeno antes considerado particular e secundário ganhe uma importância capital para a ciência. Um problema bem colocado é capaz de revelar as possibilidades metodológicas contidas nesse fenômeno.

Um desses fenômenos "chave" extremamente produtivos é o assim chamado *discurso alheio*, isto é, os modelos sintáticos ("discurso direto", "discurso indireto", "discurso indireto livre"),[4] a modificação desses modelos e as variações dessas modificações que encontramos na língua para a transmissão de enunciados alheios e para a inserção desses enunciados, justamente como alheios, num contexto monológico coerente. A excepcional importância metodológica desses fenômenos até hoje foi pouco apreciada. Nessa questão sintática, que à primeira vista parece secundária, não soubemos ver problemas de uma enorme importância linguística

---

[4] A tradução literal de *nessóbstvennaia priamaia rietch* é "discurso não propriamente direto". É um termo que ocorre em gramáticas russas para designar enunciados em que as palavras, o estilo e as entonações de um personagem inserem-se na narrativa do autor sem uma delimitação sintática. (N. da T.)

geral.[5] Justamente quando há uma orientação sociológica do interesse científico pela língua, revela-se toda a importância metodológica e toda a exemplaridade desse fenômeno.

Problematizar o fenômeno de transmissão do discurso alheio em uma perspectiva sociológica — essa é a tarefa do nosso trabalho a seguir. No material desse problema tentaremos traçar os caminhos do método sociológico na linguística. Não pretendemos tirar grandes conclusões positivas de cunho especificamente histórico, pois o material utilizado por nós é suficiente para fornecer um panorama do problema e mostrar a necessidade da sua orientação sociológica, porém está longe de ser suficiente para amplas generalizações históricas. Essas últimas estão presentes apenas de modo provisório e hipotético.

---

[5] Por exemplo, a sintaxe de Pechkóvski dedica a esse fenômeno apenas quatro páginas. Cf. A. M. Pechkóvski, *Rússki síntaksis v naútchnom osveschiéni* [*A sintaxe russa à luz científica*], 2ª ed., Moscou, 1920, pp. 465-8.

2

Exposição do problema do "discurso alheio"

A definição de "discurso alheio". O problema da percepção ativa do discurso alheio em relação ao problema do diálogo. A dinâmica da inter-relação do contexto autoral com o discurso alheio. O "estilo linear" de transmissão do discurso alheio. O "estilo pictórico" de transmissão do discurso alheio.

O "discurso alheio" é *o discurso dentro do discurso, o enunciado dentro do enunciado*, mas ao mesmo tempo é também *o discurso sobre o discurso, o enunciado sobre o enunciado*.

Tudo aquilo sobre o que falamos é apenas o conteúdo do discurso, o tema de nossas palavras. Esse tema — e apenas o tema — pode ser, por exemplo, a "natureza", o "homem", a "oração subordinada" (um dos temas da sintaxe); porém o enunciado alheio não é apenas o tema do discurso: ele pode, por assim dizer, entrar em pessoa no discurso e na construção sintática como seu elemento construtivo específico. Nesse caso, o discurso alheio mantém a sua independência construtiva e semântica, sem destruir o tecido discursivo do contexto que o assimilou.

Mais do que isso, o enunciado alheio, ao permanecer só como tema do discurso, pode ser caracterizado apenas superficialmente. Para penetrar na plenitude do seu conteúdo é necessário introduzi-lo na construção do discurso. Se permanecermos nos limites da apresentação temática do discurso alheio, poderemos responder somente a perguntas "como" e "sobre o que" falou NN, mas apenas poderemos descobrir "o que" ele falou ao transmitir suas palavras, mesmo que isso seja feito na forma do discurso indireto.

Entretanto, por ser um elemento construtivo do discurso autoral e integrá-lo em pessoa, o enunciado alheio é ao mesmo tempo o seu tema. Ele entra na unidade temática do discurso do autor justamente como um enunciado alheio, cujo tema entra como o *tema do tema do discurso alheio*.

O discurso alheio é concebido pelo falante como um enunciado de *outro* sujeito, em princípio totalmente autônomo, finalizado do ponto de vista da construção e fora do contexto em questão. É justamente dessa existência independente que o discurso alheio é transferido para o contexto autoral, mantendo ao mesmo tempo o seu conteúdo objetivo e ao menos rudimentos da sua integridade linguística e da independência construtiva inicial. O enunciado autoral que incorporou outro enunciado em sua composição elabora as normas sintáticas, estilísticas e composicionais para a sua assimilação parcial, para sua inclusão na unidade sintática, composicional e estilística do enunciado autoral, mantendo ao mesmo tempo, nem que seja de um modo rudimentar, a independência inicial (sintática, composicional e estilística) do enunciado alheio, sem a qual a sua integralidade seria imperceptível.

Nas línguas novas, algumas modificações do discurso indireto e, principalmente, do discurso indireto livre tendem a transferir o enunciado alheio da esfera da construção discursiva para o plano temático, do conteúdo. Entretanto, mesmo nesse caso essa dissolução da palavra alheia no contexto autoral não se realiza nem pode ser realizada até o fim, pois, além dos indicadores semânticos, é mantida a firmeza construtiva do enunciado alheio, cujo corpo pode ser apalpado como um todo autônomo.

Desse modo, as formas de transmissão do discurso alheio expressam *a relação ativa* de um enunciado com outro, não no plano temático, mas nas formas construtivas estáveis da própria língua. Estamos diante do fenômeno da *reação da palavra à palavra*, que, no entanto, difere clara e essencialmente do diálogo. No diálogo, as réplicas são separadas gramaticalmente e não são incorporadas em um único contexto. Pois *não há formas sintáticas que constroem a unidade do diálogo*. Já se o diálogo estiver incluído no contexto autoral, temos diante de nós um caso de discurso direto, isto é, de uma das formas do fenômeno em questão.

O problema do diálogo passa a atrair cada vez mais a atenção dos linguistas, tornando-se às vezes o foco central de seus interesses.[6] Isso pode ser explicado pelo fato de que a unidade real da linguagem (*Sprache als Rede*), como já sabemos, não é o enunciado isolado monológico, mas a interação de, pelo menos, dois enunciados, isto é, o diálogo. No entanto, o estudo produtivo do diálogo pressupõe uma análise mais profunda das formas de transmissão do discurso alheio, pois elas refletem as tendências principais e constantes da *per-*

---

[6] Na bibliografia russa, o problema do diálogo foi abordado do ponto de vista linguístico em apenas um trabalho: L. P. Iakubínski, "O dialoguítcheskoi rietchi" ["Sobre o discurso dialógico"], coletânea *Rússkaia Rietch* [*Linguagem russa*], Petrogrado, 1923. Há observações interessantes de caráter semilinguístico sobre o diálogo no livro de Viktor Vinográdov *Poézia Ánni Akhmátovoi* [*A poesia de Anna Akhmátova*], Leningrado, 1925 (no capítulo "Grimassi dialoga" ["As caretas do diálogo"]). Na bibliografia alemã contemporânea, os problemas do diálogo são estudados ativamente pela escola de Vossler. Conferir em especial o já citado "Die uneigentliche direkte Rede" ["O discurso indireto livre"] em *Festschrift für Karl Vossler* [*Escritos em homenagem a Karl Vossler*] (1922).

cepção ativa do discurso alheio; tal percepção também é fundamental para o diálogo.

De fato, como é percebido o discurso alheio? Como vive o enunciado alheio na consciência concreta intradiscursiva daquele que percebe? Como o enunciado alheio é transformado ativamente na consciência do ouvinte? E como o discurso posterior do próprio ouvinte é orientado em relação ao discurso alheio?

— Podemos encontrar um documento objetivo dessa percepção nas formas de transmissão do discurso alheio. Esse documento, se soubermos lê-lo, nos fala não sobre o caráter ocasional e instável dos processos subjetivo-psicológicos que ocorrem na "alma" daquele que percebe, mas sobre as tendências sociais estáveis da percepção ativa do discurso alheio que se estratificam nas formas da língua. O mecanismo desse processo não está na alma individual, mas na sociedade que seleciona e gramaticaliza (ou seja, insere na estrutura gramatical da língua) apenas os aspectos da percepção ativa e avaliativa do enunciado alheio que são socialmente pertinentes e constantes e, por conseguinte, baseiam-se na própria existência econômica de uma coletividade falante.

Evidentemente, entre a percepção ativa do discurso alheio e a sua transmissão num contexto coerente existem diferenças essenciais, que não podem ser ignoradas. Qualquer transmissão, principalmente se for fixa, possui objetivos específicos: um relato, um registro de uma sessão de júri, uma polêmica científica e assim por diante. Além disso, a transmissão é voltada para um terceiro, isto é, àquele a quem são transmitidas as palavras alheias. Essa orientação para um terceiro é especialmente importante, pois ela acentua a influência das forças sociais organizadas sobre a percepção do discurso. Na comunicação dialógica viva, não costumamos citar as palavras do interlocutor às quais estamos respondendo. A nossa resposta repete as palavras do interlocutor apenas em casos específicos e excepcionais: para confirmar nossa compreensão correta, para chamar a atenção de nosso interlocutor sobre suas afirmações etc. Todos esses aspectos específicos da transmissão devem ser considerados, porém isso não muda a essência da questão. As condições de transmissão e seus objetivos apenas contribuem para atualizar aquilo que já se encontrava nas tendências da percepção ativa intradiscursiva, sendo que essas últimas, por sua vez, podem desenvolver-se apenas nos limites das formas de transmissão do discurso presentes na língua.

É claro que estamos longe de afirmar que as formas sintáticas, por exemplo, do discurso indireto ou do discurso direto, expressam de modo imediato as tendências e as formas da percepção avaliativa ativa do enunciado alheio. A percepção, por certo, não ocorre diretamente nas formas do discurso direto ou indireto. Elas são apenas padrões de transmissão. Por um lado, esses padrões e as suas modificações só puderam surgir e se formar em relação às tendências predominantes de percepção do discurso alheio, mas, por outro, por terem se formado e estarem presentes na língua, essas formas exercem uma influência reguladora, estimuladora ou inibidora sobre o desenvolvimento das tendências de percepção avaliativa, determinando sua direção.

A língua não reflete oscilações subjetivo-psicológicas, mas inter-relações sociais estáveis dos falantes. Em diferentes línguas, em diferentes épocas, em diferentes grupos sociais, em contextos que variam conforme os objetivos, predomina ora uma, ora outra forma, umas ou outras modificações dessas formas. Tudo isso revela a fraqueza ou a força das tendências sociais da mútua orientação social dos falantes, das quais as formas são estratificações estáveis e seculares. Se em determinadas condições uma forma é pouco apreciada (por exemplo, algumas modificações, mais precisamente as "racionais e dogmáticas", do discurso indireto no romance russo moderno), isso indica que as tendências predominantes de compreensão e avaliação do enunciado alheio encontram dificuldades para se expressar nessa forma que não lhes dá liberdade e as inibe.

Tudo que há de essencial na percepção avaliativa do enunciado alheio, tudo que pode ter alguma significação ideológica se expressa no material do discurso interior. O enunciado alheio é percebido não por um ser mudo, que não sabe falar, mas por um ser humano repleto de palavras interiores. Todas as suas vivências — o assim chamado fundo de apercepção — são dadas na linguagem do seu discurso interior e é apenas assim que elas entram em contato com o discurso exterior percebido. Uma palavra entra em contato com outra palavra. É no contexto desse discurso interior que ocorre a percepção do enunciado alheio, a sua compreensão e avaliação, isto é, a orientação ativa do falante. Essa percepção ativa e intradiscursiva se dá em duas direções: em um primeiro momento, o enunciado alheio é emoldurado pelo *contexto real e comentador* (que, em parte, coincide com aquilo que é chamado de fundo de apercepção da palavra), pela situação (interna e externa), pela expressão visível e assim por diante; e em um segundo momento, *prepara-se uma réplica* (*Gegenrede*). Tanto a preparação da réplica, isto é, *a réplica interior*,[7] quanto *o comentário real* se fundem naturalmente na unidade da percepção ativa e podem ser isoladas apenas de modo abstrato. Ambas as tendências de percepção encontram a sua expressão, são objetivadas no contexto "autoral" que circunda o discurso alheio. Independentemente dos objetivos desse contexto, seja ele um conto literário, um artigo polêmico, o discurso de defesa do advogado etc., percebemos claramente nele ambas as tendências: o *comentário real* e a *réplica*; sendo que uma delas costuma predominar. Entre o discurso alheio e o contexto da sua transmissão exis-

---

[7] Termo emprestado de Iakubínski, conferir artigo citado, p. 136.

tem relações complexas, tensas e dinâmicas, sem as quais é impossível compreender a forma de transmissão do discurso alheio.

O principal erro dos estudiosos anteriores foi isolar, quase por completo, as formas de transmissão do discurso alheio do seu contexto de transmissão. Consequentemente, essas formas são definidas de modo estático e imóvel (no geral, essa imobilidade é típica de todo estudo científico da sintaxe). Entretanto, o verdadeiro objeto de estudo deve ser justamente a inter-relação dinâmica entre essas duas grandezas: o discurso transmitido ("alheio") e o discurso transmissor ("autoral"). Pois, na realidade, eles existem, vivem e se formam somente nessa inter-relação e não isoladamente, cada um por si. O discurso alheio e o contexto transmissor são apenas termos de uma inter-relação dinâmica. Essa dinâmica, por sua vez, reflete a orientação social mútua entre as pessoas na sua comunicação verboideológica (é claro, dentro das tendências essenciais e estáveis dessa comunicação).

Que rumos pode seguir o desenvolvimento da dinâmica das inter-relações entre o discurso autoral e o alheio?

Podemos observar duas tendências principais dessa dinâmica.

Em primeiro lugar, a principal tendência de reação ativa ao discurso alheio pode preservar a sua alteridade e a sua autenticidade. A língua pode tentar criar limites claros e estáveis para o discurso alheio. Nesse caso, ao protegê-los da penetração das entonações autorais, os modelos e as suas modificações seguem uma estratificação mais rígida e clara do discurso alheio, tendendo à sua síntese e ao desenvolvimento de suas particularidades linguísticas individuais.

Essa é a primeira tendência. Nela, é necessário distinguir rigorosamente os níveis de diferenciação da percepção social do discurso alheio em um grupo linguístico; se são percebidas separadamente a expressão, as especificidades estilísticas do discurso, as características lexicológicas etc. e que peso social elas têm. Ou então, o discurso alheio é compreendido apenas como um ato social íntegro, como uma posição semântica indivisível do falante, ou seja, percebe-se apenas o *o que* do discurso, enquanto o seu *como* fica fora dos limites da percepção. Esse tipo semântico-objetual e despersonalizante, no sentido linguístico, de percepção e de transmissão do discurso alheio predomina na língua francesa antiga e medieval (nessa última, observa-se um desenvolvimento significativo das modificações despersonalizantes do discurso indireto).[8] O mesmo tipo pode ser encontrado nos monumentos da literatura russa antiga, porém o modelo de discurso indireto está quase completamente ausente. O tipo que predomina aqui é o discurso direto despersonalizado (no sentido linguístico).[9]

Dentro da primeira tendência é necessário distinguir também o grau de percepção autoritária da palavra, o grau de sua confiança ideológica e dogmatismo. À medida que o dogmatismo da palavra aumenta e a percepção compreensiva e avaliativa deixa de admitir matizes entre a verdade e a mentira, entre o bem e o mal, as formas de transmissão do

---

[8] Vejamos a seguir algumas particularidades do francês antigo. Sobre a transmissão do discurso alheio no francês médio, conferir Gertraud Lerch, "Die uneigentliche direkte Rede" ["O discurso indireto livre"] em *Festschrift für Karl Vossler* [*Escritos em homenagem a Karl Vossler*] (1922), p. 112 e seguintes, e também Karl Vossler, *Frankreichs Kultur im Spiegel seiner Sprachentwicklung* [*A cultura francesa refletida em seu desenvolvimento linguístico*] (1913).

[9] Por exemplo, em *Slóvo o polku Ígoreve* [*Canto da campanha de Igor*] não há nenhum caso de discurso indireto, apesar da presença abundante do "discurso alheio". Ele é muito raro em crônicas. O discurso alheio sempre é introduzido como uma massa compacta, impenetrável e muito pouco ou completamente não individualizada.

[O *Canto da campanha de Igor* é uma das mais importantes obras da literatura russa antiga, anônima e escrita em eslavo antigo no final do século XII. (N. da T.)]

discurso alheio se despersonificam. Pois, quando há uma polarização bruta e extrema entre as avaliações sociais, não há lugar para um tratamento positivo e atento a todos os aspectos individualizantes do enunciado alheio. Esse dogmatismo autoritário é característico da escrita francesa média[10] e da nossa escrita antiga. O século XVII na França e o século XVIII no Rússia se caracterizam pelo dogmatismo racionalista, que diminuía do mesmo modo, embora em outras direções, a individualização discursiva. No dogmatismo racionalista prevalecem as modificações analítico-objetuais[11] do discurso indireto e as modificações retóricas do discurso direto.[12] Nesse caso, a precisão e a inviolabilidade das fronteiras entre o discurso autoral e o discurso alheio atingem seu limite máximo.

Essa primeira tendência da dinâmica da orientação discursiva mútua entre o discurso autoral e o alheio poderia ser chamada, recorrendo ao termo de Wölfflin usado na crítica da arte, de *estilo linear* (*der lineare Stil*) de transmissão do discurso alheio. A sua tendência principal é a criação de contornos claros e exteriores do discurso alheio diante da fraqueza da sua individualização interior. À vista da homogeneidade total e estilística de todo o contexto (o autor e todos

---

[10] Trata-se de um período da história da língua francesa, entre os séculos XIV e XVI, marcado pelo crescente distanciamento do latim vulgar (perda das declinações, perda da ordem livre das palavras, obrigatoriedade do pronome pessoal etc.) e pela presença do francês em textos científicos e administrativos antes reservados ao latim. (N. da T.)

[11] Tanto na versão de 1929 quanto na de 1930, encontramos a expressão "modificações analógico-objetuais" (*predmiétno-analoguítcheskie modifikátsi*), porém, no capítulo seguinte, essa expressão aparece como "modificação analítico-objetual" (*predmiétno-analitítcheskaia modifikátsia*), que, por nos parecer mais fiel ao conceito trabalhado, foi incorporada nesse fragmento. (N. da T.)

[12] O discurso indireto está quase ausente no classicismo russo.

os seus personagens usam a mesma linguagem), o discurso alheio alcança, do ponto de vista gramatical e composicional, um isolamento máximo e uma solidez escultural.

Na segunda tendência da dinâmica da mútua orientação entre o discurso autoral e o alheio, percebemos processos de caráter diametralmente opostos. A língua elabora um meio de introdução mais sutil e flexível da resposta e do comentário autoral ao discurso alheio. O contexto autoral tende à decomposição da integridade e do fechamento do discurso alheio, à sua dissolução e ao apagamento das suas fronteiras. Podemos chamar esse estilo de transmissão do discurso alheio de *pictórico*. Ele tende a apagar os contornos nítidos e exteriores da palavra alheia. Nesse caso, o próprio discurso é muito mais individualizado e a percepção dos diferentes aspectos do enunciado alheio pode ser extremamente aguçada. Percebe-se não apenas o seu sentido objetual, a afirmação nele contida, mas também todas as particularidades linguísticas da sua encarnação verbal.

Essa segunda tendência comporta ainda tipos variados. O enfraquecimento ativo das fronteiras do enunciado pode partir do contexto autoral, que penetra no discurso alheio com suas entonações, humor, ironia, amor ou ódio, enlevo ou desprezo. Esse tipo é característico do Renascimento (principalmente na língua francesa), do final do século XVIII e de quase todo o século XIX. O dogmatismo autoritário e racional da palavra, aqui, é absolutamente enfraquecido. Predomina um certo relativismo de avaliações sociais, extremamente benéfico para uma percepção positiva e aguçada de todas as nuances individuais e linguísticas do pensamento, da convicção e do sentimento. Nesse terreno, desenvolve-se também o "colorido" do enunciado alheio, que frequentemente resulta na diminuição do aspecto semântico da palavra (por exemplo, na "escola natural", e até no próprio Gógol, as palavras dos personagens às vezes quase perdem seu sentido objetual, tornando-se um objeto pitoresco, análogo à vestimenta, à aparência, à mobília e assim por diante). Entretanto, ainda é possível um outro tipo: a dominante discursiva é transferida para o discurso alheio, o qual torna-se mais forte e ativo do que o contexto autoral emoldurante e é como se começasse a dissolvê-lo. O contexto autoral perde a maior objetividade, que lhe é peculiar, em comparação com o discurso alheio. O contexto autoral passa a ser percebido e a tomar consciência de si como se fosse um "discurso alheio" e igualmente subjetivo. Na composição das obras literárias, isso costuma se expressar no surgimento de um narrador que substitui o autor no sentido habitual da palavra. O seu discurso é tão individualizado, colorido e carente de autoridade ideológica quanto o discurso dos personagens. A posição do narrador é oscilante e, na maioria dos casos, ele fala com a linguagem dos personagens representados. Ele não consegue opor às suas posições subjetivas um mundo de maior autoridade e objetividade. É assim a narrativa de Dostoiévski, de Andrei Biéli, de Riémizov, Sologub e dos romancistas russos contemporâneos.[13]

---

[13] Existe uma bibliografia bastante grande sobre o papel do narrador na épica. Mencionamos o trabalho fundamental, até o presente momento, de K. Friedemann: *Die Rolle des Erzählers in der Epik* [*O papel do narrador na épica*], 1910. Na Rússia, o interesse pelo narrador foi despertado pelos "formalistas". V. V. Vinográdov determina o estilo discursivo do narrador em Gógol como movimentando-se "em zigue-zagues do autor na direção dos personagens" (cf. seu trabalho *Gógol i Naturálnaia Chkola* [*Gógol e a Escola Natural*]). Segundo Vinográdov, o estilo linguístico do narrador de *O duplo* encontra-se em relação análoga ao estilo de Goliádkin (cf. seu trabalho: "Stil peterbúrgskoi poemi *Dvoinik*" ["O estilo do poema petersburguês *O duplo*"], na coletânea *Dostoiévski*, de Dolínin (org.), tomo 1, 1923, pp. 239 e 241; a semelhança entre a linguagem do narrador e a linguagem do personagem já tinha sido observada por Bielínski). Em seu trabalho sobre Dostoiévski, B. M. Engelhardt aponta de modo totalmente justo que, no autor, "é impossível encontrar a chamada

Se, na percepção do discurso alheio, o ataque do contexto autoral ao discurso alheio é característico do idealismo moderado ou do coletivismo também moderado, a decomposição do contexto autoral evidencia o individualismo relativista na percepção do discurso. Ao enunciado alheio subjetivo opõe-se o contexto autoral comentador e responsivo que se concebe de modo igualmente subjetivo.

É típico de toda a segunda tendência um desenvolvimento extremo de modelos mistos de transmissão do discurso alheio: discurso quase indireto e, principalmente, o discurso

descrição objetiva do mundo exterior... Graças a isso, surge aquela realidade com múltiplos planos na obra literária, que leva à desagregação peculiar da existência nos sucessores de Dostoiévski... B. M. Engelhardt observa "essa desagregação da existência" em O *diabo mesquinho* de Sologub e em *Petersburgo* de Andrei Biéli. Cf. B. M. Engelhardt, "Ideologuítcheski roman Dostoiévskogo" ["O romance ideológico de Dostoiévski"] no tomo II de *Dostoiévski*, Dolínin (org.), 1925, p. 94. Assim Bally define o estilo de Zola: "Personne plus que Zola n'a usé et abusé du procédé qui consiste à faire passer tous les événements par le cerveau de ces personnages, à ne décrire les paysages que par leurs yeux, à n'énoncer des idées personelles que par leur bouche. Dans ses derniers romans, ce n'est plus une manière: c'est un tic, c'est une obsession. Dans *Rome*, pas un coin de la ville éternelle, pas une scène qu'il ne voie par les yeux de son abbé, pas une idée sur la religion qu'il ne formule par son intermédiaire" ["Ninguém mais que Zola usou e abusou do procedimento que consiste em fazer passar todos os acontecimentos pela cabeça dos personagens, em descrever as paisagens pelos seus olhos, em enunciar suas ideias pessoais pela boca deles. Nos últimos romances, não é mais um modo: é um tique, uma obsessão. Em *Roma*, não há nenhum canto da cidade eterna, nenhuma cena que não seja vista através dos olhos de seu abade, nenhuma ideia sobre a religião que não seja formulada por seu intermédio"], *GRM* [*Germanisch-Romanische Monatsschrift*], VI, 417 (citação retirada de E. Lorck *Die 'erlebte Rede'*, p. 64). Iliá Grúzdev dedica um interessante artigo ao problema do narrador, "O priómakh khudójestvennogo povestvovánia" ["Sobre os procedimentos da narração literária"] (*Zapíski peredvijónogo teatra* [*Notas do teatro itinerante*], Petrogrado, 1922, n. 40, 41, 42). Entretanto, o problema linguístico da transmissão do discurso alheio não é sequer mencionado em nenhum desses trabalhos.

indireto livre,[14] que enfraquece ainda mais as fronteiras do enunciado alheio. Prevalecem também as modificações do discurso direto e indireto, as quais são mais flexíveis e permeáveis à manifestação das tendências autorais (discurso direto difuso, as formas analítico-verbais do discurso indireto e assim por diante).

Ao acompanhar todas essas tendências da percepção ativa e reativa do discurso alheio, é preciso sempre considerar todas as particularidades dos fenômenos discursivos estudados. É especialmente importante a *finalidade da orientação* do contexto autoral. Nessa relação, o discurso artístico transmite com muito mais sensibilidade todas as mudanças na orientação sociodiscursiva mútua. Diferentemente do artístico, o discurso retórico não tem tanta liberdade no manuseio da palavra alheia, em razão da finalidade da sua orientação. A retórica exige uma percepção nítida das fronteiras do discurso alheio. Ela possui um sentido aguçado de propriedade sobre a palavra e é meticulosa quanto à autenticidade. A linguagem retórico-jurídica se caracteriza pela percepção nítida da subjetividade discursiva das "partes" do processo em relação à objetividade do tribunal, da decisão judicial e de todo o discurso investigativo que acompanha o processo de julgamento. A retórica política é análoga. É importante definir qual é o peso específico do discurso retórico, judicial e político, na consciência linguística de um dado grupo social em uma dada época. Além disso, é necessário considerar sempre a hierarquia social da palavra alheia que está sendo transmi-

---

[14] Os termos russos empregados são *nessóbstvenno kósvennaia rietch*, literalmente "discurso impropriamente indireto", e *nessóbstvenno priamaia rietch*, literalmente "discurso impropriamente direto" (preferimos manter "não propriamente"). O primeiro termo acompanhou as escolhas das traduções americana (*quasi indirect discourse*) e espanhola (*discurso cuasi indirecto*). O segundo termo refere-se ao fenômeno consagrado como discurso indireto livre, o que motivou nossa escolha de tradução. (N. da T.)

tida. Quanto mais intensa for a sensação de superioridade hierárquica da palavra alheia, tanto mais nítidas serão suas fronteiras e menos penetrável ela será pelas tendências comentadoras e responsivas. Assim, nos gêneros inferiores do neoclassicismo existem desvios substanciais do estilo linear, racional e dogmático de transmissão do discurso alheio. É emblemático que o discurso indireto livre tenha alcançado um desenvolvimento importante pela primeira vez justamente nas fábulas e contos de La Fontaine.

Resumindo tudo o que dissemos sobre as possíveis tendências de inter-relação dinâmica entre o discurso alheio e o autoral, podemos delimitar as seguintes épocas: *dogmatismo autoritário*, caracterizado pelo estilo monumental, linear e impessoal de transmissão do discurso alheio (Idade Média); *dogmatismo racionalista* com o estilo linear ainda mais nítido (séculos XVII e XVIII); o *individualismo realista e crítico* com seu estilo pictórico em que as réplicas e os comentários autorais tendiam a penetrar no discurso alheio (final do século XVIII e século XIX); e, finalmente, o *individualismo relativista* com sua decomposição do contexto autoral (contemporaneidade).

A língua não existe por si só, mas somente combinada com o organismo individual do enunciado concreto, ou seja, do discurso verbal concreto. A língua entra em contato com a comunicação apenas por meio do enunciado, tornando-se repleta de forças vivas e, portanto, real. As condições da comunicação discursiva, as suas formas e os meios de diferenciação são determinados pelas premissas socioeconômicas da época. São essas condições mutáveis da comunicação sociodiscursiva que determinam as alterações das formas de transmissão do discurso alheio analisadas por nós. Além disso, parece-nos que, nessas formas em que a própria língua percebe a palavra alheia e a individualidade falante, expressam-se de modo mais proeminente e saliente os tipos de comunicação socioideológica que se alternam na história.

3

Discurso indireto, discurso direto e suas modificações

> *Modelos e modificações; gramática e estilística. O caráter geral da transmissão do discurso alheio na língua russa. Modelo de discurso indireto. A modificação analítico-objetual do discurso indireto. A modificação analítico-verbal do discurso indireto.*[15] *A modificação impressionista do discurso indireto. O modelo do discurso direto. O discurso direto preparado. O discurso direto objetificado. O discurso direto antecipado, dissipado e oculto. O fenômeno da interferência discursiva. Perguntas e exclamações retóricas. O discurso direto substituído. O discurso indireto livre.*

Já apontamos as principais tendências da dinâmica da orientação mútua entre o discurso autoral e o alheio. Essa dinâmica encontra sua manifestação linguística concreta nos modelos de transmissão do discurso alheio e nas modificações desses modelos, que são espécies de indicadores do desenvolvimento atingido pela língua em dado momento, bem como da correlação de forças entre o enunciado autoral e o alheio.

---

[15] A expressão "modificação analítico-verbal do discurso indireto" (*sloviésno-analitícheskaia modifikátsia kósvennoi rietchi*) não consta nas versões de 1929 e 1930, porém, uma vez que esse fenômeno é abordado no texto e aparece na edição de V. L. Mákhlin (Labirint, 2000), parece-nos que se trata de um lapso dessas edições e decidimos incluí-lo. (N. da T.)

A seguir, passaremos a caracterizar brevemente os modelos e as suas modificações mais importantes do ponto de vista das tendências de desenvolvimento apontadas por nós.

Em primeiro lugar, são necessárias algumas palavras sobre a relação entre a modificação e o modelo, análoga à relação entre a realidade viva do ritmo e a abstração do metro. O modelo se realiza apenas na forma de uma determinada modificação. Ao longo dos séculos ou decênios, acumulam-se mudanças nas modificações, e se estabilizam novas habilidades de orientação ativa em relação ao discurso alheio que posteriormente são segmentadas como formações linguísticas sólidas nos modelos sintáticos. Já as próprias modificações encontram-se no limite entre a gramática e a estilística. Pode-se às vezes discutir se uma forma de transmissão do discurso alheio seria um modelo ou uma modificação, uma questão de gramática ou de estilística. Por exemplo, essa discussão se deu em relação ao *discurso indireto livre* nas línguas alemã e francesa entre, por um lado, Bally e, por outro, Kalepky e Lorck. Bally se recusava a reconhecer nele um modelo sintático legítimo, concebendo-o apenas como uma modificação estilística. Seria possível também uma discussão sobre o discurso quase indireto na língua francesa. A nosso ver, o estabelecimento de um limite rígido entre a gramática e a estilística, entre o modelo gramatical e a sua modificação estilística é metodologicamente improdutivo, além de impossível. Esse limite é instável na própria vida da língua, em que algumas formas se encontram em processo de gramaticalização e outras de desgramaticalização, sendo que justamente essas formas ambíguas e limítrofes representam o maior interesse para um linguista, pois é precisamente aqui que as tendências de desenvolvimento da língua podem ser captadas.[16]

---

[16] Vossler e os vosslerianos são frequentemente acusados de privilegiarem mais as questões de estilística do que de linguística no sentido estrito da palavra. Na verdade, a escola de Vossler se interessa por questões

Nossa breve caracterização do modelo do discurso indireto e direto será realizada somente nos limites da língua literária russa. Sendo assim, não pretendemos, em absoluto, exaurir todas as possíveis modificações. Importa-nos apenas o aspecto metodológico da questão.

Como bem se sabe, os modelos sintáticos de transmissão do discurso alheio na língua russa são muito pouco desenvolvidos. Além do discurso indireto livre, que na língua russa não possui qualquer sinal sintático claro (como, aliás, também ocorre na língua alemã), existem dois modelos: o discurso *direto* e o *indireto*. No entanto, entre esses dois modelos não há as distinções claras presentes em outras línguas. Os sinais do discurso indireto são muito tênues e, na linguagem falada, podem ser facilmente confundidos com os sinais do discurso direto.[17]

---

limítrofes, por compreender a sua importância metodológica e heurística, e é justamente por isso que vemos grandes vantagens nessa escola. O problema é que, ao explicar esses fenômenos, os vosslerianos, como sabemos, colocam em primeiro plano os fatores subjetivos e psicológicos, bem como as tarefas individuais e estilísticas. Por causa disso, a língua às vezes se transforma diretamente em um joguete do gosto individual.

[17] Em muitas outras línguas o discurso indireto distingue-se nitidamente em termos sintáticos do direto (o uso específico de tempos, modos, conjunções e de formas pessoais), de modo que nelas existe um *modelo* especial e muito complexo de transmissão indireta do discurso... Já em nossa língua, mesmo aqueles poucos sinais do discurso indireto, sobre os quais acabamos de falar, costumam não ser observados e, como resultado, o discurso indireto confunde-se com o direto. Por exemplo, em *O inspetor geral*, Óssip fala: "O taberneiro disse que *não dou* de comer *ao senhor*, enquanto não pagar a conta" (exemplo de Pechkóvski, *Rússki síntaksis v naútchnom osveshiéni* [*Sintaxe russa à luz científica*], pp. 465-6, com itálico do autor).

[Embora a nota acima não comece com aspas nem apresente no início indicação de que se trata de um texto alheio, todo o fragmento acima é, na verdade, uma citação literal da obra de Pechkóvski que aparece mencionada no final. (N. da T.)]

A ausência de *consecutio temporum* e a inércia do modo subjuntivo priva o nosso discurso indireto de sua peculiaridade e não cria um terreno benéfico para o desenvolvimento abundante das modificações essenciais e interessantes para nosso ponto de vista. De modo geral, é necessário observar a primazia incondicional do discurso direto na língua russa. Na história da nossa língua não houve um período cartesiano e racionalista, quando o "contexto autoral" racional, autoconfiante e objetivo analisasse e desmembrasse a composição objetual do discurso alheio e criasse modificações complexas e pertinentes de sua transmissão indireta.

Todas essas particularidades da língua russa criam condições extremamente favoráveis para um estilo pictórico de transmissão do discurso alheio, porém um tanto frouxo e vago, privado da percepção de resistências e fronteiras a serem superadas (como ocorre em outras línguas). Predomina a extrema leveza de interação e de penetração mútua entre o discurso autoral e o alheio. Isso está relacionado ao papel pouco significativo desempenhado, na história da nossa língua literária, pela retórica, com seu estilo claramente linear de transmissão do discurso alheio e com sua entonação grosseira, porém determinada e unívoca.

Em primeiro lugar, caracterizaremos o discurso indireto, que é o modelo menos desenvolvido na língua russa. Iniciaremos com uma pequena observação crítica dirigida contra A. M. Pechkóvski.[18] Ao observar que as formas do dis-

---

[18] Aleksandr Matvéievitch Pechkóvski (1878-1933), eminente linguista russo, professor e um dos pioneiros do estudo da sintaxe da língua russa. A obra citada, *Rússki síntaksis v naútchnom osveschiéni* [*Sintaxe russa à luz científica*] foi primeiramente publicada em 1914 e permanece como texto de referência até os dias atuais. Seus trabalhos serviram como ponto de partida para proposições de Bakhtin e Volóchinov a respeito da sintaxe e do discurso citado na língua russa. (N. da T.)

curso indireto não são desenvolvidas na língua russa, ele faz a seguinte afirmação, extremamente estranha:

"Basta tentar transmitir o discurso indireto com um mínimo de complementos ('O asno, apontando a testa para o chão, disse que é grandioso, que, para falar a verdade, dá para ouvi-lo sem tédio, mas que é uma pena que ele não conhece o galo deles e que ele pegaria o canto melhor ainda se aprendesse com o galo um pouco'), para confirmar que a transmissão indireta do discurso *não é própria* da língua russa." (*Rússki síntaksis v naútchnom osveschiéni*, 2ª ed., p. 466)[19]

Se Pechkóvski fizesse a mesma experiência de transferência imediata do discurso direto para o indireto na língua francesa, obedecendo apenas às regras gramaticais, ele provavelmente chegaria às mesmas conclusões. Por exemplo, se ele tentasse transpor o discurso direto e até mesmo o discurso indireto livre para o discurso indireto nas fábulas de La Fontaine (essa última forma é muito comum em La Fontaine), teria uma construção igualmente correta do ponto de vista gramatical e inadmissível do ponto de vista estilístico, como ocorre no exemplo russo. E isso apesar do fato de que, na língua francesa, o discurso indireto livre é extremamente próximo do discurso indireto (são utilizados os mesmos tempos e pessoas). Uma série de palavras, expressões e locuções

---

[19] Os itálicos são de A. M. Pechkóvski.
[O trecho citado foi retirado da fábula "O asno e o rouxinol", do poeta russo Ivan Krilov (1769-1844). Na tradução do discurso indireto, procuramos manter o tempo e o modo verbais característicos do texto de origem, mesmo que eles não sejam compatíveis com o português, para evidenciar como o discurso indireto é pouco desenvolvido na língua russa. (N. da T.)]

próprias do discurso direto e indireto livre soarão absurdas quando transpostas para o discurso indireto.

Pechkóvski comete o erro típico de um "gramático". Quando o discurso alheio é transposto de modo direto e puramente gramatical de um modelo de transmissão para outro, sem a devida reelaboração estilística, temos um método pedagogicamente ruim e inadmissível, característico de exercícios escolares de gramática. O seu uso não tem nada em comum com a vida real dos modelos na língua. Nos modelos se expressa a tendência de percepção ativa do discurso alheio. Cada modelo tem o seu próprio modo criativo de reelaborar o enunciado alheio em uma direção, particular somente a ele. Se em determinado estágio do seu desenvolvimento a língua perceber o enunciado alheio como um todo compacto, indivisível, imutável e impenetrável, ela não terá nenhum outro modelo além do discurso direto primitivo e inerte (estilo monumental). Em seu experimento, Pechkóvski defende também a imutabilidade do enunciado alheio e da sua transmissão totalmente literal, mas, ao mesmo tempo, tenta aplicar a ele o modelo do discurso indireto. O resultado obtido de modo algum prova que a transmissão indireta não seja própria da língua russa. Pelo contrário, ele prova que, apesar da sua pouca elaboração, o modelo do discurso indireto é tão original na língua russa que nem todo discurso direto pode ser transposto literalmente para o indireto.[20]

O experimento peculiar de Pechkóvski revela a sua desconsideração completa do próprio sentido linguístico do discurso indireto. Esse sentido consiste na *transmissão analítica do discurso alheio*. A análise do enunciado alheio, que acompanha a transmissão, sendo inseparável dela, é um tra-

---

[20] O erro de Pechkóvski analisado por nós evidencia mais uma vez o prejuízo metodológico da ruptura entre a gramática e a estilística.

ço obrigatório de qualquer modificação do discurso indireto. Pode haver diferença apenas no grau e na orientação dessa análise.

Acima de tudo, a tendência analítica do discurso alheio manifesta-se no fato de que todos os *elementos afetivo-emocionais* do discurso, por serem expressos não no conteúdo, mas nas *formas* do enunciado, sofrem mudanças quando transpostos para o discurso indireto. Eles são transferidos da forma do discurso para o seu conteúdo e apenas desse modo são introduzidos na construção indireta, ou mesmo são transferidos para a oração principal, sob a forma de comentários que orientam o verbo introdutor do discurso.

Por exemplo, o discurso direto:
"Que coisa boa! Isso sim é uma interpretação!"
não pode ser transmitido para o discurso indireto como:
"Ele disse que que coisa boa e que isso sim é uma interpretação"
mas como:
"Ele disse que *isso é muito* bom e que *isso é uma verdadeira* interpretação."
ou ainda:
"Ele disse com entusiasmo que isso é bom e que isso é uma verdadeira interpretação."

Todas as abreviações, omissões etc. possíveis no discurso direto por razões afetivo-emocionais não são possíveis na tendência analítica do discurso indireto e entram na sua construção apenas de modo desenvolvido e completo. No exemplo de Pechkóvski, a exclamação do asno, "Grandioso!", não pode ser introduzida sem intermediações no discurso indireto:
"Disse que grandioso..."
mas apenas:
"Disse que é grandioso..."
ou até:
"Disse que o rouxinol canta grandiosamente..."

Do mesmo modo, "Para falar a verdade" não pode ser introduzido no discurso indireto sem intermediações. Assim como a expressão do discurso direto "Pena que não conhece" etc. não pode ser transmitida como: "Mas pena que não conhece" etc.

É evidente também que qualquer expressão *construtiva e construtiva enfática* das intenções do falante não pode ser transposta sem intermediações, e com a mesma forma, do discurso direto para o indireto. Assim, as particularidades construtivas e enfáticas das frases interrogativas, exclamativas e imperativas não são conservadas no discurso indireto, deixando marcas apenas no seu conteúdo.

O discurso indireto "ouve" *diferentemente* o enunciado alheio, percebendo-o ativamente e atualizando, na sua transmissão, *outros* aspectos e tons em comparação com os demais modelos. É justamente por isso que é impossível transpor direta e literalmente o enunciado dos demais modelos para o indireto. A transposição sem intermediações é possível apenas nos casos em que o enunciado direto por si só já foi construído de modo um pouco analítico, nos limites do possível no discurso direto, é claro. A análise é a alma do discurso indireto.

Observando atentamente o "experimento" de Pechkóvski, percebemos que a tonalidade lexical de palavras como "grandioso", "pegava o canto melhor ainda" não entram em plena harmonia com a alma analítica do discurso indireto. Essas palavras possuem um *colorido* excessivo; elas não apenas transmitem o sentido objetual exato do seu enunciado, mas descrevem um *modo de falar* (individual ou típico) do *personagem-asno*. Temos a vontade de substituí-las por seus equivalentes semânticos ("excelente", "aperfeiçoar-se") ou então, mesmo mantendo esse "linguajar" na construção indireta, colocá-las entre aspas. Até durante a leitura em voz alta desse discurso indireto, pronunciaremos de modo um pouco diferente as palavras mencionadas, como se déssemos a entender, por meio da entonação, que essas expressões foram retiradas diretamente do discurso do personagem e que nós nos distanciamos delas.

Entretanto, aqui sentimos a necessidade de distinguir duas possíveis tendências da vertente analítica do discurso indireto e, por conseguinte, duas modificações principais dessa vertente.

De fato, a análise da construção indireta pode desenvolver-se em duas direções ou, mais precisamente, pode se relacionar com dois objetos essencialmente diferentes. O enunciado alheio pode ser percebido como uma determinada *posição semântica* do falante e, nesse caso, a construção indireta transmite analiticamente a sua exata *composição objetual* (aquilo que o falante disse). Assim, no nosso caso é possível uma transmissão precisa do sentido objetual da avaliação que o asno faz do canto do rouxinol. Mas também é possível perceber e transmitir analiticamente o enunciado alheio como *expressão*, que caracteriza não apenas o objeto do discurso (ou melhor, nem tanto o objeto do discurso), mas o *próprio falante*: o seu modo de falar, individual ou típico (ou ambos), seu estado de espírito, expresso não no conteúdo, mas nas formas do discurso (por exemplo: fala entrecortada, a ordem das palavras, entonação expressiva e assim por diante), a sua capacidade ou não de se expressar bem etc.

Esses dois objetos de transmissão analítica indireta são profunda e essencialmente distintos. Em um caso, o sentido é desmembrado nos componentes semânticos e objetuais; e, no outro, o próprio enunciado como tal é decomposto em camadas verbo-estilísticas. A segunda tendência levada ao seu limite lógico resultaria em uma análise linguística e estilística. Entretanto, essa análise quase que estilística é acompanhada, mesmo nesse tipo de transmissão indireta, pela análise objetual do discurso alheio, o que resulta em um desmembramento analítico entre o sentido objetual e o invólucro verbal que o encarna.

Chamaremos a primeira modificação do modelo do discurso indireto de *analítico-objetual* e a segunda de *analítico-verbal*. A modificação analítico-objetual percebe o enunciado alheio no *plano puramente temático*, e tudo o que não possui significação temática simplesmente deixa de ser ouvido, captado por ela. Quanto aos aspectos da construção verbal e formal que possuem uma significação temática, ou seja, são necessários para a compreensão da posição semântica do falante, eles também são transmitidos em nossa modificação de modo temático (assim, no nosso exemplo, a construção exclamativa e a expressão de entusiasmo podem ser transmitidas pela palavra "muito") ou são introduzidos diretamente no contexto autoral como uma característica dada pelo autor.

A modificação analítico-objetual abre grandes possibilidades para as tendências de réplica e comentário do discurso do autor, mantendo, ao mesmo tempo, *uma distância nítida e rígida* entre a palavra do autor e a alheia. Graças a isso, ela constitui um meio excelente para o estilo linear de transmissão do discurso alheio. Indiscutivelmente, é uma característica dessa modificação a tendência a tematizar o enunciado alheio, preservando a solidez e a autonomia semântica em detrimento da construtiva (vimos como a construção expressiva do enunciado alheio é tematizada nela). Com certeza, isso é alcançado apenas à custa de uma certa despersonalização do discurso transmitido.

Um desenvolvimento amplo e essencial da modificação analítico-objetual somente pode ocorrer em um contexto autoral racional e dogmático, no qual, em todo caso, o interesse semântico é forte e o autor toma uma posição semântica, utilizando suas próprias palavras e falando pessoalmente. Quando isso não ocorre, nos casos em que a palavra autoral por si só é colorida e reificada ou um narrador de um tipo correspondente é introduzido de modo direto, essa modificação pode ter apenas um sentido secundário e episódico (por exemplo, em Gógol, Dostoiévski e outros).

Em geral, essa modificação é pouco desenvolvida na língua russa. Ela predomina em contextos cognitivos e retóricos (no científico, no filosófico, no político etc.), em que é necessário expor opiniões alheias sobre o assunto, comparando e discordando delas. Essa modificação é rara no discurso literário. Ela adquire certa significação apenas na obra de autores que não renunciam à *sua própria* palavra em sua *orientação* e peso *semânticos*, por exemplo em Turguêniev e, principalmente, em Tolstói. Apesar disso, mesmo nesses casos não encontramos aquela riqueza e diversidade de variações de modificação que aparecem nas línguas francesa e alemã.

Passaremos à *modificação analítico-verbal*. Ela introduz, na construção indireta, palavras e modos de dizer do discurso alheio que caracterizam a fisionomia subjetiva e estilística do enunciado alheio enquanto expressão. Essas palavras e modos de dizer são introduzidos de forma que o seu caráter específico, subjetivo e típico seja percebido com clareza, sendo que o mais comum é que eles sejam colocados entre aspas. Vejamos quatro exemplos:

1) "(Grigóri) disse, benzendo-se, que era um moço com muitas aptidões, mas tolo e *deprimido pela doença* e ainda *herege*, e que *aprendera a ser herege* com Fiódor Pávlovitch e seu filho mais velho."[21] (Fiódor Dostoiévski, *Os irmãos Karamázov*) [ed. bras.: tradução de Paulo Bezerra, São Paulo, Editora 34, 2008, p. 860]

2) "O mesmo aconteceu com os polacos: estes se apresentaram de forma altiva e independente. Testemunharam em voz alta, dizendo que, em primeiro lugar, ambos 'haviam *ser-*

---

[21] Itálicos nossos.

vido à Coroa', e que '*pan Mítia*' lhes havia proposto três mil para lhes comprar a honra, e que eles mesmos haviam visto muito dinheiro nas mãos dele."[22] [*Ibidem*, p. 867]

3) "Krassótkin repelia com altivez essa acusação, fazendo ver que com seus coetâneos, colegas de treze anos, era de fato vergonhoso brincar de cavalinho '*em nosso época*', mas que fazia isto para os '*pimpolhos*' porque gostava deles e ninguém se atreveria a exigir que ele prestasse contas de seus sentimentos."[23] [*Ibidem*, p. 678]

4) "Ele a encontrou [isto é, Nastácia Filípovna] em um estado parecido com a completa loucura: ela bradava, tremia, gritava que Rogójin estava escondido no jardim, na própria casa deles, que ela acabara de vê-lo, que ele iria *matá-la à noite... iria degolá-la*!"[24] (Aqui, na construção indireta, foi mantida a expressividade do enunciado alheio.) (Fiódor Dostoiévski, *O idiota*) [ed. bras.: tradução de Paulo Bezerra, São Paulo, Editora 34, 2002, pp. 654-5]

As palavras e expressões alheias (principalmente se estiverem entre aspas) introduzidas no discurso indireto e percebidas como específicas sofrem um "estranhamento", para utilizar o termo dos formalistas, sendo que isso ocorre justamente na direção necessária ao autor; elas se objetificam e o seu colorido aparece com mais clareza, mas, ao mesmo tempo, sobrepõem-se a elas as tonalidades autorais: ironia, humor etc.

É necessário diferenciar essa modificação do discurso indireto dos casos em que o discurso indireto passa imediatamente para o direto, embora as suas funções sejam quase idênticas: quando o discurso direto continua o indireto, a sua

---

[22] Itálicos nossos.

[23] Itálicos nossos.

[24] Itálicos nossos.

subjetividade discursiva torna-se mais clara, e isso ocorre na direção que o autor precisa. Por exemplo:

1) "Por mais que Trífon Boríssovitch tergiversasse, depois do depoimento dos mujiques confessou, porém, ter achado a nota de cem rublos, acrescentando apenas que devolvera religiosamente a quantia a Dmitri Fiódorovitch *'por sua própria honra, só que ele, como estava totalmente bêbado na ocasião, era pouco provável que pudesse se lembrar.'*"[25] [*Os irmãos Karamázov*, p. 866]

2) "Em que pese todo o mais profundo respeito à memória de seu antigo amo, ainda assim declarou, por exemplo, que este fora injusto com Mítia e que *'não educou os filhos como devia. Se não fosse eu, seu filho pequeno teria sido devorado pelos piolhos'* — acrescentou, falando da infância de Mítia."[26] [*Ibidem*, p. 859]

O caso em que o discurso direto é preparado pelo indireto, como que surgindo imediatamente dele — de modo semelhante à imagem plástica que ainda não se separou por completo da pedra bruta nas esculturas de Rodin —, é uma das modificações infinitas do discurso direto em sua interpretação pictórica.

Essa é a modificação analítico-verbal da construção indireta. Ela cria efeitos totalmente originais e pitorescos na transmissão do discurso alheio. Essa modificação pressupõe um alto grau de individualização do enunciado alheio na consciência linguística, a capacidade de perceber as nuances dos invólucros verbais do enunciado e o seu sentido objetivo. Nem a percepção autoritária do enunciado alheio, nem a racionalista têm essa característica. Na qualidade de um procedimento estilístico usual, essa modificação pode enraizar-se na língua apenas no terreno do individualismo crítico

---

[25] Itálicos nossos

[26] Itálicos nossos.

e realista, enquanto a modificação analítico-objetual é típica justamente do individualismo racionalista. Na história da linguagem literária russa, esse último período esteve quase completamente ausente. É por isso que observamos uma predominância indubitável da modificação analítico-verbal sobre a objetual. A ausência de *consecutivo temporum*[27] na língua russa também foi extremamente benéfica para o desenvolvimento da modificação analítico-verbal.

Desse modo, observamos que as nossas duas modificações, embora unidas pela tendência analítica comum do modelo, expressam concepções linguísticas profundamente diferentes da palavra alheia e do indivíduo falante. Na primeira modificação, o indivíduo falante ocupa apenas determinada posição semântica (cognitiva, ética, existencial e cotidiana) e fora dessa posição, transmitida rigorosa e objetualmente, não existe para aquele que transmite. Nesse caso, não há lugar para que ela seja condensada em uma imagem. Ao contrário, na segunda modificação, a personalidade aparece como uma *maneira* subjetiva (individual e típica), maneira de pensar e de falar, que inclui ainda a avaliação autoral dela. Nela, o indivíduo falante já é condensado em uma imagem.

Na língua russa, ainda pode ser apontada uma terceira modificação, bastante importante, da construção indireta que é usada principalmente para transmitir o discurso interior do personagem, seus pensamentos e sentimentos. Essa modificação trata o discurso alheio com muita liberdade, abreviando-o e às vezes apenas apontando os seus temas e dominantes e, por isso, pode ser chamada de *impressionista*. A entona-

---

[27] Concordância temporal entre o(s) verbo(s) da oração principal e o(s) da(s) subordinada(s). Por exemplo, o período "Ela disse que chegaria tarde hoje" ficaria em russo "Ela disse que chega tarde hoje", ou seja, o tempo verbal do discurso direto é mantido na sua transposição ao indireto. (N. da T.)

ção autoral passa fácil e livremente para a sua estrutura instável. A seguir, apresentamos uma imagem clássica da modificação impressionista retirada de O *cavaleiro de bronze*:

> Em que cisma ele? Em seu estado
> De pobre a quem só o trabalho
> Dará o azo de atingir
> Algum desafogo e honra;
> Nos planos de Deus que pudera
> Dar-lhe mais mérito e brilho;
> Ao cabo há afortunados
> De mente ociosa e pequena
> *Vivendo vidas folgadas!*
> Que só há dois anos servia;
> Pensava também que a borrasca
> Não serenava; que o rio
> Subia, subia e já as pontes
> Eram erguidas e ele estava
> Três, quatro dias apartado
> De Paracha, sua adorada
> E Ievguéni triste suspira
> E feito poeta, entra a sonhar...[28]

[Aleksandr Púchkin, *O cavaleiro de bronze*, tradução de Nina Guerra e Filipe Guerra, Lisboa, Assírio & Alvim, 1999, p. 45]

A partir desse exemplo, concluímos que a modificação impressionista do discurso indireto se situa num meio-termo entre a analítico-objetual e a analítico-verbal. Nela, por vezes, a análise do objeto é realizada nitidamente. De modo claro, algumas palavras e expressões se originam da consciên-

---

[28] Itálicos nossos.

cia do próprio Ievguêni (entretanto, sem sublinhar sua especificidade). Apesar disso, de modo mais acentuado, ouvem-se a ironia do próprio autor, sua acentuação, seu ativismo na distribuição e na síntese do material.

Passemos agora ao *modelo do discurso direto*. Ele é extremamente bem elaborado na linguagem literária russa e possui enorme variedade de modificações substancialmente distintas. O desenvolvimento do modelo do discurso direto percorreu um caminho histórico longo e instrutivo que vai desde os blocos volumosos, inertes e indivisíveis do discurso direto nos monumentos antigos até os meios modernos, flexíveis e frequentemente ambivalentes da sua introdução no contexto autoral. No entanto, neste trabalho não é possível realizar nem a análise desse percurso histórico, nem a descrição estática das modificações do discurso direto presentes na linguagem literária. Vamos nos limitar apenas às modificações nas quais ocorre uma troca mútua de entonações, uma espécie de contaminação mútua entre o contexto autoral e o discurso alheio. Além disso, não estamos tão interessados naqueles casos em que o discurso autoral ataca o enunciado alheio, penetrando-o com as suas entonações, mas naqueles em que, ao contrário, as palavras alheias se espalham e se dissipam por todo o contexto autoral, tornando-o instável e ambivalente. Entretanto, entre os dois casos nem sempre é possível traçar um limite preciso: em muitas situações, ocorre justamente uma contaminação mútua.

A primeira tendência dessas inter-relações dinâmicas (o ataque do autor) corresponde àquela modificação que pode ser chamada de *discurso direto preparado*.[29]

---

[29] Não abordaremos os meios mais primitivos da réplica e dos comentários autorais do discurso direto: a introdução nele de itálico autoral

Por exemplo, trata-se da modificação, já comentada por nós, em que o discurso direto surge do indireto. Um caso especialmente interessante e comum dessa modificação acontece quando o discurso direto surge do "discurso indireto livre", que prepara a sua percepção, e é em parte uma narrativa e em parte um discurso alheio. Os principais temas do futuro discurso direto são antecipados pelo contexto e coloridos pelas entonações do autor; assim, os limites do discurso alheio ficam extremamente enfraquecidos. Um exemplo clássico dessa modificação é a representação do estado do príncipe Míchkin antes do ataque epilético em O idiota de Dostoiévski, mais precisamente em quase todo o capítulo 5 da segunda parte dessa obra (nela há ainda exemplos magníficos do discurso indireto livre). Nesse capítulo, o discurso direto do príncipe Míchkin soa o tempo todo em seu próprio mundo, pois a narração é realizada pelo autor dentro dos limites do seu (do príncipe Míchkin) horizonte. Aqui, a palavra alheia ocorre em um fundo aperceptivo meio alheio (do próprio personagem) e meio autoral. No entanto, esse caso mostra-nos com toda a clareza que uma penetração tão profunda das entonações autorais no discurso direto quase sempre acarreta um enfraquecimento da objetividade do próprio contexto autoral.

Outra modificação que pertence à mesma tendência pode ser chamada de *discurso direto reificado*. Nesse caso, o contexto autoral se constrói de um modo em que as definições objetuais do personagem (dadas pelo autor) fazem som-

(ou seja, a mudança de ênfase); a sua interrupção com todo tipo de observações, colocadas entre parênteses ou simplesmente sinais de exclamação, de interrogação e de perplexidade ("sic" e assim por diante). Para a superação da inércia do discurso direto, é de enorme importância a introdução, nos lugares adequados, de verbos de elocução combinados com comentários e réplicas do autor.

bras espessas sobre o seu discurso direto. Aquelas avaliações e emoções que permeiam a apresentação objetual do personagem são transferidas para suas próprias palavras. Apesar da diminuição do peso semântico das palavras alheias, há o fortalecimento da sua importância caracterizadora, do seu colorido ou da sua especificidade no cotidiano. Por exemplo, quando reconhecemos no palco um personagem cômico pela sua maquiagem, figurino e aspecto geral, e estamos prestes a rir antes de entender o sentido de suas palavras. É assim, na maioria dos casos, o discurso direto nas obras de Gógol e dos representantes da chamada "escola natural".[30] Na sua primeira obra,[31] Dostoiévski tentou justamente devolver a alma a essa palavra alheia reificada.

A preparação do discurso alheio e a antecipação do seu tema, das suas avaliações e ênfases pela narrativa do autor podem tornar o contexto autoral tão fortemente subjetivizado e marcado com os tons do personagem que esse mesmo contexto passa a soar como um "discurso alheio", dotado, no entanto, de entonações autorais. A narrativa somente nos limites do horizonte do próprio personagem (razão pela qual Bally acusava Zola) — não somente nos limites do horizonte espacial e temporal, mas ainda valorativo e entonacional — cria um fundo aperceptivo extremamente peculiar para o enunciado alheio. Tudo isso nos permite falar sobre uma modificação específica do discurso alheio *antecipado, disperso e oculto* no contexto autoral que parece irromper no enunciado real e direto do personagem.

---

[30] Surgida nos anos 1840, principalmente sob a influência da obra de Nikolai Gógol, trata-se de uma etapa inicial do realismo russo, em que se procurava aproximar a arte ao máximo da vida real. (N. da T.)

[31] Trata-se da novela *Gente pobre*, publicada em 1846 (ed. bras.: tradução de Fátima Bianchi, São Paulo, Editora 34, 2009). (N. da T.)

Essa modificação é muito recorrente na prosa contemporânea, sobretudo na obra de Andrei Biéli[32] e dos escritores que foram influenciados por ele (ver, por exemplo, Ehrenburg, *Nikolai Kúrbov*).[33] No entanto, os exemplos clássicos dessa modificação devem ser procurados nas obras de Dostoiévski do primeiro e do segundo períodos (no último período, essa modificação aparece menos). Faremos uma análise da sua novela *Uma história desagradável*.[34]

O conto inteiro pode ser colocado entre aspas como uma narrativa do "narrador", ainda que ele não esteja marcado na temática e na composição da obra. Mesmo dentro do conto, quase todo epíteto, definição e avaliação também podem ser colocados entre aspas, por serem gerados na consciência de um ou outro personagem.

Citaremos um pequeno fragmento do início da novela:

> "Naquela época, numa noite clara e glacial de inverno, já pela meia-noite, três *homens extremamente respeitáveis* estavam reunidos numa sala confortável e até luxuosa em uma *bela* casa de dois andares no Lado Petersburgo, onde encetavam uma *séria e edificante* conversa sobre um tema muito *interessante*. Esses três homens eram generais. Estavam sentados ao redor de uma pequena mesinha,

---

[32] Andrei Biéli (1880-1934), pseudônimo de Boris Bugáiev, foi um escritor, poeta e crítico literário, um dos mais proeminentes representantes do simbolismo russo. Seu principal romance, *Petersburgo* (1913), foi publicado no Brasil em tradução de K. Asryantz e S. Kardash (Indaiatuba, Ars Poética, 1992). (N. da T.)

[33] Iliá Ehrenburg (1891-1967), poeta, escritor, tradutor e crítico. O título completo da obra citada no texto é *Jizn i guíbel Nikoláia Kúrbova* [*A vida e a morte de Nikolai Kúrbov*] (1923). (N. da T.)

[34] Novela publicada em 1862 (ed. bras.: Fiódor Dostoiévski, *Uma história desagradável*, tradução de Priscila Marques, São Paulo, Editora 34, 2016; o trecho citado a seguir está na p. 11). (N. da T.)

cada um em uma *bela* e macia poltrona, e intercalavam calma e *confortavelmente* a conversa com goles de champanhe."[35]

Se desconsiderarmos o complexo e interessante jogo de entonações, teremos que definir esse trecho como extremamente ruim e vulgar do ponto de vista estilístico. De fato, em oito linhas impressas, aparecem duas vezes o epíteto "belo", duas vezes o epíteto "confortável" e os outros epítetos são "luxuoso", "sério", "edificante", "extremamente respeitável"!

Esse estilo seria merecedor da mais dura reprovação se levássemos essa descrição a sério, como se fosse do autor (assim como ocorre em Turguêniev e Tolstói) ou, ao menos, do narrador, porém de um só narrador (como no *Ich-Erzählung* [narrativa em primeira pessoa]). No entanto, esse trecho não deve ser tratado assim. Cada um desses epítetos vulgares, inexpressivos e que não dizem nada são uma arena de encontro e de embate de duas entonações, de dois pontos de vista, de dois discursos!

Apresentaremos mais alguns fragmentos da descrição do dono da casa, do conselheiro privado Nikíforov:

"Duas palavras sobre ele: começou sua carreira como um funcionário pequeno e sem recursos, arrastou-se com tranquilidade nessa lenga-lenga por cerca de 45 anos a fio, sabia muito bem aonde chegaria, não daria para pegar as estrelas do céu, embora já tivesse duas no peito; não gostava especialmente de expressar sua opinião pessoal sobre o que quer que fosse. Além disso, era honrado, ou seja, não chegou a fazer nada de particularmente de-

---

[35] Itálicos nossos.

sonesto; era solteiro por ser egoísta; não era nem um pouco bobo, mas não suportava exibir sua inteligência; não gostava em particular de desleixo nem de exaltação, que considerava desleixo moral; no final da vida deixou-se absorver por um *conforto tranquilo* e *indolente* e uma solidão sistemática. [...] Tinha uma aparência *extremamente respeitável*, estava sempre com a *barba feita*, parecia mais jovem, bem conservado, prometia viver muito ainda e se comportava como um *verdadeiro cavalheiro*. Sua posição era bastante confortável: participava de reuniões e assinava documentos. *Em uma palavra, era considerado uma pessoa magnífica*. Tinha apenas uma paixão, ou melhor dizendo, um desejo ardente: ter sua *própria casa*, uma casa mesmo, uma residência *em grande estilo* e não um investimento. Seu desejo, enfim, se realizou."[36]

Agora se torna claro de onde surgiram os epítetos tão vulgares e monótonos presentes no trecho anterior que, no entanto, são tão *propositais* em sua vulgaridade e monotonia. Eles foram gerados pela consciência do general que saboreia seu conforto, sua casinha própria, sua posição e sua patente, isto é, pela consciência do conselheiro privado Nikíforov que se tornou alguém na vida. Eles poderiam ser colocados entre aspas, como "o discurso alheio", o discurso de Nikíforov. No entanto, eles não pertencem exclusivamente a ele. A narração é conduzida pelo narrador que, ao bajular, concordar em tudo e ao falar a língua dos "generais", parece solidário com eles, porém exagera tudo de modo provocativo, entregando todas as palavras possíveis e reais deles à ironia e ao escárnio do autor. Em cada epíteto vulgar da nar-

---

[36] Fiódor Dostoiévski, *Uma história desagradável*, tradução de Priscila Marques, 2016, p. 12. (N. da T.)

rativa, o autor, por *medium* do narrador, ironiza e escarnece do seu personagem. Por meio disso, cria-se, no nosso fragmento, um jogo complexo de entonações que é quase impossível de ser transmitido na leitura em voz alta.

Toda a narrativa posterior é construída dentro do horizonte de outro personagem principal — Pralínski. Toda ela está repleta de epítetos e de avaliações desse personagem, ou seja, pelo seu discurso oculto, e é justamente nesse cenário, penetrado pela ironia autoral, que surge de fato o seu "discurso direto" colocado entre aspas, seja ele interior ou exterior.

Desse modo, quase todas as palavras desse conto, do ponto de vista da expressão, da tonalidade emocional, da posição enfática na frase *compartilham simultaneamente dois contextos entrecruzados, dois discursos*: o discurso do autor narrador (irônico e escarnecedor) e o discurso do personagem (que nem pensa em ironia). O fato de pertencer simultaneamente a dois discursos, diferentes em sua expressividade, explica ainda a originalidade da construção das frases, as "quebras sintáticas" e a peculiaridade estilística. Se houvesse apenas um discurso, tanto a construção frasal quanto o estilo seriam diferentes. Temos diante de nós um caso clássico de um fenômeno linguístico quase não estudado: *a interferência discursiva*.

Na língua russa, o fenômeno da interferência discursiva pode ocorrer de modo parcial na modificação analítico-verbal do discurso indireto, naqueles seus casos comparativamente raros em que, nos limites da transmissão indireta, são conservadas não apenas palavras e expressões isoladas, mas sobretudo a construção expressiva do enunciado alheio. Foi o que ocorreu no nosso quarto exemplo, onde a construção exclamativa do enunciado direto foi transferida, ainda que de modo tênue, para o discurso indireto. Como resultado, obteve-se certa discrepância entre duas entonações: a transmissão analítica do autor de caráter sereno e narrativo-protocolar e a histérica e agitada do personagem meio louco. Disso decorre que uma distorção peculiar da fisionomia sintática dessa frase, ao servir a dois senhores, pertence simultaneamente a dois discursos. Entretanto, no terreno do discurso indireto o fenômeno da interferência discursiva não pode receber nenhuma expressão sintática nítida e estável.

O *discurso indireto livre* é o caso mais importante e sintaticamente estereotipado (pelo menos na língua francesa) da confluência interferente de dois discursos com entonações de direções distintas. Por ser de extrema importância, dedicaremos a ele todo o capítulo seguinte. Nele, analisaremos ainda a história dessa questão nos estudos romano-germânicos. A discussão e as opiniões expressas sobre o discurso indireto livre (principalmente da escola de Vossler) são de grande interesse metodológico e, por isso, receberão uma abordagem crítica. No momento, nos limites do presente capítulo estudaremos mais alguns fenômenos que são próximos do discurso indireto livre e que aparentemente serviram de terreno para o seu surgimento e formação na língua russa.

Até aqui, nos interessamos apenas por aquelas modificações ambíguas e bifaciais do discurso direto em sua interpretação pictórica e, por isso, deixamos de abordar uma das suas modificações "*lineares*" mais importantes: o *discurso direto retórico*.

A importância sociológica dessa modificação "persuasiva" em suas diferentes variantes é muito grande. No entanto, não podemos nos deter nelas. Enfocaremos apenas alguns fenômenos que acompanham a retórica.

Existe um fenômeno muito conhecido: *a pergunta retórica e a exclamação retórica*. Do ponto de vista de nossa abordagem, são interessantes alguns casos que, devido à sua localização no contexto, fazem parte desse fenômeno. Eles se situam bem na fronteira entre o discurso autoral e o alheio (normalmente interior) e, muitas vezes, integram diretamente este ou aquele, ou seja, podem ser interpretados simultaneamente como uma pergunta ou exclamação do autor e como uma pergunta ou exclamação do personagem direcionadas a si próprio.

Eis um exemplo de pergunta:

"Mas quem será, no brilho da lua, no meio de um silêncio profundo, que vem vindo com passos leves? O russo acordou. Diante dele, com um sorriso terno e silencioso, estava a jovem circassiana. Ele a mirou em silêncio e pensou: deve ser um sonho enganador, um jogo fútil dos sentimentos cansados [...]" (Púchkin, *O prisioneiro do Cáucaso*)[37]

As palavras finais (interiores) do personagem parecem responder à pergunta retórica do autor, e esta última pode ser interpretada como uma pergunta do discurso interior do próprio personagem.

Agora vejamos um exemplo de exclamação:

"Acabou, acabou, disse um som terrível; a natureza diante dele se encobriu. Adeus sagrada liberdade! Ele é um escravo." (*Idem*)

Em prosa, são muito comuns os casos em que uma pergunta do tipo "O que poderia ser feito?" introduz as reflexões do personagem ou uma narrativa sobre suas ações, sendo que essa pergunta pertence ao mesmo tempo ao autor e ao personagem, que se encontra em uma situação difícil.

---

[37] Tradução literal e não versificada do poema de Púchkin, *Kavkázki pliénnik* [*O prisioneiro do Cáucaso*] (1820-21). O poema narra a prisão de um oficial russo pelos circassianos, uma população do Cáucaso, e de seu amor por uma bela jovem da região. (N. da T.)

No entanto, nessas perguntas e exclamações, assim como em outras semelhantes, prevalece, sem dúvida, a atividade do autor, e por isso elas nunca são colocadas entre aspas. Aqui fala o próprio autor, mas ele faz isso em nome do personagem, como se falasse no seu lugar. Segue um exemplo interessante desse tipo:

"Apoiando-se nas lanças, os cossacos contemplavam o correr escuro do rio e, em frente deles, pretejando na bruma, boiava a arma do malfeitor... Em que está pensando, cossaco? Está lembrando das batalhas de antigamente... Adeus povoados livres, casa paterna, Don calmo, guerra e lindas donzelas! O inimigo oculto atracou às margens, a flecha saiu da aljava, ergueu-se e o cossaco caiu do monte ensanguentado." (*Idem*)

Aqui, o autor se antecipa ao seu personagem, fala por ele aquilo *que* ele poderia ou deveria dizer, *que* convém à situação. Púchkin se despede da pátria do cossaco no lugar dele (algo que o próprio cossaco, obviamente, não é capaz de fazer).

Essa fala no lugar do outro se aproxima muito do discurso indireto livre. Chamaremos esse caso de *discurso direto substituído*. É claro, essa substituição pressupõe que tanto o discurso do autor quanto o discurso substituído do personagem (possível, necessário) devam ter *a mesma direção entonativa*, por isso aqui não ocorre nenhuma interferência.

Quando no âmbito de um contexto retoricamente construído há uma solidariedade total entre o autor e o personagem nas avaliações e nas entonações, a retórica do autor e a do personagem às vezes começam a se sobrepor, as suas vozes se fundem, formando longos períodos que pertencem simultaneamente à narrativa do autor e ao discurso interior (que, no entanto, às vezes também pode ser exterior) do personagem. Esse fenômeno quase não pode ser distinguido do discurso indireto livre; falta apenas a interferência. Foi no terreno da retórica byroniana do jovem Púchkin que se formou (aparentemente pela primeira vez) o discurso indireto livre. Em *O prisioneiro do Cáucaso*, o autor é totalmente solidário com seu personagem tanto nas avaliações quanto nas entonações. A narrativa é construída nos tons do personagem e os discursos deste nos tons do autor. Por exemplo, encontramos o seguinte trecho nessa obra:

> "Lá se estendem os cumes uniformes da serra, entre os quais o caminho solitário se perde na longitude sombria... E o peito do jovem prisioneiro *agitava-se com um pensamento soturno*... À Rússia, um caminho longínquo leva, no país onde a juventude ardente ele iniciou com orgulho e despreocupado; onde ele conheceu a primeira alegria, onde deixou muitas benquerenças, onde abraçou um imenso sofrimento, onde arruinou a esperança, a felicidade e o desejo... Ele conheceu as pessoas e o mundo assim como o preço da vida infiel. Nos corações das pessoas encontrou a traição, nos sonhos do amor um delírio insano... Liberdade!... *Apenas a você* ele ainda procurava no mundo sob a lua... Aconteceu... Ele no mundo nada vê que lhe dê esperança. E *vocês*, os últimos sonhos, *vocês* o abandonaram. Ele é um escravo."[38] (*Idem*)

Nas linhas acima, obviamente foi transmitido um "pensamento soturno" do próprio prisioneiro. Este é o seu discurso; porém, do ponto de vista formal, ele foi pronunciado pe-

---

[38] Itálicos nossos.

lo autor. Se em todo lugar substituirmos o pronome pessoal "ele" por "eu" e fizermos as substituições correspondentes das formas verbais, não haverá desvios ou equívocos nem de natureza estilística nem de qualquer outra. Chama a atenção que, nesse discurso, foram introduzidos os tratamentos em segunda pessoa (direcionados à liberdade e aos sonhos), fato que destaca mais ainda a identificação do autor com o personagem. Dos pontos de vista estilístico e semântico, esse discurso do personagem em nada difere do seu discurso direto retórico, pronunciado na segunda parte do poema.

"Esqueça-me: eu não valho o teu amor, a tua admiração... Sem o enlevo, sem desejos, eu murcho, vítima das paixões...
... Por que você não apareceu antes aos meus olhos, nos dias em que eu acreditava na esperança e nos sonhos embriagadores!? Porém agora é tarde! Eu morri para a felicidade, o fantasma da esperança partiu..." (*Idem*)

Todos os autores que escreveram sobre o discurso indireto livre (talvez apenas com exceção de Bally) reconheceriam no nosso exemplo um modelo perfeito.

No entanto, tendemos a considerar o presente caso como um discurso substituído. Na verdade, é necessário apenas um passo para transformá-lo no indireto livre. Púchkin deu esse passo, ao se separar dos seus personagens e ao opor a eles um contexto autoral mais objetivo permeado por suas avaliações e entonações. No entanto, no exemplo que acabamos de citar ainda faltam as interferências entre o discurso autoral e o alheio, bem como, por conseguinte, os sinais gramaticais e estilísticos gerados por elas que diferenciam o discurso indireto livre do contexto autoral circundante. Pois, no nosso caso, reconhecemos o discurso do "prisioneiro" somente pelos indicadores puramente semânticos. Não sentimos aqui uma fusão entre dois discursos com orientações *diferentes*, assim como não sentimos *firmeza* e *resistência* do discurso alheio à transmissão autoral.

Por fim, para mostrar o que seria de fato um discurso indireto livre, citaremos um exemplo magnífico do poema *Poltava*[39] de Púchkin. E assim terminaremos o presente capítulo.

> "Porém, uma raiva diligente ele [Kotchubiéi] guardou bem no coração. Em um pesar impotente, ele agora ao caixão lançava os pensamentos. O mal a Maziépa não desejava — em tudo culpava apenas a filha. Mas também a perdoou: diante de Deus ela responderia, cobrindo a família de vergonha, esquecendo do céu e da lei... Enquanto isso, com um olhar de águia, entre os próximos ele buscava para si companheiros corajosos, inabaláveis, incorruptíveis..."[40]

---

[39] Poema de Púchkin publicado entre 1828 e 1829. O nome do poema é uma referência à batalha de Poltava (1709), ocorrida perto da cidade ucraniana de mesmo nome, em que o exército de Pedro, o Grande, derrotou as tropas suecas. (N. da T.)

[40] Tradução literal e não versificada do poema. (N. da T.)

4

Discurso indireto livre nas línguas francesa, alemã e russa

O discurso indireto livre na língua francesa. A concepção de Tobler. A concepção de Th. Kalepky. A concepção de Bally. A crítica do objetivismo abstrato hipostático de Bally. Bally e o vosslerianos. O discurso indireto livre na língua alemã. A concepção de Eugen Lerch. A concepção de Lorck. A doutrina de Lorck sobre o papel da fantasia na linguagem. A concepção de Gertraud Lerch. O discurso alheio na língua francesa antiga. O discurso alheio na língua francesa média. Durante o Renascimento. O discurso indireto livre em La Fontaine e La Bruyère. O discurso indireto livre em Flaubert. O surgimento do discurso indireto livre na língua alemã. A crítica do subjetivismo hipostático dos vosslerianos.

Para o fenômeno do discurso indireto livre nas línguas francesa e alemã, os autores sugeriram definições terminológicas diversas. De fato, cada um dos que escreveram sobre essa questão propôs seu próprio termo. De modo recorrente, usamos o termo de Gertraud Lerch "*uneigentlich direkte Rede*" como o mais neutro de todos os sugeridos, como o que envolve o *minimum* de teoria. Quando aplicado às línguas russa e alemã, esse termo é impecável. Ele ainda pode gerar algumas dúvidas apenas em relação à língua francesa.

Eis alguns exemplos do discurso indireto livre na língua francesa:

1) "Il protesta: '*son père la haïssait!*'."
No "discurso direto" seria:
"Il protesta et s'écria: '*Mon père te haït!*'."
No discurso indireto:
"Il protesta et s'écria *que son père la haïssait.*"
No discurso não propriamente indireto:
"Il protesta: '*son père, s'écria-t-il, la haïssait!*'."
(Esse exemplo de Balzac foi tomado de empréstimo de G. Lerch.)

2) "Tout le jour il avait l'œil au guet; et la nuit, si quelque chat faisait du bruit, *le chat prenait l'argent.*" (La Fontaine)

3) "En vain il [le colonel] parla de la sauvagerie du pays et de la difficulté pour une femme d'y voyager: elle [miss Lydia] *ne craignait rien; elle aimait par-dessus tout à voyager à cheval; elle se faisait une fête de coucher au bivouac; elle menaçait d'aller en Asie-Mineure.* Bref, elle avait réponse à tout, car *jamais Anglaise n'avait été en Corse; donc elle devait y aller.*" (P. Mérimée, "Colomba")

4) "Resté seul dans l'embrasure de la fenêtre, le cardinal s'y tint immobile, un instant encore [...] Et se bras frémissants se tendirent, dans un geste d'imploration: '*O Dieu! puisque ce médecin s'en allait ainsi, heureux de sauver l'embarras de son impuissance, ô Dieu, que ne faisiez-vous un miracle pour montrer l'éclat de votre pouvoir sans bornes! Un miracle, un miracle!*' Il le demandait du fond de son âme de croyant." (Zola, *Rome* [*Roma*])

(Os dois últimos exemplos são citados e discutidos por Kalepky, Bally e Lorck.)

O fenômeno do discurso indireto livre como uma forma especial de transmissão do enunciado alheio, juntamente com os discursos direto e indireto, foi pela primeira vez apontado por Tobler em 1887 (em *Zeitschr. f. roman. Philol* [*Revista de Filologia Românica*], XI, p. 437).

Ele definiu esse fenômeno como "uma fusão peculiar entre os discursos direto e indireto" (*Eigentümliche Mischung direkter und indirekter Rede*). De acordo com Tobler, essa forma fundida empresta do discurso direto *o tom e a ordem das palavras*, e do indireto *os tempos* e *as pessoas* dos verbos.

Essa definição pode ser aceita apenas como puramente descritiva. De fato, do ponto de vista de uma descrição superficial e comparativa das características, as diferenças e as semelhanças do discurso indireto livre com os discursos direto e indireto foram apontadas corretamente por Tobler.

No entanto, a palavra "fusão" nessa definição é totalmente inadmissível, pois inclui a explicação genética: "formou-se a partir de uma fusão", fato que dificilmente pode ser comprovado. Mesmo do ponto de vista puramente descritivo, ela é errônea, pois temos diante de nós não uma fusão mecânica simples ou uma soma aritmética de duas formas, mas uma tendência positiva completamente *nova* da percepção ativa do enunciado alheio, *uma orientação específica* da dinâmica da inter-relação entre o discurso autoral e o alheio. Mas Tobler não percebe em absoluto essa dinâmica, constatando apenas as características abstratas dos modelos.

Essa é a definição de Tobler. Mas como ele explica o surgimento da nossa forma?

— O falante, na qualidade de comunicador dos acontecimentos passados, cita o enunciado do outro de forma independente, assim como ele soou no passado. Além disso, o falante muda o *Präsens* [presente] do enunciado efetivo para o *Imperfectum*, a fim de mostrar que o enunciado é simultâneo aos acontecimentos passados que estão sendo transmitidos. Em seguida, ele realiza outras alterações (nas formas pessoais do verbo e nos pronomes) para que não se pense que o enunciado pertence ao próprio narrador.

Essa explicação de Tobler foi fundamentada sobre um esquema errôneo, porém muito difundido na linguística antiga: qual seria o raciocínio e as motivações do falante, se ele introduzisse essa nova forma de modo consciente e por sua própria conta e risco?

Não obstante, mesmo admitindo que esse esquema de explicação seja aceitável, os motivos do "falante" de Tobler não parecem ser totalmente convincentes e claros: se ele quer manter a independência do enunciado, como soou de fato no passado, não seria melhor transmitir o enunciado alheio na forma do discurso direto?; pois assim a sua relação com o passado e o fato de pertencer ao personagem e não ao narrador não gerariam nenhuma dúvida. Ou ainda, uma vez que se emprega o *Imperfectum* e a terceira pessoa, não seria mais fácil usar simplesmente a forma do discurso indireto? Pois *aquilo que é fundamental na nossa forma — a inter-relação totalmente nova entre o discurso autoral e o alheio* — não é expresso nos motivos de Tobler. Para ele, são apenas duas formas antigas, a partir das quais ele quer criar uma nova.

Acreditamos que, no esquema citado, os motivos do falante podem explicar, no melhor dos casos, apenas o uso em uma ou outra situação concreta de uma forma *já pronta*, porém de modo algum podem elucidar o surgimento de uma *nova* forma na língua. Por um lado, os motivos e as intenções individuais do falante podem desenvolver-se conscientemente apenas nos limites das possibilidades gramaticais atuais, e, por outro, dentro das condições da comunicação sociodiscursiva predominantes nesse grupo. Essas possibilidades e condições são *dadas* e são elas que delimitam o horizonte linguístico do falante. As suas forças individuais não são suficientes para abrir esse horizonte.

Quaisquer que sejam as intenções do falante; quaisquer que sejam os erros que cometa, por mais que analise, misture ou combine as formas, ele não criará nenhum novo modelo gramatical na língua nem uma nova tendência da comunicação sociodiscursiva. Nas intenções subjetivas do falante, só terá um caráter criativo aquilo que se encontrar no caminho das tendências, em formação e em constituição, da interação sociodiscursiva dos falantes, tendências essas que se transformam em função de fatores socioeconômicos. Foi necessária uma mudança ou um deslocamento dentro da comunicação sociodiscursiva e da orientação mútua dos enunciados para que se formasse uma percepção essencialmente nova da palavra alheia, posteriormente expressa no discurso indireto livre. Em sua constituição, essa forma começa a fazer parte também do conjunto de possibilidades linguísticas e é apenas dentro dele que as intenções discursivas individuais dos falantes podem ser definidas, motivadas e realizadas de modo produtivo.

O próximo autor que escreveu sobre o discurso indireto livre foi *Th. Kalepky* (*Zeitschrift f. roman. Philol* [*Revista de Filologia Românica*], XIII, 1899, pp. 491-513). Ele reconheceu o discurso indireto livre como uma terceira forma totalmente independente de transmissão do discurso alheio e o definiu como *um discurso oculto* ou *velado* (*verschleierte Rede*). O sentido estilístico dessa forma se encontra na necessidade de adivinhar quem fala. De fato, do ponto de vista abstrato e gramatical, é o autor que fala; já, do ponto de vista do sentido efetivo de todo o contexto, é o personagem.

Sem dúvida, a análise de Kalepky representa um passo adiante na abordagem de nossa questão. Ao invés de uma junção mecânica das características abstratas dos dois modelos, ele tenta apalpar uma direção estilística *nova e positiva* da nossa forma. Kalepky também compreendeu corretamente a *ambiguidade* do discurso indireto livre. Entretanto, a sua definição de ambiguidade está incorreta. Não podemos concordar com Kalepky quando ele propõe que se trata de um discurso mascarado e que o sentido do procedimento está justamente na adivinhação do falante. Como ninguém começa o processo de compreensão com reflexões abstrato-gramaticais, todos imediatamente entendem que, pelo sentido, é o personagem que fala. As dificuldades surgem apenas para um gramático. Além disso, apesar da ausência completa do dilema "ou — ou" na nossa forma, o seu *specificum* está justamente no fato de que aqui fala *tanto* o personagem *quanto* o autor de modo simultâneo, que aqui nos limites de uma construção linguística são mantidas as ênfases de duas vozes diferentemente orientadas. Vimos que o fenômeno do discurso alheio verdadeiramente oculto também está presente na língua. Também vimos como a ação velada desse discurso alheio escondido no contexto autoral causou fenômenos gramaticais e estilísticos específicos nesse contexto. No entanto, essa é uma outra modificação do "discurso alheio". Já o discurso indireto livre é um discurso *aparente*, embora seja ambíguo como Janus.

A principal falha metodológica de Kalepky está no fato de que ele interpreta o nosso fenômeno linguístico nos limites da *consciência individual* e busca suas raízes psicológicas e seus efeitos estético-subjetivos. Ainda voltaremos à crítica dos princípios dessa abordagem na análise das ideias dos vosslerianos (Lorck, E. Lerch e G. Lerch).

Em 1912, Bally se manifestou sobre a nossa questão (*GRM*, IV, pp. 549 ss., 597 ss.). Em 1914, respondendo à polêmica de Kalepky, ele novamente voltou à questão em um artigo fundamental intitulado "Figures de pensée et formes linguistiques" (*GRM*, IV, 1914, pp. 405 ss., 456 ss.).

A essência da opinião de Bally consiste no seguinte: ele considera o discurso indireto livre uma espécie nova e tardia da forma clássica do discurso indireto. Na sua opinião, ele se formou do seguinte modo: *Il disait, qu'il était malade > il disait: il était malade > il était malade (disait-il)*.[41] De acordo com Bally, o desaparecimento da conjunção "que" pode

---

[41] É claro que a forma transitiva do meio é uma ficção linguística.

ser explicado pela nova tendência da língua de preferir as combinações oracionais paratáticas às hipotáticas. Em seguida, Bally aponta que essa espécie de discurso indireto, chamada por ele de *style indirect libre*, não é uma forma congelada, mas se encontra em movimento, tendendo ao discurso direto, que é seu limite. Nos casos mais expressivos, de acordo com Bally, é difícil delimitar onde termina o *style indirect libre* e começa o *style direct*. A propósito, ele considera ser este o caso do trecho de Zola que citamos no quarto exemplo. Mais precisamente quando o cardeal se dirige a Deus: "ô Dieu! que ne faisiez vous un miracle!" — junto com a característica do discurso indireto (*Imperfectum*) encontramos a segunda pessoa na frase, como ocorre no discurso direto. Bally considera que, na língua alemã, uma forma análoga ao *style indirect libre* seria o discurso indireto do segundo tipo (com omissão da conjunção e com a ordem de palavras do discurso direto).

Bally distingue de modo rigoroso as *formas linguísticas* (*formes linguistiques*) e as *figuras de pensamento* (*figures de pensée*). Estas últimas são entendidas como aqueles meios de expressão, que, do ponto de vista da língua, não são lógicos, nos quais é violada a inter-relação entre o signo linguístico e a sua significação comum. As figuras de pensamento não podem ser consideradas fenômenos linguísticos no sentido estrito da palavra, pois não há características linguísticas precisas e estáveis que as expressem. Ao contrário, os sinais linguísticos correspondentes não significam na língua o mesmo que as figuras de pensamento. Bally inclui o discurso indireto livre, desde que em suas formas puras, entre as figuras de pensamento. Com efeito, do ponto de vista estritamente gramatical temos o discurso do autor; já do ponto de vista do sentido, o do personagem. Entretanto, esse "do ponto de vista do sentido" não é representado por nenhum signo linguístico específico. Consequentemente, temos diante de nós um fenômeno extralinguístico.

Em traços gerais, essa é a concepção Bally. No presente momento, esse linguista é o maior representante do objetivismo abstrato na linguística. Bally hipostasia e dá vida às formas da língua obtidas por meio da abstração dos discursos verbais concretos (prático-cotidianos, literários, científicos e assim por diante). Essa abstração dos linguistas ocorre, como já mostramos, com o propósito de decifrar uma língua alheia morta e ensiná-la em termos práticos. Então, Bally dá vida e coloca em movimento essas abstrações linguísticas: a modificação do discurso indireto aspira ao modelo do discurso direto e nesse processo se forma o discurso indireto livre. Um papel criativo na constituição da nova forma é atribuído à supressão da conjunção "que" e do verbo introdutor do discurso. Na verdade, no sistema abstrato da língua, em que Bally insere as *formes linguistiques* não há movimento, não há vida, não há realização. A vida começa apenas quando um enunciado encontra o outro, isto é, quando começa a interação discursiva, mesmo que ela não seja direta, "face a face", mas mediada e literária.[42]

Não é uma forma abstrata que aspira a outra forma, mas ocorre uma mudança na orientação mútua dos dois enunciados com base na alteração da percepção ativa do "indivíduo falante", da sua autonomia semântico-ideológica e da sua individualidade discursiva pela consciência linguística. A supressão da conjunção "que" não aproxima duas formas abstratas, mas dois enunciados com toda a sua plenitude semântica: é como se uma barragem se rompesse e as entonações autorais fluíssem livremente para o discurso alheio.

Outro resultado do objetivismo hipostático é a ruptura metodológica entre as formas linguísticas e as formas do pensamento, entre a *langue* e a *parole*. Na verdade, as formas

---

[42] Sobre as formas da interação discursiva com e sem mediação, ver o artigo de L. P. Iakubínski mencionado acima.

linguísticas, como Bally as entende, existem apenas nas gramáticas e nos dicionários (onde, é claro, a sua existência é totalmente legítima), porém na realidade viva da língua elas estão profundamente imersas no universo irracional (do ponto de vista abstrato e gramatical) das "*figures de pensée*". Bally tampouco tem razão ao apontar a construção indireta alemã do segundo tipo como análoga ao discurso indireto livre francês.[43] Esse erro é extremamente típico. Do ponto de vista abstrato e gramatical, a analogia de Bally é impecável, porém, do ponto de vista da tendência sociodiscursiva, essa comparação não resiste a uma crítica. Em diferentes línguas, a mesma tendência sociodiscursiva (determinada pelas mesmas condições socioeconômicas) pode ter diversas expressões externas, a depender das suas estruturas gramaticais. Justamente aquele modelo de uma língua que resulta ser mais flexível nessa situação, começa a se modificar em uma determinada direção. Na língua francesa, esse modelo é o discurso indireto, já, em alemão e russo, o discurso direto.

Passaremos agora a analisar o ponto de vista dos *vosslerianos*. Esses linguistas mudam o foco da sua pesquisa, da gramática para a estilística e a psicologia, das "formas linguísticas" para as "figuras de pensamento". Como já sabemos, as suas discordâncias com Bally são profundas. Em sua crítica às ideias do linguista genovês, Lorck, utilizando a terminologia de Humboldt, opõe à visão da língua como ἔργον de Bally à concepção dela como ενέργεια. Desse modo, nessa questão particular, o ponto de vista de Bally é confrontado diretamente com os fundamentos do subjetivismo individualista. Entram em cena, como fatores explicativos do dis-

---

[43] Kalepky apontou para esse erro de Bally. Em seu segundo trabalho, Bally o corrige parcialmente.

curso indireto livre, o afeto na linguagem, a fantasia na linguagem, a empatia, o gosto linguístico e assim por diante.

Mas antes de passarmos à análise das suas ideias, daremos três exemplos do discurso indireto livre na língua alemã:

1) "Der Konsul ging, die Hände auf dem Rücken, umher und bewegte nervös die Schultern [...].
Er hatte keine Zeit. Er war bei Gott überhäuft. Sie sollte sich gedulden und sich gefälligst noch fünfzigmal besinnen!" (Thomas Mann, *Os Buddenbrook*)

["O cônsul, mãos nas costas, andava de cá para lá. Os seus ombros moviam-se nervosamente [...]
Thomas não tinha tempo. Deus sabia que andava sobrecarregado. Tivesse ela paciência, reconsiderasse o caso umas cinquenta vezes!"]

2) "Herrn Gosch ging es schlecht; mit einer schönen und großen Armbewegung wies er die Annahme zurück, er können zu den Glücklichen gehören. Das beschwerliche Greisenalter nahte heran, es war da, wie gesagt, seine Grube war geschaufelt. Er konnte abends kaum noch sein Glas Grog zum Munde führen, ohne die Hälfte zu verschütten, so machte der Teufel seinen Arm zittern. Da nützte kein Fluchen... Der Wille triumphierte nicht mehr." (*Idem*)

["O sr. Gosch andava mal; rejeitou com um belo gesto do braço a ideia de que pudesse pertencer aos felizes. Aproximava-se a velhice penosa; ela tinha até chegado, e, como já dissera, a cova se encontrava aberta para ele. De noite, mal podia erguer até a boca um copo de grogue sem derramar a metade; de tal modo o diabo lhe fazia tremer a mão. Praguejar não adiantava. A vontade não triunfava mais."]

3) "Nun kreuzte Doktor Mantelsack im Stehen die Beine und blätterte in seinem Notizbuch. Hanno Buddenbrook saß vornübergebeugt und rang unter dem Tisch die Hände. *Das B, der Buchstabe B war an der Reihe! Gleich würde sein Name ertönen, und er würde aufstehen und nicht eine Zeile wissen, und es würde einen Skandal geben, eine laute, schre-*

ckliche Katastrophe, so guter Laune der Ordinarius auch sein mochte... Die Sekunden dehnten sich martervoll. 'Buddenbrook'... jetzt sagte er 'Buddenbrook'... 'Edgar' sagte Doktor Mantelsack..." (*Idem*)

["Agora o professor cruzou as pernas, ainda de pé, e folheou a agenda. Hanno Buddenbrook, no seu assento, inclinou-se para a frente e torceu as mãos por baixo do banco. *O B! Era a vez da letra B! Num instante ressoaria o seu nome. E ele ia levantar-se e não saberia nem uma linha, e haveria um escândalo, uma catástrofe barulhenta e horrorosa, por mais bem-humorado que estivesse o regente da classe...* Os segundos prolongaram-se penosamente. *'Buddenbrook'... Agora, ele diria 'Buddenbrook'...*

— Edgar! — disse o dr. Mantelsack."][44]

Nesses exemplos está claro que o discurso indireto livre na língua alemã é completamente análogo ao russo do ponto de vista gramatical.

Nesse mesmo ano de 1914, Eugen Lerch (*GRM*, VI, p. 470) expressou-se a respeito do discurso indireto livre. Na sua definição, o discurso indireto livre é um "discurso como fato" (*Rede als Tatsache*). O discurso alheio é transmitido nessa forma como se seu conteúdo fosse um fato comunicado pelo próprio autor. Comparando os discursos direto, indireto e indireto livre entre si do ponto de vista da realidade que é própria do seu conteúdo, Lerch chega à conclusão de que o discurso indireto livre é o mais real. Ele lhe dá até mesmo uma preferência estilística em relação ao discurso indireto devido à vivacidade e à concretude da impressão. Essa é a definição de Lerch.

---

[44] As passagens acima em alemão não foram traduzidas no original russo. As traduções entre colchetes são de Herbert Caro (Thomas Mann, *Os Buddenbrook*, São Paulo, Companhia das Letras, 2016). (N. da T.)

Em 1921, E. Lorck produziu uma pesquisa detalhada sobre o discurso indireto livre em um livro pequeno sob o título *Die "Erlebte Rede"*. Esse livro foi dedicado a Vossler. Nessa obra, Lorck se detém ainda de modo minucioso na história de nossa questão.

Lorck define o discurso indireto livre como "discurso vivido" (*Erlebte Rede*) em contraste com os discursos direto e indireto, entendidos respectivamente como "discurso falado" (*Gesprochene Rede*) e "comunicado" (*Berichtete Rede*).

Lorck explica sua definição do seguinte modo. Suponhamos que Fausto pronunciasse, em cena, seu monólogo: "Habe nun, ach! Philosophie,/ Juristerei [...]/ Durchaus studiert mit heißem Bemühn" ["Tenho estudado, que desgraça! Filosofia, Jurisprudência [...] completamente e com grande empenho"]. Aquilo que o personagem enuncia em primeira pessoa, o ouvinte vivencia na terceira: "Faust hat nun, ach! Philosophie" ["Fausto tem estudado, que desgraça! Filosofia"]. E essa mudança que se realiza no interior da própria vivência perceptiva aproxima estilisticamente o discurso percebido do relato.

Se o ouvinte quiser agora transmitir a um outro, um terceiro, o discurso de Fausto, ouvido e vivenciado por ele, ele o citará ou literalmente na forma direta "Habe nun, ach! Philosophie" ["Tenho estudado, que desgraça! Filosofia"] ou na indireta: "Faust sagt, dass er leider" ["Fausto diz que ele infelizmente"] ou "Er hat leider" ["Ele tem estudado infelizmente"]. Mas se ele quiser despertar na sua alma a impressão viva da cena vivenciada, ele lembrará: "Faust hat nun, ach! Philosophie", ou então, já que se trata de impressões passadas: "Faust hatte nun, ach!" ["Fausto tinha estudado, que desgraça!"].

Desse modo, o discurso indireto livre, de acordo com Lorck, é uma forma de representação direta da vivência do discurso alheio e da impressão viva dele, e é, portanto, pouco apropriado para transmitir o discurso para um outro, um terceiro. Com efeito, nessa transmissão o caráter da mensagem será perdido e parecerá que a pessoa fala consigo própria ou delira. Portanto, torna-se claro que, na linguagem falada, ele não é usado, e tem como objetivo apenas a representação artística. Nesse caso, a sua significação estilística é enorme.

De fato, para um artista, no processo de criação, as imagens de suas fantasias representam a própria realidade; ele não somente as vê como também as escuta. Ele não as força a falarem (como no discurso direto), mas as ouve falando. Essa impressão viva das vozes ouvidas, como se fossem um sonho, pode ser expressa diretamente apenas na forma do discurso indireto livre. Esta é a forma da própria fantasia. Foi por isso que ela soou pela primeira vez no mundo mágico de La Fontaine e é por isso que ela é o procedimento predileto de artistas como Balzac e principalmente Flaubert, capazes de submergir totalmente no mundo criado pela sua fantasia, esquecendo-se de tudo.

O artista, ao usar essa forma, também se dirige somente à fantasia do leitor. Ele não aspira comunicar com sua ajuda qualquer fato ou conteúdo do pensamento, deseja apenas transmitir diretamente as suas impressões, despertar na alma do leitor imagens e representações vivas. Ele não se dirige à razão, mas à imaginação. No discurso indireto livre, o autor fala apenas do ponto de vista da razão que raciocina e analisa; já para a fantasia viva quem fala é o personagem. A fantasia é a mãe dessa forma.

A ideia fundamental de Lorck, que ele desenvolve em outros dos seus trabalhos,[45] consiste na afirmação de que, *na linguagem, o papel criativo pertence não à razão, mas justamente à fantasia*. Apenas as formas já criadas pela fantasia,

---

[45] *Passé défini, imparfait, passé indéfini. Eine grammatisch-psychologische. Studie von E. Lorck* [*Passado definido, imperfeito, passado indefinido. Um estudo gramático-psicológico de E. Lorck*].

prontas, petrificadas e abandonadas pelo seu espírito vivo entram na disposição da razão. Já ele próprio não cria nada.

De acordo com Lorck, a linguagem não é uma existência pronta (ἔργον), mas um eterno processo de formação e um acontecimento vivo (ενέργεια); ela não é um meio nem um instrumento para alcançar objetivos alheios, mas um organismo vivo que carrega o seu objetivo dentro de si e também o realiza dentro de si. Essa autossuficiência criativa da linguagem se realiza por meio da fantasia linguística. A fantasia se sente dentro da linguagem como no seu elemento nativo vital. Para a fantasia, a linguagem não é um meio, mas carne da sua carne e sangue do seu sangue. A fantasia se satisfaz com o próprio jogo da linguagem por si só. Um autor como Bally aborda a língua do ponto de vista da razão e por isso não é capaz de compreender as formas que ainda estão vivas dentro dela, nas quais ainda pulsa o processo de formação, que ainda não se transformaram em um meio para a razão. Foi por isso que Bally não compreendeu a peculiaridade do discurso indireto livre e, ao não encontrar nele um sentido lógico único, o excluiu da língua.

Do ponto de vista da fantasia, Lorck tenta compreender e interpretar a forma *Imparfait* no discurso indireto livre. Lorck distingue *Défini-Denkakte* e *Imparfait-Denkakte*. Esses atos se distinguem não pelo seu conteúdo de pensamento, mas pela forma da sua realização. No *Défini*, nosso olhar se dirige para fora, para o mundo dos objetos e conteúdos pensados e, no *Imparfait*, para dentro, para o mundo do pensamento em formação e em constituição.

Os *Défini-Denkakten* possuem caráter fatual-constativo. Já os *Imparfait-Denkakten* são dotados de caráter vivencial e impressivo. Nestes, a própria fantasia recria o passado vivo.

Lorck analisa o exemplo seguinte:

"L'Irlande poussa un grand cri de soulagement, mais la Chambre des lords, six jours plus tard, *repoussait* le Bill: Gladstone tombait." ["A Irlanda deu um grande grito de alívio, mas a Câmara dos Lordes, seis dias depois, *rejeitava* o projeto: Gladstone caía."] (*Revue de Deux Mondes*, 1900, maio, p. 159)

Como diz Lorck, se substituirmos os dois *Imparfait* pelo *Défini*, sentiremos com muita clareza a diferença: "Gladstone tombait" possui um tom sentimental, já "Gladstone tomba"[46] soa como um comunicado seco e oficial. No primeiro caso, o pensamento parece se deter sobre o seu objeto e sobre si mesmo. No entanto, o que preenche a consciência aqui não é imagem da queda de Gladstone, mas o sentimento da importância do acontecimento ocorrido. Algo diferente acontece no caso de "la Chambre des lords repoussait le Bill". Há uma espécie de precipitação nervosa das consequências do ocorrido: o *Imparfait* em *repoussait* expressa uma espera tensa. Basta pronunciar a frase em voz alta para captar essas particularidades na orientação psíquica do falante. A última sílaba de *repoussait* é pronunciada em tom alto, expressando tensão e espera. Essa tensão encontra a sua solução e uma espécie de tranquilização em *Gladstone tombait*. Em ambos os casos, o *Imparfait* é marcado pelo sentimento e repleto de fantasia; ele nem tanto constata quanto vivencia de modo demorado e recria a ação referida. É justamente essa a significação do *Imparfait* no discurso indireto livre. Na atmosfera de fantasia criada por essa forma, o *Défini* seria impossível.

Essa é a concepção de Lorck; ele mesmo chama a sua análise de estudo no campo da alma linguística (*Sprachsee-*

---

[46] Respectivamente "Gladstone caía" e "Gladstone caiu", em francês no original. (N. da T.)

le). Segundo ele, esse campo (*"das Gebiet der Sprachseelenforschung"* [o campo de pesquisa sobre a alma da língua]) foi descoberto pela primeira vez por K. Vossler. Em seu trabalho, Lorck segue o caminho trilhado por Vossler.

Lorck analisa a questão no plano estático, psicológico. No trabalho publicado em 1922, *Gertraud Lerch*, tenta criar, também no terreno vossleriano, uma ampla perspectiva histórica para nossa forma. Em seu trabalho há uma série de observações extremamente valiosas, por isso vamos nos deter nele com um pouco mais de atenção.

O papel que a fantasia desempenhava na concepção de Lorck é atribuído na concepção de Lerch à empatia (*Einfühlung*). É justamente ela que encontra a sua expressão adequada no discurso indireto livre. As formas do discurso direto e indireto vêm precedidas pelo verbo introdutor (disse, pensou etc.). Com isso, o autor transfere a responsabilidade do que foi dito ao personagem. Como no discurso indireto livre esse verbo é omitido, o autor representa os enunciados do personagem como se ele mesmo os levasse a sério, como se tratasse de fatos e não apenas do que foi dito ou pensado. De acordo com Lerch, isso é possível somente por meio da empatia do poeta com as criações da sua própria fantasia, quando ele se identifica ou se iguala a elas.

Como essa forma foi se constituindo historicamente? Quais são as premissas históricas necessárias do seu desenvolvimento?

Na língua francesa antiga, as construções psicológicas e gramaticais ainda não estavam tão rigorosamente diferenciadas como hoje. As combinações paratáticas e hipotáticas até então se misturavam de muitas formas. A pontuação era embrionária. Por isso, não havia limites claros entre o discurso direto e o indireto. O narrador do francês antigo ainda não sabia fazer a distinção entre as imagens da sua fantasia e o seu próprio "eu". Ele participava de modo íntimo dos seus atos e palavras, agia como seu intercessor e defensor. Ele até então não havia aprendido a transmitir as palavras do outro em sua apresentação externa literal, evitando a sua própria participação e intervenção. O seu temperamento francês antigo ainda estava longe da observação tranquila e contemplativa, bem como do julgamento objetivo. No entanto, essa dissolução do narrador em seus personagens na língua francesa antiga não era apenas resultado da livre escolha dele, mas também da necessidade, pois não havia formas lógicas e sintáticas rígidas para uma delimitação mútua clara. É justamente no terreno desse defeito gramatical, e não como um procedimento estilístico livre, que surgiu, pela primeira vez, o discurso indireto livre na língua francesa antiga. Ali, ele foi o resultado da pura incapacidade gramatical de separar o ponto de vista e a posição do narrador da posição dos personagens.

Apresentamos um trecho curioso de *Eulalia-Sequenz*[47] (segunda metade do século IX).

> Ellent adunet lo suon element:
> *melz sostendreiet les empedementz*
> *qu'elle perdesse sa Virginitet.*
> Poros furet morte a grand honestet.
>
> ["Ela reúne sua energia:/ *é melhor suportar os sofrimentos*/ *do que perder a sua virgindade*./ Foi por isso que ela morreu com grande honra."][48]

---

[47] Também conhecida como *Sequência de Santa Eulália*, trata-se de uma obra hagiográfica datada do fim do século IX. (N. da T.)

[48] Na versão original, o trecho em francês antigo foi traduzido para o russo. (N. da T.)

Aqui, segundo Lerch, a decisão firme e inabalável da santa está em consonância (*Klingt zusammen*) com a defesa ardente do autor a favor dela.

Na Idade Média tardia, na língua francesa média, já não ocorre mais essa autoimersão nas almas alheias. Os historiadores daquele período raramente utilizam *praesens historicum*, e o ponto de vista do narrador é separado com clareza dos pontos de vista dos personagens representados. O sentimento cede lugar à razão. A transmissão do discurso alheio torna-se impessoal e inexpressiva, e nela se ouve mais o narrador do que aquele que fala.

Depois desse período despersonalizante, inicia-se o individualismo nítido do Renascimento. A transmissão do discurso alheio tende novamente a se tornar mais intuitiva. O narrador mais uma vez busca se aproximar do seu personagem e estabelecer com ele uma relação mais íntima. O estilo se caracteriza por uma sequência modo-temporal instável, livre, psicologicamente marcada e inconstante.

No século XVII começam a se formar, em oposição à irracionalidade linguística do Renascimento, regras modo-temporais rígidas do discurso indireto (sobretudo graças a Oudin, 1632). Um equilíbrio harmonioso se estabelece entre o pensamento objetivo e o subjetivo, entre a análise objetiva e a expressão das impressões pessoais. Tudo isso acompanhado por uma pressão da Academia.

O discurso indireto livre somente pôde surgir de modo consciente como um procedimento estilístico livre depois que, graças ao estabelecimento do *consecutivo temporum*, foi criada a base sobre a qual ele pôde ser percebido com clareza. Ele surge pela primeira vez em La Fontaine, mantendo-se assim o equilíbrio entre o subjetivo e o objetivo próprio do Neoclassicismo.

A omissão do verbo do discurso revela a identificação do narrador com o personagem; já o uso do *imperfectum* (em oposição ao *praesens* do discurso direto) e a escolha do pronome característico do discurso indireto evidenciam que o narrador mantém a sua posição independente, que ele não se dissolve por completo nos sentimentos do seu personagem.

Para o fabulista La Fontaine, o procedimento do discurso indireto livre era muito conveniente por superar com muito êxito o dualismo entre a análise abstrata e a impressão direta, levando-as a uma consonância harmoniosa. O discurso indireto é excessivamente analítico e sem vida. Já o discurso direto, embora recrie de modo dramático o enunciado alheio, é incapaz de criar nesse mesmo movimento o palco para ele, isto é, um *milieu* psicológico e emocional para sua percepção.

Se La Fontaine utilizava esse procedimento para a empatia simpática, La Bruyère extrai dele efeitos satíricos intensos. Ele não representa os seus personagens em um país mágico nem faz uso de um humor brando: por meio do discurso indireto livre, expressa o seu embate interior e a superação em relação aos personagens. Ele toma como ponto de partida as criaturas por ele representadas. Todas as imagens de La Bruyère são refratadas de modo irônico pelo *medium* da sua falsa objetividade.

Esse procedimento revela um caráter ainda mais complexo na obra de Flaubert. Flaubert fixa o seu olhar justamente naquilo que lhe é repugnante e odioso, mas mesmo assim é capaz de sentir empatia, de se identificar com o odioso e o repugnante. O discurso indireto livre torna-se, na obra dele, tão ambíguo e inquieto quanto sua própria orientação em relação a si mesmo e às suas criações: a sua posição interior vacila entre a admiração e o repúdio. O discurso indireto livre, que permite ao mesmo tempo identificar-se com as suas criações e manter a sua posição independente, a sua distância em relação a elas, é extremamente benéfico para expressar esse amor-ódio por seus personagens.

Essas são as ideias interessantes de Gertraud Lerch. Acrescentaremos ao panorama histórico de desenvolvimento do discurso indireto livre na língua francesa as informações retiradas da obra de Eugen Lerch sobre a época em que esse procedimento surgiu na língua alemã. Nela, o discurso indireto livre apareceu muito tardiamente: como um procedimento consciente e elaborado, ele ocorreu pela primeira vez na obra *Os Buddenbrook* (1901) de Thomas Mann pelo visto sob a influência direta de Zola. Essa "epopeia familiar" é narrada pelo autor em tons emocionais, como se fosse em nome de um simples membro do clã dos Buddenbrook que lembra e, ao lembrar, revive intensamente toda a história dessa família. Acrescentamos que, em seu último romance *A montanha mágica* (1924), Thomas Mann aplica esse procedimento de modo ainda mais sutil e profundo.

Até onde sabemos, não há mais nada essencial e novo sobre a questão analisada. Passaremos à análise crítica das ideias de Lorck e Lerch.

Nos trabalhos de Lorck e Lerch, o objetivismo hipostático de Bally é confrontado com o subjetivismo individualista consequente e expresso de modo claro. Na base da alma linguística se encontra a crítica individual e subjetiva dos falantes. A língua em todas as suas manifestações se torna uma expressão das forças psíquico-individuais e das intenções semânticas individuais. A formação da língua se revela como uma formação do pensamento e da alma dos indivíduos falantes.

Esse subjetivismo individualista dos vosslerianos é tão inaceitável para a explicação do nosso fenômeno concreto quanto o objetivismo abstrato de Bally. De fato, a personalidade falante, os seus sentimentos, as suas intenções subjetivas, os propósitos, os planos estilísticos conscientes não existem fora da sua objetivação material na língua. Pois fora da sua manifestação linguística, mesmo que seja no discurso interior, a personalidade não é dada nem a si mesma nem aos outros; ela pode iluminar e conceber em sua alma apenas aquilo que possui um material objetivo elucidativo, uma luz de consciência materializada em palavras formadas, em avaliações, em ênfases. A personalidade subjetiva interior com sua autoconsciência própria é dada não como um fato material, que pode servir de apoio a uma explicação causal, mas como um ideologema. A personalidade interior com todas as suas intenções subjetivas, com todas as suas profundezas interiores, é apenas um ideologema, e ainda por cima um ideologema impreciso e instável, enquanto ela não se definir em produtos mais estáveis e elaborados da criação ideológica. Por isso é inútil explicar quaisquer fenômenos e formas ideológicos por meio de fatores e intenções psíquico-subjetivos, pois isso significa explicar um ideologema mais claro e definido por meio de um outro ideologema mais confuso e desordenado. A língua elucida a personalidade interior e a sua consciência, criando-as, diferenciando-as e aprofundando-as, e não o contrário. É verdade que a própria personalidade se constitui não somente nas formas abstratas da língua, mas também nos seus temas ideológicos. A personalidade, do ponto de vista do seu conteúdo subjetivo interior, é um tema da língua, e esse tema se desenvolve e se diversifica na direção das construções linguísticas mais estáveis. Por conseguinte, não é a palavra que expressa a personalidade interior, mas a personalidade interior que é uma palavra externalizada ou internalizada. A palavra, por sua vez, é uma expressão da comunicação social, da interação de personalidades materiais e dos produtores. As condições dessa comunicação inteiramente material determinam e condicionam a definição temática e construtiva que a personalidade interior receberá em uma dada época e em um dado ambiente, como ela conceberá a si mesma, quão rica e segura será essa autoconsciência, como ela motivará e avaliará os seus atos. A formação da consciência individual dependerá da formação da língua, no sentido, é claro, de sua estrutura gramatical e concreto-ideológica. A personalidade interior se forma juntamente com a língua (esta compreendida de modo concreto e sob todos os seus aspectos) como um dos seus temas mais importantes e profundos. A formação da língua, por sua vez, é um aspecto da formação da comunicação, sendo inseparável dessa comunicação e de sua base material. A base material determina a diferenciação da sociedade, sua organização social e política, posiciona e situa hierarquicamente as pessoas que nela interagem, determinando o lugar, o tempo, as condições, as formas, os meios da comunicação discursiva que, por sua vez, determinam os destinos do enunciado individual em uma época de desenvolvimento da língua, o grau da sua impenetrabilidade, o grau de diferenciação de percepção dos seus diferentes aspectos, o caráter da sua individualização semântica e discursiva. Antes de mais nada, isso é expresso nas construções estáveis da língua, em seus modelos e nas modificações destes. Aqui, a personalidade falante não é dada como um tema instável, mas como uma construção mais estável (que, no entanto, no plano concreto é inseparavelmente ligada a um determinado conteúdo temático correspondente). Aqui, nas formas de transmissão do discurso alheio, a própria língua reage à personalidade como portadora da palavra.

O que fazem então os vosslerianos? Com as suas explicações, eles oferecem apenas uma tematização instável do reflexo estrutural estável da personalidade falante; traduzem para a linguagem das motivações individuais, por mais sutis e sinceras que sejam, os acontecimentos da formação social, os acontecimentos históricos. Eles entregam a ideologia à ideologia. Entretanto, os fatores materiais objetivos dessas ideologias — bem como das formas da língua e das motivações subjetivas do seu uso — permanecem fora do seu campo de análise. Não afirmamos que esse trabalho de ideologização da ideologia seja totalmente inútil, pelo contrário, às vezes é muito importante tematizar uma construção formal para facilitar o acesso às suas raízes objetivas, pois se trata de raízes comuns. O ânimo e o aguçamento ideológico trazidos pelos vosslerianos idealistas para a linguística ajudam a compreender alguns aspectos da língua, que se tornaram mortos e petrificados nas mãos do objetivismo abstrato. Temos que ser gratos a eles por isso. Eles instigaram e avivaram a alma ideológica da língua, que nas mãos de alguns linguistas lembrava às vezes um fenômeno da natureza-morta. Contudo, eles não se aproximaram da explicação verdadeira e objetiva da língua. Eles se aproximaram da vida da história, mas não da explicação da história; da sua superfície sempre agitada, sempre em movimento, mas não das forças profundas que a movem. Em sua carta a Eugen Lerch, anexa ao livro, é característico que Lorck tenha chegado à seguinte afirmação, um pouco inesperada. Ao mostrar a necrose e a rigidez racional da língua francesa, ele acrescenta: "Para ela existe apenas uma possibilidade de renovação: no lugar da burguesia deve vir o proletariado" (*"Für sie gibt es nur eine Möglichkeit der Verjüngung: anstelle des Bourgeois muß der Proletarier zu Worte kommen"*).

Como relacionar isso com o papel excepcionalmente criativo da fantasia na língua? Por acaso o proletário é tão fantasioso assim?

É claro que Lorck tem em mente outra coisa. Provavelmente ele entende que o proletariado trará consigo novas formas de comunicação e de interação sociodiscursiva dos falantes, bem como todo um universo novo de entonações e ênfases sociais. Ele trará consigo também uma nova concepção linguística da personalidade falante, da própria palavra, da verdade linguística. Lorck devia ter em vista algo semelhante ao afirmar isso. Pois um burguês pode fantasiar tão bem quanto um proletário. Além disso, ele tem mais tempo livre.

O subjetivismo individualista de Lorck aplicado à nossa questão concreta se manifestou no fato de que a dinâmica da inter-relação entre o discurso autoral e o alheio não se refletiu na sua concepção. O discurso indireto livre, ao contrário de uma impressão passiva do enunciado alheio, expressa uma orientação ativa, dificilmente limitada à substituição da primeira pela terceira pessoa, trazendo no enunciado alheio suas ênfases que se chocam e interferem nas ênfases da palavra alheia. Tampouco é possível concordar com Lorck que a forma do discurso indireto livre seja mais próxima da percepção e da vivência diretas do discurso alheio. Toda forma de transmissão do discurso alheio percebe a palavra alheia do seu jeito, trabalhando ativamente com ela. Gertraud Lerch parece captar essa dinâmica, porém a expressa na linguagem subjetiva psicológica. Desse modo, ambos os autores tentam analisar um fenômeno tridimensional como se fosse uma superfície plana. No fenômeno linguístico objetivo do discurso indireto livre, combinam não a empatia com a manutenção da distância dos limites da alma individual, mas as ênfases do personagem (empatia) com as ênfases do autor (distância) nos limites da mesma construção linguística.

Tanto Lorck quanto Lerch igualmente desconsideram um aspecto extremamente importante para a compreensão do nosso fenômeno: a avaliação contida em cada palavra viva e expressa pela ênfase e pela entonação expressiva do enunciado. O sentido do discurso não é dado fora da sua ênfase e entonação viva e concreta. No discurso indireto livre, reconhecemos a palavra alheia não tanto pelo sentido tomado abstratamente, mas sobretudo pela ênfase e entonação do personagem, isto é, pela orientação valorativa do discurso.

Percebemos como essas avaliações alheias interrompem as ênfases e as entonações do autor. Como sabemos, é essa a diferença entre o discurso indireto livre e o discurso substituído, em que não aparece nenhuma ênfase nova em relação ao contexto autoral circundante.

Voltaremos aos exemplos russos de discurso indireto livre.

Eis um excerto muito característico novamente retirado do poema *Poltava*, de Púchkin:

"Mazepa, com tristeza fingida, eleva ao tsar uma voz submissa. '*Deus sabe e são todos testemunhas: ele, o pobre hétmã,*[49] *por vinte anos serviu o tsar com alma fiel; foi coberto pela sua generosidade infinita, elevado às alturas... Oh, como a raiva é cega e insana! Seria possível que ele, no limiar da morte, se iniciasse na doutrina das traições e obscurecesse a glória benevolente? Não seria ele que se recusou com indignação a ajudar Stanislav, com vergonha renunciou à coroa da Ucrânia e enviou por dever as cartas secretas ao tsar? Não seria ele que permaneceu surdo às incitações do khan*[50] *e do sultão de Constantinopla? Com o esforço, na desgraça, estava feliz em lutar com a mente e o sabre contra os inimigos do tsar branco, sem poupar esforços e a vida; porém hoje o inimigo cruel ousou envergonhar os seus cabelos brancos! Quem seriam eles? Iskra, Kotchubei. Que foram seus amigos por tanto tempo!...*' E, com lágrimas ávidas de sangue, em uma ousadia fria, o vilão exigia a execução deles... Execução de quem? Ancião impiedoso! A filha de quem ele estava abraçando? Porém, com

---

[49] Nome histórico do chefe de Estado na Ucrânia. (N. da T.)

[50] Líder nas tribos mongóis. (N. da T.)

frieza, ele terminou o queixume sonolento do seu coração..."⁵¹

Nesse trecho, a sintaxe e o estilo são determinados, por um lado, pelas tonalidades valorativas da resignação, da queixa chorosa de Mazepa, mas, por outro, essa "súplica chorosa" está subordinada à orientação valorativa do contexto autoral, às suas ênfases narrativas, que, nesse caso, são marcadas por nuances de revolta, que adiante se expressam na pergunta retórica: "Execução de quem? Ancião impiedoso! A filha de quem ele estava abraçando?...".

Na leitura em voz alta desse trecho, é totalmente possível transmitir a entonação dupla de cada palavra, isto é, por meio da própria leitura da queixa de Mazepa, desmascarar com indignação a sua hipocrisia. Temos, diante de nós, um caso muito simples de entonações retóricas nítidas, um tanto primitivas. Na maioria dos casos, justamente quando o discurso indireto livre se torna um fenômeno de massa na nova prosa ficcional, a transmissão sonora da interferência valorativa não é possível. Além disso, o próprio desenvolvimento do discurso indireto livre está relacionado à passagem dos grandes gêneros de prosa para o registro mudo. Apenas esse emudecimento da prosa tornou possível a presença de múltiplos planos e a complexidade das estruturas entonacionais, impossível de ser transmitida pela voz, que são características da nova literatura.

Um exemplo de interferência de dois discursos, impossível de ser transmitido de modo adequado em voz alta, pode ser encontrado em O *idiota* de Dostoiévski:

"E por que ele, o príncipe, não foi até ele agora mas se desviou como se nada tivesse notado, em-

---

[51] Tradução nossa, não versificada. (N. da T.)

bora os seus olhares se tivessem cruzado. (Sim, os olhos deles se cruzaram! E os dois se encontraram). Ora, há pouco ele mesmo não quis pegá-lo pelo braço e ir junto com ele *para lá*? Ora, não foi ele mesmo que desejou procurá-lo amanhã e dizer-lhe que estivera na casa dela? Ora, ele mesmo não renegara o seu demônio quando ia para lá, no meio do caminho, quando de chofre a alegria lhe encheu a alma? Ou havia realmente alguma coisa em Rogójin, isto é, em toda a imagem desse homem *projetada hoje*, em todo o conjunto das suas palavras, dos seus movimentos, dos seus atos, dos seus olhares, que poderia justificar os terríveis pressentimentos do príncipe e os cochichos revoltantes do seu demônio? Alguma coisa que lhe deixasse ver por si mesma mas que é difícil analisar e narrar, que é impossível justificar mediante causas suficientes mas que, não obstante, apesar de toda essa dificuldade e essa impossibilidade, produz uma impressão absolutamente completa e irrefutável que se transforma involuntariamente na mais completa convicção?

Convicção de quê (oh, como atormentava o príncipe a monstruosidade, a 'humilhação' dessa convicção, 'desse vil pressentimento', e como ele se acusava a si mesmo!)?"[52]

Aqui, tocaremos brevemente em um problema muito importante e interessante da *encarnação sonora do discurso alheio revelado pelo contexto autoral*.

A dificuldade da entonação valorativa expressiva consiste, nesse caso, nas passagens constantes do horizonte valorativo do autor para o horizonte do personagem e vice-versa.

[52] Fiódor Dostoiévski, *O idiota*, tradução de Paulo Bezerra, São Paulo, Editora 34, 2002, p. 268. (N. da T.)

Quais são os casos e quais são os limites que possibilitam interpretar o personagem? Por uma interpretação absoluta entendemos não apenas a mudança da entonação expressiva — mudança que é ainda possível nos limites de uma voz, de uma única consciência — mas também a mudança de voz por meio de todo o conjunto de traços que a individualizam, a mudança da pessoa (ou seja, de máscara), no sentido do conjunto de todos os traços que atribuem um caráter individual à mímica e aos gestos e, por fim, um fechamento total em si dessa voz e dessa pessoa ao longo de todo o papel interpretado. Pois as entonações autorais já não poderão penetrar e derramar-se nesse mundo fechado individual. Como resultado do fechamento da voz alheia e da pessoa alheia, torna-se impossível a passagem gradativa do contexto autoral para o discurso alheio e deste para o contexto autoral. O discurso alheio passa a soar como no drama, no qual não há um contexto circundante e onde às réplicas do personagem se opõem as réplicas de outro personagem gramaticalmente distintas delas. Desse modo, a interpretação absoluta permite instaurar entre o discurso alheio e o contexto autoral relações análogas à de uma réplica com outra em um diálogo. Com isso, o autor é colocado ao lado do personagem e as suas relações são dialogizadas. O resultado inevitável de tudo isso é que, na leitura em voz alta de prosa de ficção, a interpretação absoluta do discurso alheio é possível apenas em raríssimas ocorrências. Caso contrário, torna-se inevitável o conflito com as principais tarefas artísticas do contexto. É óbvio que, nessas raríssimas ocorrências, pode-se tratar apenas das modificações lineares e moderadamente pictóricas da construção direta. Mas se o discurso direto é entrecortado pelas observações responsivas do autor, ou se nele caem as sombras demasiadamente densas do contexto avaliativo do autor, então a interpretação absoluta se torna impossível.

Entretanto, seria possível uma interpretação parcial (sem reencarnação) que permite realizar passagens entonacionais gradativas entre o contexto autoral e o discurso alheio, e, em alguns casos, quando existem modificações bifacetais, é possível combinar todas as entonações em uma única voz. É verdade que isso é possível apenas nos casos análogos aos que citamos. As perguntas e exclamações retóricas frequentemente possuem funções de passagem de um tom a outro.

Resta-nos tirar conclusões da nossa análise do discurso indireto livre, bem como de toda a terceira parte do nosso trabalho. Seremos breves e tentaremos evitar repetições, pois todo o essencial está no próprio texto.

Acompanhamos as formas mais importantes de transmissão do discurso alheio. Não fizemos descrições gramaticais abstratas, mas tentamos encontrar nessas formas uma prova de como a própria língua, em diferentes épocas de seu desenvolvimento, percebe a palavra alheia e a personalidade falante. O tempo todo tínhamos em vista que os destinos do enunciado e da personalidade falante na língua refletem os destinos sociais da interação discursiva, da comunicação verboideológica em suas tendências essenciais.

A palavra, como um fenômeno ideológico *par excellence*, existe em uma formação e transformação ininterruptas; ela reflete com sensibilidade todos os deslocamentos e as mudanças sociais. Nos destinos da palavra estão os destinos da sociedade falante. No entanto, há diferentes modos de acompanhar a formação dialética da palavra. É possível estudar a *formação do sentido*, ou seja, a história da ideologia no sentido exato da palavra: *a história do conhecimento* como a história da formação da verdade absoluta, pois esta é eterna apenas como uma formação eterna da verdade absoluta, a *história da literatura* como a formação da verdade artística.[53]

---

[53] Nesse trecho, "verdade" traduz duas palavras russas diferentes, *ístina* e *pravda* a primeira contém a acepção de verdade absoluta e a segunda, de verdade no nível mais cotidiano. (N. da T.)

Esse é o primeiro caminho. O outro caminho se encontra diretamente ligado e correlacionado ao primeiro: é o estudo da *formação da própria língua* como *matéria ideológica*, como *meio da refração ideológica da existência*, pois o reflexo da refração da existência na consciência humana se realiza somente na palavra e por meio da palavra. Obviamente é impossível estudar a formação da língua abstraindo completamente a existência social refratada nela e as forças refratantes das condições socioeconômicas. É impossível estudar a formação da palavra abstraindo a formação da verdade absoluta e da verdade artística na palavra, bem como a sociedade humana para a qual a verdade e a verdade absoluta existem. Desse modo, esses dois caminhos, em uma mútua interação contínua, estudam o *reflexo e a refração da formação da natureza e da história na formação da palavra*.

No entanto, existe mais um caminho: a *refração da formação social da palavra na própria palavra*, sendo que esse caminho se desdobra em dois: *a história da filosofia da palavra* e *a história da palavra na palavra*. Nosso trabalho assume justamente esta última direção. Compreendemos perfeitamente a sua insuficiência e esperamos apenas que o próprio fato de colocar o problema da palavra na palavra possua uma significação essencial. A história da verdade absoluta, a história da verdade artística e a história da língua podem ganhar muito com o estudo das refrações do seu fenômeno principal — *o enunciado concreto* — nas construções da própria língua.

Faremos uma breve conclusão sobre o discurso indireto livre e a tendência social expressa por ele.

O surgimento e o desenvolvimento do discurso indireto livre devem ser estudados em ligação estreita com o desenvolvimento de outras modificações também pictóricas dos discursos direto e indireto. Então, ficará evidente que ele se encontra no grande caminho do desenvolvimento das línguas europeias modernas, sinalizando uma virada essencial nos destinos sociais do enunciado. A vitória das formas extremas do estilo pictórico na transmissão do discurso alheio se explica, é claro, não pelos fatores psicológicos nem pelas tarefas individuais e estilísticas do artista, mas por uma *subjetivação geral e profunda da palavra-enunciado ideológica*. A palavra-enunciado já não é um monumento, e nem mesmo um documento da posição semântica essencial: ela é percebida apenas como uma expressão do estado ocasional subjetivo. Na consciência linguística, as camadas tipificadoras e individualizantes do enunciado se diferenciaram tanto que encobriram e relativizaram por completo o seu núcleo semântico, a posição social responsável realizada nele. É como se o enunciado deixasse de ser objeto de uma consideração semântica séria. A palavra categórica ainda existe apenas no contexto científico, a palavra "que vem de si": a palavra *afirmativa*. Em todos os demais campos da criação verbal não predomina a palavra "proferida" [*izretchónnoie*], mas a palavra "criada" [*sotchiniónnoie*]. Neste segundo caso, toda a atividade discursiva se reduz à alocação das "palavras alheias" e das "palavras quase alheias". Mesmo nas ciências humanas surge a tendência de substituir um enunciado responsável sobre a questão pela apresentação do estado atual dessa questão na ciência com um cálculo e uma síntese indutiva "do ponto de vista que prevalece no presente momento", que então é considerada como uma "solução" mais sólida da questão. Tudo isso mostra a instabilidade e a insegurança impressionantes da palavra ideológica. O discurso científico das artes, da retórica, da filosofia e das humanidades se torna um reino das "opiniões", das opiniões pressupostas, e mesmo nessas opiniões sobressai em primeiro plano não aquilo que propriamente se expressa nelas, mas "como" elas são compreendidas de modo individual e típico. Esse processo nos destinos da palavra da Europa burguesa atual e em nosso país (quase até nos tempos atuais) pode ser definido como *objetificação da palavra*, como *diminuição do tematismo da pala-*

vra. Tanto entre nós quanto na Europa Ocidental, os ideólogos desse processo são as tendências formalistas da poética, da linguística e da filosofia da linguagem. É praticamente desnecessário falar aqui das premissas de classe que explicam esse processo, bem como seria desnecessário repetir as palavras justas de Lorck sobre os únicos caminhos possíveis da renovação da palavra ideológica, temática, penetrada pela avaliação social confiante e categórica, palavra séria e responsável nessa sua seriedade.

Anexo

Plano de trabalho de Volóchinov

NOTA DAS TRADUTORAS

O plano e as ideias norteadoras traduzidos neste anexo constam do arquivo pessoal de Valentin Nikoláievitch Volóchinov preservado no Arquivo Estatal da Federação Russa [Gossudárstvennyi Arkhív Rossíiskoi Federátsii — GARF], fundo 4655, op. 2, d. 462. Localizado em Moscou, o GARF contém parte dos relatórios de Volóchinov referentes a sua atuação no Instituto da História Comparada das Literaturas e Línguas do Ocidente e do Oriente (ILIAZV — Institut Sravnítelnoi Istórii Literatur i Iazikóv Západa i Vostóka), primeiramente como colaborador (*sverkhchtátnyi sotrúdnik*) entre 1925 e 1926, depois como doutorando entre 1927 e 1929 e por fim como professor de 1929 a 1933. Durante os anos de atuação no ILIAZV, Volóchinov produziu seis relatórios, sendo o material abaixo parte do terceiro deles, que recobre o período de janeiro de 1927 a maio de 1928. Esse plano e as ideias norteadoras foram publicados pela primeira vez na revista *Dialóg. Karnaval. Khronotop*, nº 2, 1995, por Nikolai Pankov, traduzidos para o inglês como apêndice da coletânea *The Bakhtin Circle: In the Master's Absence* por C. Brandist, D. Sheperd e G. Tihanov (Manchester University Press, 2004, pp. 223-50), e para o francês como apêndice da segunda tradução de *Marxisme et philosophie du langage: les problèmes fondamentaux de la méthode sociologique dans la science du langage* feita por P. Sériot e I. Tylkowski-Ageeva (Limoges, Lambert-Lucas, 2010, pp. 478-517). A tradução e a publicação desses manuscritos juntamente com *Marxismo e filosofia da linguagem* são relevantes por permitirem o conhecimento do processo de produção da obra e a observação de diferenças significativas entre o projeto e a obra final publicada.

MANUSCRITOS DE V. N. VOLÓCHINOV

O problema da transmissão do discurso alheio: ensaio de pesquisa sociolinguística
1928

Sumário

Introdução

Capítulo I — Exposição do problema
1) Definição de "discurso alheio"
2) O problema da percepção ativa do discurso alheio em relação ao problema do diálogo
3) A dinâmica da inter-relação entre o contexto autoral e o discurso alheio
4) O "estilo linear" de transmissão do discurso alheio (primeira tendência da dinâmica)
5) O "estilo pictórico" de transmissão do discurso alheio (segunda tendência da dinâmica)

Capítulo II — O discurso indireto, o discurso direto e suas modificações na língua russa
1) Modelos e modificações: gramática e estilística
2) O caráter geral da transmissão do discurso alheio na língua russa

3) O modelo do discurso indireto
4) A modificação analítico-objetual do discurso indireto
5) A modificação analítico-verbal do discurso indireto
6) A modificação impressionista do discurso indireto
7) O modelo do discurso direto
8) O discurso direto preparado
9) O discurso direto reificado
10) O discurso direto antecipado, dissipado e oculto
11) O fenômeno da interferência discursiva
12) Perguntas e exclamações retóricas
13) O discurso direto substituído
14) Exemplo de discurso indireto livre na língua russa

Capítulo III — O discurso indireto livre nas línguas francesa, alemã e russa
1) O discurso indireto livre na língua francesa
2) A concepção de Tobler (discurso indireto livre como *eigentumliche Mischung directer und indirecter Rede*)[1]
3) A concepção de Th. Kalepky (o discurso indireto livre como *verschleierte Rede*)[2]
4) A concepção de Bally (o discurso indireto livre como *style indirect libre*)
5) A crítica do objetivismo abstrato hipostático de Bally
6) Bally e os vosslerianos
7) O discurso indireto livre na língua alemã (exemplos)
8) A concepção de Eugen Lerch (o discurso indireto livre como *Ree als* [parênteses não estão fechados, frase inacabada — Nikolai Pankov][3]

---

[1] Em alemão, é uma fusão peculiar entre os discursos direto e indireto. (N. da T.)

[2] Em alemão, discurso oculto ou velado. (N. da T.)

[3] Em *Marxismo e filosofia da linguagem*, a frase encontra-se acabada: "o discurso indireto livre é um 'discurso como fato' (*Rede als Tatsache*)". (N. da T.)

Plano de trabalho de Volóchinov

9) A teoria de Lorck (o discurso indireto livre, como *Erlebte Rede*)[4]

10) A concepção de Lorck sobre o papel da fantasia na linguagem

11) A concepção de Gertraud Lerch (o discurso indireto livre e a empatia)

12) O "discurso alheio" na língua francesa antiga (de acordo com G. Lerch)

13) O "discurso alheio" na língua francesa média e no Renascimento (de acordo com G. Lerch)

14) O discurso indireto livre em La Fontaine e La Bruyère (de acordo com G. L.)

15) O discurso indireto livre em Flaubert (de acordo com G. L.)

16) O surgimento do discurso indireto livre na língua alemã (de acordo com Eug. Lerch)

17) A crítica do subjetivismo hipostático dos vosslerianos

18) O discurso indireto livre na língua russa

19) A transmissão da interferência discursiva na leitura em voz alta (o problema da interpretação)

20) O lugar sistemático da nossa pesquisa na ciência das ideologias

---

[4] Em alemão, "discurso vivido". (N. da T.)

Plano e alguns pensamentos norteadores do trabalho *Marxismo e filosofia da linguagem: fundamentos do método sociológico na ciência da linguagem*

Marxismo e filosofia da linguagem

PRIMEIRA PARTE
O significado do problema da filosofia da linguagem para o marxismo

Capítulo I
1. A palavra, como fenômeno ideológico *par excellence*. 2. A palavra, como esquema e como ingrediente real de qualquer formação ideológica. 3. A ciência das ideologias e a ciência da linguagem.

Capítulo II
1. Os problemas da relação entre a base e as superestruturas ideológicas. 2. A refração da existência na palavra. 3. A objetivação material da "psicologia social" na palavra. 4. A história da cultura e a história da língua.

Capítulo III
1. A psicologia objetiva e a "reação verbal". 2. A palavra como *medium* objetivo da consciência. 3. A união da experiência exterior e interior. 4. A personalidade interior como ideologema. 5. A teoria do enunciado como revelação interior e exterior do psiquismo consciente.

Capítulo IV
1. A filosofia da linguagem e os problemas da poética. 2. O método formal e o embate com ele.

Capítulo V
1. As tarefas polêmicas do marxismo. 2. O primado da

palavra no pensamento filosófico burguês contemporâneo. 3. Um breve panorama da filosofia da palavra ocidental e russa.

Segunda parte

Capítulo I
1. Filosofia da linguagem e linguística. 2. Formas da língua e formas do enunciado. 3. Sociologia da linguagem.

Capítulo II
1. Interação discursiva. 2. Os problemas do diálogo. 3. Diálogo, como unidade real da linguagem.

Capítulo III
1. Estrutura sociopolítica da sociedade e formas da comunicação discursiva. 2. Gêneros discursivos (tipos de discursos verbais) na vida e na criação ideológica.

Capítulo IV
1. Teoria sobre as funções da linguagem. 2. Fundamentos comunicativos da linguagem. 3. A "expressão" como aspecto da comunicação. 4. A "formação do pensamento" na linguagem como aspecto da comunicação. 5. Comunicação [*kommunikátsia*] e interação [*obschênie*]. 6. A formação da linguagem e a formação da comunicação [*obschênie*].[5]

---

[5] O autor emprega os termos *kommunikátsia* e *obschênie*, que possuem significados muito próximos e poderiam ser traduzidos por "comunicação". No entanto, como o autor utiliza os dois termos lado a lado, optamos por traduzir o primeiro, *kommunikátsia*, por "comunicação" e o segundo, *obschênie*, por "interação" apenas nessa frase, pois *obschênie* é uma palavra corrente na língua russa. Inclusive, *obschênie* tem a mesma raiz da palavra *obschi* (comum), assim como as palavras "comunicação" e "comum" em português. (N. da T.)

Capítulo V
1. O sistema de avaliações sociais na linguagem. 2. A entonação expressiva. 3. Sentido e avaliação. 4. Semântica e axiologia.

Capítulo VI
1. Linguística e poética. 2. Gramática e estilística. 3. Gramática e lógica.

Capítulo VII
1. A história da cultura e a história da língua. 2. Exclusão dos fatos psicossubjetivos na história da língua. 3. A importância dos fatores fisiológicos. 4. Os pressupostos socioeconômicos da história da língua.

Capítulo VIII
1. Os fundamentos do método sociológico na linguística (balanço das conclusões).

Terceira parte
Ensaio de aplicação do método sociológico ao problema do enunciado na história da língua

Capítulo I
1. A reflexão das condições da comunicação discursiva na estrutura da língua e nas formas do enunciado (nos discursos verbais). 2. A revelação e a tomada de consciência das diferentes formas da palavra em conformidade com as condições cambiantes da comunicação. A dialética da palavra.

Capítulo II
1. O enunciado e o discurso alheio. 2. O reflexo do indivíduo falante na língua. 3. O panorama histórico das for-

mas de transmissão do discurso alheio em conformidade com as condições cambiantes da comunicação discursiva.

Capítulo III
1. A vida do enunciado nas condições contemporâneas da comunicação discursiva. 2. Os tipos predominantes da comunicação ideológica na cultura contemporânea. 3. A redução do tematismo da palavra na literatura e na vida. 4. A superestimação da "palavra pura".

Capítulo IV
1. O predomínio dos "gêneros mudos" e da "palavra muda" (para ser lida) na comunicação ideológica. 2. A separação da palavra ideológica do espaço e tempo reais. 3. A separação da palavra em relação ao falante. 4. Os destinos da palavra retórica. 5. Conclusões.

Algumas ideias norteadoras do trabalho
Marxismo e filosofia da linguagem

1. Nos dias de hoje, os problemas da *filosofia da linguagem* adquiriram extrema atualidade e importância para o marxismo. É possível falar que, em uma série de importantes áreas de embate do trabalho científico, o método marxista enfrenta justamente esses problemas e não pode continuar uma ofensiva produtiva sem submetê-los a uma análise e solução *próprias*.

Em tal situação encontram-se sobretudo os próprios fundamentos da *ciência* marxista *das ideologias* (da criação ideológica): o estudo da ciência, da literatura, da religião, da moral etc., isto é, os fundamentos de todo aquele campo vasto que foi chamado de "filosofia da cultura" na visão não marxista. Os fundamentos da teoria marxista da *refração ideo-*

lógica da existência socioeconômica e natural em formação, bem como das leis e formas dessa refração, precisam de detalhamento, de especificação e principalmente de *concretização em um determinado material ideológico*. Somente desse modo é possível obter um mecanismo concreto dessa reflexão e refração. Sem essa concretização e detalhamento, torna-se totalmente impossível a realização do monismo metodológico, não apenas nas declarações gerais, mas também em todos os detalhes do trabalho científico concreto.

É justamente aqui que surgem os problemas da linguagem para o marxismo. De fato, *a palavra é o fenômeno ideológico par excellence*. Não somente porque no seu material são realizados os campos mais importantes da ideologia (ciência, literatura e, em grande parte, a religião e a moral), mas também porque a palavra acompanha, como um ingrediente necessário, toda a criação ideológica. O processo de compreensão de qualquer produto ideológico (de um quadro, de uma música, de um rito, de um ato) não se realiza sem a participação do discurso interior. Todos os produtos e manifestações da criação ideológica são banhados pelo universo do discurso, imersos nele e não podem ser efetivamente separados e isolados dele. Qualquer refração ideológica da existência em formação em qualquer material significante é acompanhada por uma refração ideológica na palavra, atingindo justamente nela sua maior pureza e essência. A palavra (ainda que interior) comenta qualquer ideologema. A palavra é o meio ideológico refratante mais fino, flexível e ao mesmo tempo o mais fiel. É por isso que as leis, as formas e o mecanismo da refração ideológica devem ser estudados no material da palavra. A introdução do método marxista sociológico para o estudo de todas as profundezas e detalhes das estruturas ideológicas até então "imanentes" é possível somente na base da filosofia da linguagem elaborada pelo próprio marxismo.

2. Um dos problemas fundamentais do marxismo — o da correlação entre a base e as superestruturas — está, em seus aspectos essenciais, estreitamente ligado aos problemas da filosofia da linguagem. As relações entre produção e a ordem sociopolítica diretamente condicionada por elas determinam todos os possíveis *contatos verbais* entre as pessoas: no trabalho, na vida política, na comunicação ideológica (científica, religiosa, artística). Já as condições da comunicação discursiva determinam em graus variados a essencialidade da palavra, bem como as formas e os temas dos discursos verbais.

A assim chamada psicologia social que, de acordo com a teoria de Plekhánov e da maioria dos marxistas, é um elo transitório entre o regime sociopolítico e a ideologia em sentido estrito (ciência, arte etc.), materializa-se na realidade como uma *interação verbal*. Fora desse processo real da comunicação e interação discursiva (sígnica em sentido amplo), a psicologia social se transformaria em um conceito metafísico ou até mítico ("alma coletiva" ou "psiquismo coletivo interior" etc.). Ela não existe em algum lugar interior (nas "almas" dos indivíduos que se comunicam), mas inteiramente no exterior: na palavra, no gesto, no ato. Nela, não há nada que não seja expresso, que seja interior: tudo se encontra no exterior, na troca, no material e, acima de tudo, no material da palavra. Antes de mais nada, a psicologia social é justamente aquele universo de *discursos verbais* multiformes que abarca todas as formas e todos os tipos da criação ideológica estável: as conversas dos bastidores, a troca de opiniões no teatro, no concerto e em todo tipo de reuniões públicas, as conversas informais e eventuais, o modo de reagir verbalmente aos acontecimentos da vida e do dia a dia, a maneira verbal da consciência sobre si e sobre a sua posição social etc. etc. Na maioria das vezes, a psicologia social se realiza nas mais diversas formas de "enunciados", sob a forma de pequenos gêneros discursivos que até o presente momento não foram em absoluto estudados. Esses discursos verbais estão correlacionados, é claro, com outros tipos de manifestação e interação por meio de signos: com a mímica, a gesticulação, os atos convencionais e assim por diante. Essas formas de interação discursiva ocorrem nas condições criadas pela ordem sociopolítica e, de modo direto, pelas relações de produção. A comunicação discursiva reflete de modo extremamente sensível todas as mudanças aqui ocorridas, e a mudança da interação discursiva, por sua vez, reflete-se nas formas e temas dos discursos verbais. A história da língua deve ser construída não como história das formas linguísticas abstratas (fonéticas, lexicais, morfológicas), mas, acima de tudo, como *história das formas e dos tipos da interação discursiva*. É esta que determina até mesmo as formas dos discursos verbais concretos, cotidianos e ideológicos; e a partir daí pode ser compreendida a história dos significados e das construções da própria língua, como sistema abstrato de normas-possibilidades linguísticas. O estudo produtivo da história da cultura não é possível fora dessa história concreta da comunicação discursiva ideológica, determinada de modo direto pela ordem social e pelas relações de produção.

Algumas ideias sobre "os enunciados cotidianos", seus significados e suas formas foram desenvolvidas no nosso artigo "Slovo v jízni i slovo v poézi" ["A palavra na vida e a palavra na poesia"] (*Zvezdá*, n° 6, Guiz, 1926, pp. 244-67).

3. Uma das tarefas fundamentais e mais urgentes do marxismo é a *construção de uma psicologia autenticamente objetiva*, porém não fisiológica nem biológica, mas sociológica. Em decorrência disso, o marxismo está diante de uma tarefa complexa: a de *encontrar uma abordagem objetiva, mas elaborada e flexível do psiquismo subjetivo-consciente*, que costuma ser estudado pelos métodos de auto-observação. Obviamente, nem a biologia, nem a fisiologia podem resolver essa tarefa. *É necessário dar uma interpretação mar-*

xista científica à "experiência interior" e incluí-la na unidade da experiência objetiva exterior. É aqui que surge sob um novo modo o problema do "enunciado" e em geral da *manifestação sígnica* do psiquismo subjetivo. Mesmo para a auto-observação, a vida interior apresenta-se como um *processo discursivo interior* ligado a determinada situação exterior da vivência e a determinadas manifestações corporais. Desse modo, *a própria experiência interior é somente uma interpretação ideológica específica de alguns aspectos da experiência exterior como um todo*. Esse problema é extremamente complexo e exige a elaboração de uma metodologia específica e de um método concreto de estudo do enunciado tomado como expressão, e de observação das suas relações mais sutis com a realidade social circundante.

A importância do problema do enunciado (da reação verbal) para a psicologia objetiva foi discutida por nós no livro O *freudismo: um esboço crítico*, capítulo 2, "Duas tendências da psicologia atual", pp. 13-22, e capítulo 3, "O conteúdo da consciência como ideologia", pp. 85-92.[6]

4. Além dessas tarefas puramente positivas, relacionadas à filosofia da linguagem, o marxismo também deve enfrentar tarefas polêmicas muito importantes. É preciso dizer abertamente que o embate do marxismo com o método formal não foi muito bem-sucedido até o presente momento. Isso ocorreu justamente devido à ausência de uma abordagem marxista elaborada dos problemas da teoria e da história da língua. Consequentemente, não foi possível abordar as questões concretas apresentadas pelos formalistas, e na maioria dos casos foi preciso limitar-se à repetição dos lugares comuns do marxismo. *Os fundamentos marxistas dos estudos*

---

[6] Títulos e paginação citados a partir da edição brasileira: Mikhail Bakhtin, *O freudismo: um esboço crítico*, tradução de Paulo Bezerra, São Paulo, Perspectiva, 2001. (N. da T.)

literários podem ser lançados com solidez somente diante de uma elaboração abrangente e especial dos problemas da linguagem. Até que isso ocorra é inevitável a proclamação do *monismo metodológico na teoria* e o dualismo metodológico *na prática*: a combinação do raciocínio sociológico geral com a análise concreta formalista.

5. Atualmente, na Europa Ocidental (e até mesmo na URSS), *os problemas da filosofia da linguagem receberam uma atenção e adquiriram uma importância inabituais*. Pode-se dizer que a filosofia burguesa moderna passa a se desenvolver sob *o signo da palavra*, sendo que essa nova tendência do pensamento filosófico ocidental ainda se encontra bem no início do seu caminho. Há um embate acirrado em torno da "palavra" e do seu lugar sistemático, embate comparável apenas às discussões sobre o realismo, o nominalismo e o conceitualismo que ocorriam na Idade Média. De fato, as tradições dessas correntes filosóficas da Idade Média começam a ressuscitar, de certo modo, no realismo dos fenomenologistas e no *conceitualismo dos neokantianos*. Para essa última tendência, a "palavra" torna-se uma *intermediária* entre o significado transcendental e a realidade concreta, como se fosse um "terceiro reino"; entre, por um lado, o sujeito psicofísico cognoscente e sua realidade empírica circundante e, por outro, o mundo da existência transcendental, apriorística e formal. Além disso, a forma do signo e do significado (a forma simbólica) é comum a todos os campos da criação cultural, unindo-os. Esse é o lugar sistemático da palavra, segundo a teoria dos neokantianos (cf. o livro de Cassirer *Philosophie der symbolischen Form*, 1925 — obra neokantiana fundamental na filosofia da linguagem). Justamente no terreno da filosofia da linguagem é superado, atualmente, o cientificismo e o logicismo da escola de Marburg e o eticismo abstrato da escola de Freiburg. Por intermédio *das formas internas da língua (uma espécie de formas semitranscen-*

dentais) são introduzidos o movimento e a constituição histórica no reino imóvel das categorias lógico-transcendentais. Nesse terreno, ainda são realizadas tentativas de refundar a dialética idealista.

Nos fenomenólogos ocorre o renascimento do *realismo medieval*, relacionado ao renascimento generalizado da filosofia medieval, especialmente de Tomás de Aquino. Como resultado, a filosofia da palavra e do nome adquire um significado de importância excepcional.

O embate com essas tendências e orientações do pensamento filosófico, que encontraram sua expressão também em solo russo, é necessário, mas, antes de tudo, é necessário o seu *conhecimento sério* e a assimilação desse *material volumoso e indubitavelmente valioso* que foi utilizado por essas tendências no processo de trabalho e fundamentação (assim, o livro supracitado de Cassirer é extremamente valioso em razão do material utilizado). Caso contrário, o embate será reduzido (como ocorreu com frequência) apenas a declarações vazias que descredenciam o marxismo.

6. Em paralelo a essa abordagem puramente filosófica do problema da linguagem ocorre um grande aumento de interesse pelos princípios e métodos na própria linguística. Depois do receio positivista de demonstrar qualquer firmeza na colocação dos problemas científicos e da hostilidade em relação a todas as questões de visão de mundo, característica do positivismo tardio, surge na linguística uma consciência aguçada e audaz de seus pressupostos filosóficos gerais (impossíveis de serem eliminados em qualquer ciência positiva), bem como das tendências metodológicas. Basta lembrar da escola de K. Vossler (a neofilologia idealista), que conseguiu ampliar ao extremo o horizonte do pensamento linguístico e aprofundar sua problemática, ainda que no terreno de um idealismo filosófico um tanto indefinido. Não é menos importante a escola do já falecido linguista *Anton Marty*, cuja

filosofia da linguagem, publicada ainda no início do século, exerce uma enorme influência nos dias atuais. Em relação à teoria de Marty, a antiga teoria humboldtiana sobre a *forma interna da língua* se manifesta de um modo novo nos trabalhos dos teóricos da literatura Hefele, Walzel, Ermatinger e outros. Os trabalhos puramente linguísticos e seus impulsos originam-se da escola do filósofo hegeliano *Benedetto Croce*. Do ponto de vista de uma metodologia geral, a escola de *Sievers* também tem grande importância para a linguística. No entanto, atualmente além dessas tendências propriamente linguísticas está se formando uma disciplina específica: "*a ciência da expressão*", cujo principal representante é *Ottmar Rutz* e o grafólogo Klages (intuitivista). Os trabalhos do linguista genebrino Bally são de grande interesse metodológico. A influência *do objetivismo abstrato de Bally* é muito significativa, não somente na Europa Ocidental, mas também na Rússia. São essenciais ainda os pressupostos metodológicos de linguistas como *Saussure*, Van Ginneken (linguística psicológica) e outros. As pesquisas psicolinguísticas de Karl Bühler e Erdmann ocupam um lugar especial.

7. Esse entusiasmo e renovação do pensamento filosófico e linguístico foi precedido por um aumento inabitual do interesse pela *palavra enquanto tal, e pela mudança de suas funções na criação literária.*

O início dessa *nova percepção da palavra*, bem como a reavaliação do seu significado, deve ser procurado no *simbolismo*. Nele, primeiramente foi proclamado o *culto da palavra como tal*, e foi feita uma tentativa de revelar nela novos aspectos e apontar o seu lugar particular e excepcionalmente importante na vida e na cultura. É suficiente lembrar de *Stéphane Mallarmé*. Até o presente momento, suas teorias e obra tiveram e têm uma influência decisiva no desenvolvimento da poesia europeia. De um ponto de vista estritamente histórico, a "*palavra como tal*" dos nossos futuristas (Velimir Khliébnikov) é somente a simplificação e vulgarização tardia e epigônica dos impulsos criativos introduzidos por Mallarmé e seu círculo na reavaliação da palavra. Observamos fenômenos análogos também no simbolismo alemão, sobretudo no círculo de Stefan George (*George-Kreis*). O periódico dessa tendência (*Blätter für die Kunst*) teve uma grande importância na história do desenvolvimento da poética e da filosofia da palavra alemãs; e atualmente o círculo de George exerce uma influência poderosa no desenvolvimento do pensamento histórico-literário e teórico-literário. Basta mencionar que *Gundolf* pertence a esse círculo. No *futurismo* e depois no *expressionismo*, a concepção da palavra e de sua função muda, porém sua importância — sua primazia — permanence inalterada.

Esse culto da palavra como tal e o interesse aguçado por suas energias e aspectos *puramente verbais* estavam completamente alheios no realismo, naturalismo e impressionismo (tanto naturalístico quanto psicológico). O amor pela palavra nos clássicos não estava relacionado à reavaliação excepcional dela como tal, nem à sua proclamação como realidade superior. No classicismo não havia espaço para qualquer radicalismo verbal. *Na visão e na reflexão dos clássicos sobre o mundo, havia algo acima da palavra a que ela devia corresponder e servir respeitosamente.* É verdade que a palavra desempenhava um papel muito honroso, apesar de *subserviente*. No terreno do racionalismo da época neoclássica tampouco havia lugar para uma filosofia da palavra em sua acepção contemporânea (no sentido de uma ciência filosófica autônoma e às vezes até fundamental). Existiam apenas concepções como a ideia de "gramática universal" de Leibniz. Esse sábio amor neoclássico pela palavra, que não esquecia inclusive da sua ligação com a *realidade*, era próprio também da filosofia clássica. É característico que a reavaliação contemporânea da palavra não tenha nascido no terreno da filologia clássica, mas da bárbara, isto é, no terreno da romanística e da germanística, que se encontram em oposição aos métodos da filologia clássica "conservadora".

8. Esse interesse aguçado pela palavra como personagem principal da visão de mundo, o culto da palavra, também começa na Rússia com o aparecimento do simbolismo. Aqui se formaram a concepção antroposófica da palavra de *Andrei Biéli*, o magismo místico de *Konstantin Balmont* ("A poesia como magia"), e o interesse mais contido e mais científico pela palavra de *Valiéri Briússov*. A *degradação e o rebaixamento relativistas desse culto simbolista da palavra foi a "palavra como tal" dos futuristas, que passou para a teoria dos formalistas*. Atualmente o interesse pela palavra se desenvolve entre nós em *duas* direções. Ambas as direções saíram do simbolismo, mas se separaram e tornaram-se mais complexas sob a influência das diversas novas tendências da Europa Ocidental. A primeira tendência, ao passar pelo futurismo e ao se tornar mais complexa *sob a influência do positivismo* originado de algumas tendências da linguística e da teoria da arte da Europa Ocidental, constituiu o assim chamado *método formal*. Outra tendência, formada sob a influência do pensamento filosófico da Europa Ocidental — *neokantiano*, mas principalmente *fenomenológico* (Husserl) — encontrou sua expressão na filosofia da palavra de *Gustav Chpiet*, de seus discípulos e seguidores. Essa tendência, já separada de quaisquer tradições estritamente filosóficas, toma formas extremas na *Filosofia do nome* de *Aleksei Lóssev*.

9. Como explicar esse papel da palavra, totalmente novo e excepcional, na visão de mundo contemporânea? Esse movimento está longe de ser ocasional. *O marxismo deve revelar suas raízes sociológicas.*

A mudança das funções da palavra na criação literária e a mudança da sua percepção avaliadora no pensamento e na visão de mundo são condicionadas pela mudança nas for-

mas da comunicação e da interação discursiva. Também transformou-se a inter-relação dos discursos verbais com outros atos sociais. Ocorreu uma espécie de deslocamento da palavra na vida social.

Naqueles grupos da *intelligentsia* burguesa e pequeno-burguesa que expressam uma nova percepção da palavra, houve uma dupla separação entre a palavra e a realidade. Ocorreu uma espécie de *separação da palavra em relação ao objeto concreto, à realidade,* sendo que a proximidade com esta caracterizou todo o período intermediário do desenvolvimento da burguesia, isto é, o realismo e o naturalismo. Se nessas correntes as *funções de representação da realidade efetiva na palavra* passaram para o primeiro plano, no período contemporâneo ocorre a tendência na direção da *autonomia da palavra*: a palavra não representa a realidade externa, mas a *transforma* ativamente com a ajuda das *energias simbólicas* nela contidas. Essa tendência se manifestou de modo mais nítido no *expressionismo*. Como resultado desse processo fortaleceram-se o interesse e a sensibilidade para os aspectos da palavra que *a separam da realidade*, servindo à *expressão autossuficiente* do falante (o que se manifesta no predomínio da lírica no simbolismo e no expressionismo). Simultaneamente a essa separação entre a palavra e o objeto no seu aspecto real ocorre a sua *separação da ação*, isto é, a sua ruptura com as possibilidades reais em razão do democratismo verbal extremo e da liberdade verbal na completa ausência da liberdade efetiva, real e política. Isso se expressa no radicalismo utópico extremo em relação às questões políticas e sociais — típico do simbolismo, do futurismo e do expressionismo — que entre nós se manifestou tão claramente no *anarquismo místico* de *Viatcheslav Ivánov* e *Gueorgui Tchulkóv* e, no Ocidente, principalmente no radicalismo dos expressionistas alemães. Na maioria dos casos, esse radicalismo político está repleto de tonalidades místicas. Independentemente das formas assumidas, ele se baseia sempre em uma *reava-*

liação da força autônoma da palavra, em uma confiança excepcional nas suas energias criativas.

Essas mudanças são condicionadas pelas alterações econômico-sociais correspondentes dentro da grande e da pequena burguesia europeia.

Uma importância especial tem a alteração das formas dos discursos verbais em decorrência das mudanças sociais. A comunicação ideológica contemporânea caracteriza-se pelo predomínio dos gêneros "mudos": o romance na literatura, os grandes estudos científicos e acadêmicos na criação cognitiva. A principal forma da nossa percepção da palavra ideológica é a leitura *"silenciosa"*. Com isso, a palavra é retirada do espaço e do tempo reais, é separada do falante (autor e intérprete) e parece uma formação autossuficiente.

Desse modo, a mudança das condições sociais e das formas de comunicação discursiva ideológica encontra sua expressão tanto na mudança das funções da palavra na criação literária, quanto na sua interpretação filosófica.

Em cada palavra viva está contida *uma avaliação social ativa*. Justamente ela transforma toda palavra-enunciado (isto é, todo discurso verbal concreto) em um *ato social significativo* (por mais insignificante que ele seja, por exemplo, a importância de algum enunciado cotidiano). Em todo enunciado, o homem ocupa uma *posição social ativa*. Esses discursos verbais ativos se realizam em todas as esferas da vida social: na comunicação no trabalho e profissional, política, prático-cotidiana (na família, no círculo de amigos etc.), enfim, na comunicação ideológica no sentido estrito da palavra. Quanto mais substancial e confiante a avaliação se expressar na palavra, tanto mais passará ao primeiro plano o aspecto *socioativo* e *semântico* do enunciado. Ao contrário, quando a firmeza e a importância da avaliação diminuírem, seja em consequência de uma desagregação do grupo social ao qual pertence o falante, seja em consequência do descolamento desse grupo para a periferia da vida social, começam a passar para o primeiro plano da consciência discursiva outros aspectos da palavra: *suas particularidades discursivas subjetivas e individuais*. *O tematismo da palavra diminui*, ele se reifica, tornando-se um aspecto não do acontecimento, mas do cotidiano imóvel. Ou então, numa sociedade ideológica, a palavra se torna convencional, uma maneira e não um ato. Tudo isso muda em essência a percepção da palavra e sua interpretação na obra literária e no pensamento filosófico cognitivo. Portanto, juntamente com a *palavra-símbolo* encontramos, na obra literária, uma *palavra reificada* (no futurismo, nas teorias formalistas). Ambas as tendências estão estreitamente ligadas entre si, expressando apenas dois lados de um mesmo processo social.

Certamente, só é possível uma clareza completa na compreensão desses destinos da palavra na sociedade contemporânea depois do estudo das formas e dos tipos de comunicação discursiva ou interação verbal e das mudanças que essas formas e tipos sofrem sob a influência direta da ordem sociopolítica e das relações de produção.

Simultaneamente à descoberta da *gênese social* dessa nova concepção da palavra na arte e na cognição deve ocorrer uma crítica "imanente" da filosofia contemporânea da palavra em todas as direções acima apontadas. Uma revelação das raízes sociais de uma afirmação cognitiva ainda está longe de esgotar a questão sobre ela. É necessária uma *crítica efetiva* e essencial de um determinado fenômeno ideológico, que prepare uma solução positiva do problema colocado por ele. A descoberta da gênese social, ou seja, *uma genética social* de alguma teoria e *sua crítica essencial* estão inseparavelmente ligadas entre si, sendo apenas dois lados de uma única *orientação cognitiva* em relação a dada teoria.

10. Para a construção de uma sociologia marxista da linguagem é preciso, acima de tudo, uma conscientização do caminho metodológico utilizado para obter as abstrações lin-

guísticas das "formas da língua". Por que ocorre a abstração dessas formas? Em qual direção ela caminha e quais são os pressupostos que a orientam?

Desse modo, acima de tudo é necessário elucidar a *realidade imediata da língua*. Pois todos os elementos linguísticos — fonemas, morfemas etc. — encontram-se muito longe dessa realidade imediata. O fenômeno físico do som e o processo fisiológico de sua realização (bem como a reação físico-fisiológica responsiva do interlocutor) de modo algum são a última realidade imediata da língua. *A língua não pode ser compreendida no sistema da natureza, somente no sistema da história.* Tanto o seu lado físico quanto o fisiológico é somente um *aspecto abstrato* do fenômeno social concreto. Ao permanecer nos limites dessa abstração, nunca chegaremos à plenitude do sentido social e do significado da fala. O corpo físico e sonoro da fala e o processo fisiológico da sua realização estão imersos no mundo complexo das relações e contatos sociais entre os falantes nos limites daquele meio social ao qual pertencem. Se a abstração linguística partisse da realidade físico-fisiológica da fala, a linguística seria capaz de construir somente o campo da *fonética fisiológica*. No entanto, nessa condição não se poderia abordar o som semasiologizado, isto é, o fonema no sentido preciso da palavra (como, por exemplo, o fonema é compreendido por Baudouin de Courtenay). Tampouco poderia abordar o morfema, o sintagma, o semema, pois o mesmo *som*, do ponto de vista físico e fisiológico (se admitirmos sua identidade absoluta e todas as condições físico-fisiológicas necessárias para isso, ou seja, o mesmo entorno sonoro, o mesmo acento, a mesma posição em relação ao acento da frase etc.) ainda seria *profundamente diferente* a depender de se ele pertence à raiz, ao sufixo ou à flexão, de se a palavra é sujeito ou predicado (independentemente do acento), de se essa palavra possui ou não um alto grau de importância semântica e assim por diante. O destino histórico do som no desenvolvimento da língua dependerá das diferenças da sua posição não no complexo físico e fisiológico, mas no complexo concreto e significante da língua como fato social. Na história da língua, o som entra não como fenômeno físico e fisiológico, mas como elemento do fenômeno linguístico pleno. Por isso é insuficiente a consideração da sua situação físico-fisiológica. O som e sua posição físico-fisiológica cambiante na língua é somente uma abstração não produtiva. É por isso que são improdutivas e infrutíferas todas as tentativas de estabelecer leis sonoras (*Zantgesetge*) com uma base físico-fisiológica. É inútil compensar essa insuficiência com quaisquer fatores subjetivo-psicológicos, pois esses próprios fatores devem desenvolver-se em uma série de manifestações externas, principalmente verbais, para que se tornem objeto de uma abordagem e um estudo objetivo.

De fato, a realidade imediata concreta que origina a abstração das formas linguísticas é *um enunciado monológico consciente*. A ele se opõe não uma réplica ativa, mas *uma compreensão passiva*. Um "*enunciado compreendido*" (artístico, científico, de negócios, cotidiano), eis a realidade da qual partem os linguistas. Todas as formas da língua são encontradas pelo linguista somente no contexto e nos limites de enunciados isolados (por exemplo, de monumentos literários). *O próprio enunciado em sua totalidade já não é objeto da linguística*. É no processo de abstração das formas linguísticas a partir dos enunciados integrais que é criada a concepção linguística de língua como sistema de normas linguísticas. A língua como sistema de normas é constitutiva de todo enunciado, mas somente dos seus elementos e não do enunciado como um todo. É característico que todas as relações sintáticas ocorram apenas nos limites do enunciado, enquanto as formas do próprio enunciado como um todo não sejam definidas do ponto de vista sintático. Nenhuma característica puramente linguística é capaz de esgotar um enunciado em sua totalidade.

O que orienta a abstração linguística? Não os objetivos do conhecimento e da explicação, mas os do ensino prático da língua. Por isso as formas linguísticas não são a realidade na qual a história é possível. Não pode haver uma formação histórica efetiva nesse mundo de abstrações. Elas por si sós não podem compor uma série histórica, não podem agir umas sobre as outras nem condicionarem-se entre si. É por isso que a história da língua é povoada por construções fictícias das formas transitivas. Por meio dessas ficções é possível introduzir uma certa lógica no desenvolvimento da língua, produzir o simulacro de uma sequência necessária à simples posição das formas, porém isso não tem nada em comum com a formação histórica real.

11. Para se aproximar da vida real da língua, é preciso abarcar de modo muito mais amplo e essencial sua realidade imediata. Essa realidade está longe de ser um "enunciado compreendido (ou compreensível)", mas é *a união social da interação discursiva de pelo menos dois enunciados. A língua é real apenas no diálogo*. O enunciado é somente um elemento da interação discursiva, orientado para uma reação responsiva, e pouco importa se esta é atualizada ou não. A orientação daquele que compreende também é ativa e dialógica. O monologismo da linguística fez com que uma série de fenômenos linguísticos de extrema importância se tornassem inacessíveis para ela. Acima de tudo, permaneceram incompreendidas todas as formas variadas da interação entre os enunciados, por exemplo, entre as réplicas do diálogo. As relações e os vínculos entre enunciados integrais são profunda e essencialmente distintos dos vínculos e relações entre os elementos internos do enunciados (morfológicos e sintáticos). *As relações entre as réplicas diferem de modo profundo e essencial das relações entre os elementos sintáticos dentro de uma réplica.* A falta de compreensão dessas formas específicas de relações entre elementos da interação discursiva (isto

é, entre enunciados íntegros mutuamente orientados) refletiu-se também no estudo das relações dentro dos enunciados: permaneceu incompreendido no enunciado justamente aquilo que conduz para fora dos seus limites, que nele aponta para um outro enunciado (a réplica). O tipo de relação entre alguns elementos importantes dentro do enunciado (por exemplo, quase sempre entre parágrafos separados por alínea) é análogo às relações entre enunciados integrais e independentes (entre as réplicas do diálogo), mas não possuem analogias com as relações paratáticas e hipotáticas no período composto. O monologismo unilateral da linguística impediu até o presente momento uma compreensão e um estudo mais profundos dessas importantíssimas relações linguísticas.

12. O diálogo, no sentido estrito da palavra, é somente uma das formas da interação discursiva, apesar de ser a mais importante. No entanto, o diálogo pode ser compreendido de modo mais amplo não apenas como a comunicação direta em voz alta entre pessoas face a face, mas como qualquer comunicação discursiva, independentemente do tipo. Um livro, ou seja, *um discurso verbal impresso*, também é um elemento da comunicação discursiva. Esse discurso é discutido em um diálogo direto e vivo, mas, além disso, ele é orientado a uma percepção ativa relacionada a uma análise minuciosa e à réplica interior, bem como à reação organizada também impressa em formas variadas que foram elaboradas em dada esfera da comunicação discursiva (resenhas, trabalhos críticos, inclusão de informações em um boletim, textos que exercem influência determinante sobre trabalhos posteriores etc.). Além disso, esse discurso verbal é inevitavelmente orientado para discursos anteriores tanto do próprio autor, quanto de outros, realizados na mesma esfera, e esse discurso verbal parte de determinada situação de um problema científico ou de um estilo literário. Desse modo, o discurso verbal impresso participa de uma espécie de discussão ideo-

lógica em grande escala: responde, refuta ou confirma algo, antecipa as respostas e críticas possíveis, busca apoio e assim por diante.

Todo enunciado, por mais significativo e acabado que seja, *é apenas um momento da comunicação discursiva ininterrupta* (cotidiana, literária, científica, política). No entanto, essa comunicação discursiva ininterrupta é, por sua vez, apenas um momento da *constituição* ininterrupta e multilateral de uma dada coletividade social. Disso surge um problema importante: o estudo da relação entre a interação concreta e a situação extraverbal mais próxima e, por meio desta, a situação mais ampla. As formas dessa relação são diversas e cada uma delas condiciona os diferentes significados que as situações adquirem em momentos variados (por exemplo, essas relações variam em conformidade com cada um dos momentos das situações da comunicação artística ou científica). *A comunicação discursiva nunca poderá ser compreendida nem explicada fora dessa relação com a situação concreta*. A comunicação verbal está diretamente relacionada às comunicações de outros tipos, por terem surgido no terreno comum da comunicação produtiva. Obviamente, não se pode separar a palavra dessa comunicação unificada em eterna formação. Nessa relação concreta com a situação, a comunicação discursiva é sempre acompanhada por atos sociais de caráter não discursivo (atos do trabalho, atos simbólicos de um rito ou de uma cerimônia e assim por diante), dos quais ela é frequentemente apenas um complemento, desempenhando mero papel auxiliar. *A língua vive e se forma historicamente justamente aqui, na comunicação discursiva concreta, e não no sistema abstrato das formas da língua nem no psiquismo individual dos falantes.*

Disso decorre que a ordem metodologicamente fundamentada para o estudo da língua deve ser a seguinte:

1) *As formas e os tipos da interação discursiva na sua relação com suas condições concretas;*

2) *As formas dos enunciados ou discursos verbais singulares em relação estreita com a interação da qual elas são uma parte, isto é, os gêneros dos discursos verbais determinados pela interação discursiva na vida e na criação ideológica;*

3) *Partindo disso, revisão das formas da língua em sua concepção linguística habitual.*

A formação real da língua também ocorre na mesma ordem: *a comunicação social se forma* (fundamentada na base), *nela se criam a comunicação e a interação discursiva, nessa última se constituem as formas dos discursos verbais e, por fim, essa constituição se reflete na mudança das formas da língua.*

13. Atualmente, a linguística assimilou a diferenciação das funções da linguagem, que normalmente totalizam cinco (alguns linguistas aumentam e outros diminuem esse número): função *comunicativa, expressiva, nominativa, estética* e *cognitiva* (a língua como formação do pensamento). Essa teoria das funções da linguagem deve ser substancialmente reformulada em uma nova base metodológica. Do ponto de vista metodológico é completamente inadmissível colocar a *função comunicativa* da linguagem *ao lado* de suas outras funções (expressiva, nominativa etc.). A função comunicativa não é de modo algum uma das funções da linguagem, mas expressa a sua própria *essência: onde houver linguagem haverá comunicação.* Todas as funções da linguagem desenvolvem-se na base da comunicação, sendo somente seus nuances. Não há expressão de emoções e afetos fora da *comunicação: expressar* a si na palavra significa *comunicar* a si mesmo. Além disso, mesmo a nomeação não existe fora da comunicação. Tampouco há formação do pensamento fora da comunicação e da interação discursiva. O pensamento forma-se, diferencia-se, torna-se preciso, enriquece-se somente no processo da formação, diferenciação e ampliação da co-

municação. Todo enunciado concreto (comunicativo em essência) normalmente desempenha algumas funções e é possível falar somente sobre o predomínio de uma delas. Além disso, a teoria das funções do enunciado deve ser concretizada e pormenorizada em relação estreita com as especificidades das situações sociais do enunciado.

14. O problema do *sentido* do enunciado e, em decorrência, o *da mudança dos significados na história da língua* ocupam um lugar especial. Esse problema, elaborado de modo intenso nos dias atuais na escola de Anton Marty e dos fenomenólogos, tem uma importância primordial para a sociologia da linguagem. O vício fundamental de todas as teorias que lidam com esse problema teórico concentra-se na completa incompreensão do papel da *avaliação social* na língua. *A avaliação social é um aspecto necessário e fundamental do significado.* Não há palavra indiferente ao seu objeto. É impossível igualar a avaliação à expressão emocional, que é somente uma nuance opcional da avaliação social. *A avaliação social forma o próprio conteúdo do significado da palavra, isto é, a definição concreta*, que a palavra atribui a seu objeto. A famigerada *"forma interna da palavra"* da maioria dos teóricos apologéticos é somente uma expressão deformada e cientificamente improdutiva para a inclusão da avaliação social contida na palavra. A avaliação social determina todas as *relações concretas* da palavra, tanto nos limites do enunciado quanto nos da interação de alguns enunciados. Uma vez que a linguística, até o presente momento, não abordou o *enunciado integral* como um *ato social* nem a *interação dos enunciados* como um acontecimento social, ela não pode se aproximar da *avaliação social*. Ao estudar as formas abstratas da língua, o linguista se desviava das avaliações sociais; já as próprias formas do enunciado, como discurso *verbal concreto*, são determinadas em grau significativo justamente pelo *sistema de avaliações sociais* dominante na lín-

gua. A inclusão do significado no *horizonte linguístico* e sua fixação no sistema de significados da língua pressupõe sua inclusão prévia no *horizonte social integral* de dado grupo falante. A teoria da avaliação social na palavra esclarece bastante a história das mudanças dos significados das palavras na língua, criando pela primeira vez uma base verdadeiramente científica para o seu estudo.

O exposto acima determina em linhas gerais os fundamentos do método sociológico na linguística. A experiência de aplicação concreta da nossa concepção metodológica geral à elaboração de uma das questões específicas de sintaxe foi realizada por nós no trabalho "Probliémi peredátchi tchujói riétchi: ópit sótsio-lingvistítcheskogo isslédovania" ["Os problemas da transmissão do discurso alheio: ensaio de estudo sociolinguístico"], a ser publicado na coletânea *Prótiv idealízma v iaziykoznáni* [*Contra o idealismo na linguística*] (ILIAZV/Guiz, 1928).[7]

---

[7] Esse artigo nunca foi publicado. Segundo V. M. Alpátov, quando por alguma razão a publicação da coletânea *Contra o idealismo na linguística* foi cancelada, Volóchinov decidiu incluir o artigo em *Marxismo e filosofia da linguagem*, como a terceira parte da obra. (N. da T.)

Glossário

Sheila Grillo
Ekaterina Vólkova Américo

Ato discursivo individual e criativo ou *ato individual de fala*, ou *ato discursivo* (*individuálno-tvórtcheski akt riétchi* ou *individuálni ákt govoriénia*, pp. 140, 148, 153, 200, 225,[1] ou *retchevói akt*, p. 200) — conceito que se origina na obra de Humboldt e é posteriormente desenvolvido na de Potebniá. A língua é um processo constante de criação individual por meio dos atos discursivos dos seus falantes, diferentemente da sua concepção como conjunto de regras gramaticais e de seu léxico, ideia que Humboldt associa ao resultado do trabalho do linguista. Em *Marxismo e filosofia da linguagem* (MFL), o enunciado ora é equiparado ao ato discursivo ora é concebido como um produto deste (p. 200).

Ato social (*sotsiálni akt*, pp. 256, 342, 343, 351) — o acontecimento social de caráter não discursivo (a comunicação no trabalho, cerimônias e rituais religiosos, comícios políticos etc.) que acompanha o enunciado. Em muitos casos, o enunciado é apenas um complemento auxiliar do ato social e não pode ser analisado fora dele.

Compreensão (*ponimánie*, pp. 87, 95, 133-4, 178, 180, 232) — é o processo de contextualização do signo em uma si-

---

[1] A numeração das páginas se refere à presente edição.

tuação concreta, que ocorre nas consciências do falante e do ouvinte (aquele que compreende). A compreensão envolve sempre a tradução do signo para o contexto de uma possível resposta. Além disso, todo enunciado é formado em um processo de compreensão ativa e responsiva produzida na interação entre falante e ouvinte.

Discurso alheio (*tchujáia rietch*, pp. 246-62, 317-9) — é a presença do discurso ou enunciado alheio no discurso ou enunciado do autor. Ao ser transferido para o contexto autoral, o discurso alheio mantém o seu conteúdo objetivo e rudimentos da sua integridade linguística. O contexto autoral, por sua vez, elabora as normas estilísticas, sintáticas e composicionais da assimilação parcial do discurso alheio, estabelecendo, dessa forma, uma reação ativa a ele. Discurso alheio e contexto autoral encontram-se em uma inter-relação dinâmica constante. As formas sintáticas estáveis de transmissão do discurso alheio (por exemplo, o discurso direto e o indireto) surgem e se constituem, por um lado, sob a influência das tendências predominantes de percepção do discurso alheio, mas, por outro, por terem se formado e estarem presentes na língua, essas formas exercem uma influência reguladora, estimuladora ou inibidora sobre o desenvolvimento das tendências de percepção avaliativa, determinando sua direção.

Discurso direto (*priamáia rietch*, pp. 263, 265, 278) — modelo que predomina na língua russa, devido à ausência do período racionalista na sua história, em que o contexto autoral objetivo analisaria e desmembraria o discurso alheio, criando modificações complexas em sua transmissão. Os elementos afetivo-emocionais integram a composição do discurso direto, diferentemente do indireto. Quando a língua percebe o enunciado alheio como um todo compacto, indivisível, imutável e impenetrável, seu único modelo será o discurso direto (estilo monumental).

Discurso direto preparado (*podgotóvlennaia priamáia rietch*, pp. 278-80) — é uma modificação do modelo do discurso direto em que o discurso do autor e o discurso alheio se contaminam mutuamente. O discurso direto antecedido pelo indireto ou pelo indireto livre são os tipos mais comuns dessa modificação.

Discurso indireto (*kósvennaia rietch*, pp. 266-74) — é um modelo de percepção e de transmissão do discurso alheio pouco elaborado na língua russa, que não realiza as transposições dos tempos nem dos modos verbais, bem como dos dêiticos de tempo e de espaço, como ocorre na língua portuguesa. Esse modelo se caracteriza pelo tratamento analítico do discurso alheio, cujos elementos afetivo-emocionais sofrem mudanças e são transferidos da forma para o conteúdo do discurso indireto.

Discurso indireto livre (*nessóbstvnaia priamáia rietch*, pp. 285-322) — as traduções americana e espanhola trazem "discurso quase direto", enquanto a francesa e a italiana usam "discurso indireto livre". Optamos pela segunda versão, pois, em russo, esse fenômeno ocorre nos casos em que, no meio do discurso do narrador, aparecem frases ou expressões cuja entonação pode pertencer ao personagem e não ao narrador. O discurso indireto livre expressa uma orientação ativa do discurso autoral em relação ao discurso alheio. Nele, as ênfases e as entonações autorais se chocam e interferem nas ênfases da palavra alheia no enunciado, diferentemente do discurso substituído, em que não surgem ênfases novas além daquelas já presentes no contexto autoral. Um caso extremo de discurso indireto livre é a "interpretação absoluta" (*absoliútnoie razígrivanie*, pp. 317-8), na qual o contexto autoral é de tal modo contaminado pela voz alheia que esta última ganha autonomia e se coloca ao lado do autor. Em outros termos, as relações entre o discurso do autor e o do personagem se dialogizam como nas réplicas de um diálogo. Uma variação desse caso extremo é a "interpretação parcial" (*tchastítchnoie razígrivanie*, p. 318) em que são possíveis passagens entonacionais gradativas entre o discurso autoral e o discurso alheio.

Discurso interior ou *palavra interior* ou *signo interior* (*vnútrenniaia rietch* ou *vnútrenneie slovo* ou *vnútreni znak*, pp. 100, 121, 128, 133, 135-7, 207, 254; 100-1; 127-38) — embora não seja o único, é o principal material sígnico do psiquismo, necessário para que uma vivência subjetiva tome forma e se torne consciente. Em MFL, o autor trabalha sobretudo o modo como se realiza o discurso interior. Em outros termos, ele se realiza sob a forma das réplicas de um diálogo e suas unidades se ligam segundo as leis da correspondência valorativa (emocional), de enfileiramento dialógico etc., dependendo estreitamente das condições históricas da situação social e de todo o decorrer pragmático da vida. O psiquismo (signo, discurso ou palavra interior) se objetiva por meio da ideologia (signo exterior) e esta se subjetiva no discurso interior, resultando em uma síntese dialética. Ele tem uma orientação social, sendo constituído por entonação e estilo interior.

Discurso verbal (*rietchevóie vistupliénie* ou *sloviésnoie vistupliénie*, pp. 107, 111, 194, 219, 343, 348) — é um dos sinônimos de enunciado, assim como "ato discursivo individual". As formas e os temas dos discursos verbais são determinados pelas condições, formas e tipos de comunicação discursiva. Os discursos verbais estão correlacionados com outros tipos de manifestação e interação por meio de signos como a mímica (expressões faciais), a gesticulação, os atos convencionais e assim por diante.

Ênfase valorativa (*tsénnostni aktsént*, pp. 110, 197, 233), *valor social* (*obshiéstvennaia tsénnost*, p. 111), *ênfase ideológica* (*ideologuítcheski aktsént*, p. 111), *ênfase social* (*sotsiálni aktsént*, pp. 111, 113), *avaliação ideológica* (*ideologuístcheskaia otsénka*, p. 93) — é uma atenção social dada a um conjunto específico e limitado de objetos que obterá uma forma sígnica. Trata-se de um elemento constitutivo da palavra, isto é, a ênfase valorativa está ligada aos diversos sentidos adquiridos por uma palavra em diferentes contextos de uso. Segundo o autor, tanto a ênfase valorativa quanto o enunciado são ignorados pelo objetivismo abstrato.

Entonação (*intonátsia*, pp. 202, 228-9, 233-6) — componente indispensável do discurso ou da experiência interiores, determinado pela situação social mais próxima. Mesmo uma vivência não externalizada possui entonação interior. São exemplos de entonação: o apelo, a propaganda, o protesto, o pedido etc. A entonação é um dos modos de expressão da ênfase valorativa ou avaliação, podendo, no discurso cotidiano, ser independente da composição semântica da fala. Nos enunciados voltados para um auditório social mais amplo, a entonação perde sua primazia para a ordem e a seleção dos elementos significativos.

Enunciado (*viskázivanie*, pp. 107-9, 132-7, 184-6, 193-7) — é um elo na cadeia da comunicação discursiva e um elemento indissociável das diversas esferas ideológicas (literária, científica etc.). O enunciado sempre responde a algo e orienta-se para uma resposta. A análise do enunciado não pode ser feita dentro dos limites da linguística do sistema: aquela tendência de pensamento linguístico que, por meio de uma abstração, isola a forma linguística do enunciado ("objetivismo abstrato"). "Discurso verbal" (*rietchevóie vistupliénie*, pp. 111, 194), "ato discursivo" (*retchievói akt*, p. 200) e "discurso verbal concreto" (*konkriétnoe rietchevóie vistupliénie*, p. 242) são empregados como sinônimos de enunciado.

Esfera da comunicação social organizada (*sfiéra organizóvannogo sotsiálnogo obschénia*, p. 145) — conceito-chave na obra, é entendido como o componente necessário para que uma sequência de sons articulados produzidos por um falante e recebidos por um ouvinte se torne um fenômeno linguístico. Falante e ouvinte devem pertencer à mesma coletividade linguística, à mesma sociedade organizada e devem ser unidos pela situação social mais próxima. Parece ser um sinônimo de ato social (*sotsiálni akt*, p. 256).

Esfera ideológica (*ideologuítcheskaia sfiéra*, pp. 94, 194), *campo/esfera da criação ideológica* (*óblast/sfiéra ideologuítcheskogo tvórtchestva*, pp. 94, 188, 212-3), *sistemas ideológicos formados* (*slojívschiesia ideologuítcheskie sistiémi*, p. 213) — as esferas ideológicas (literatura, ciência, religião, direito, moral etc.) têm, por um lado, como traço comum, o caráter sígnico, ou seja, formam-se de signos ideológicos verbais e não verbais (imagem artística, símbolo religioso, fórmula científica, norma jurídica etc.); e, por outro, apresentam profundas diferenças no modo de se orientarem para a realidade e a refratarem. As esferas ou campos possuem funções específicas na unidade da vida social. Ao discutir a relação entre os conceitos marxistas de base/infraestrutura e superestrutura (pp. 103-5), Volóchinov defende que as áreas ideológicas (entendidas como esferas ou campos) reagem como um todo às alterações da base, com a qual não estabelecem uma relação causal mecânica. A consciência ou os modos de pensar, ao passarem por todos os estágios da objetivação social e ao entrarem no campo de força dos campos ou esferas da criação ideológica (superestrutura), tornam-se uma força capaz de exercer uma influência inversa nas bases econômicas (infraestrutura) da vida social.

Estilo linear (*linéini stil*, pp. 257, 262) — termo emprestado da obra de Heinrich Wölfflin, *Conceitos fundamentais da história da arte* (ed. bras.: tradução de João Azenha Jr., São Paulo, Martins Fontes, 2006), na qual é empregado na análise das artes plásticas. Em MFL, o estilo linear é utilizado para descrever e analisar uma tendência de transmissão do discurso alheio que se caracteriza, externamente, por manter contornos bem definidos entre o contexto autoral e o discurso alheio e, internamente, por homogeneizar as linguagens do autor e dos personagens.

Estilo pictórico (*jivopísni stil*, pp. 258, 262, 321) — expressão também emprestada da obra de Wölfflin. Em MFL, caracteriza o estilo de transmissão do discurso alheio em que, externamente, os contornos entre o contexto autoral e o discurso alheio tendem a ser apagados e, internamente, são individualizadas ao extremo as particularidades linguísticas do discurso alheio.

Fato linguístico (*iazikovói fakt*, pp. 156, 166) — nas próprias palavras do autor, representa "um objeto específico da ciência da língua". Por exemplo, o fonema, enquanto uma identidade normativa, é um objeto da linguística ou um fato linguístico.

Formas da comunicação ideológica (*formi ideologuítcheskogo obschiénia*, p. 223) — conceito não muito desenvolvido, mas parece tratar-se dos gêneros das esferas ideológicas constituídas: os discursos e atos políticos, as leis, as fórmulas, as declarações (*deklarátsia*, ou seja, variadas formas de documentos oficiais e burocráticos, tais como requerimentos, ofícios, declaração de imposto de renda etc.) e outros do gênero, os enunciados poéticos, os tratados científicos etc. Volóchinov menciona que esses gêneros foram tratados pela retórica e pela poética, mas avalia que essas disciplinas não consideraram os problemas da língua e da comunicação social e remete ao seu artigo "A palavra na vida e a palavra na poesia" (1926), em que essas questões são abordadas mais detalhadamente.

Fundo aperceptivo (*appertseptívnii fon*, pp. 279, 280) — horizonte espacial e temporal, valorativo e entonacional a partir do qual o discurso alheio é percebido pelo leitor. Esse conceito reaparece nas seguintes obras de Bakhtin: *Teoria do romance I: A estilística*, como "campo aperceptivo" (Editora 34, 2015, p. 54); *Estética da criação verbal*, como "fundo aperceptível da percepção" (Martins Fontes, 2017, p. 302); e *Os gêneros do discurso*, como "campo aperceptível da percepção" (Editora 34, 2016, p. 63) ou "fundo aperceptível do destinatário do discurso" (p. 67).

Gênero discursivo (*retchevói janr*, pp. 107-9, 334-5) — compõe o segundo momento no estudo das formas da língua. O primeiro momento é a definição e classificação dos tipos de interação discursiva, a partir dos quais se dá a classificação dos gêneros. Estes são divididos em gêneros da criação ideológica (ou dos sistemas ideológicos constituídos) e do cotidiano ou da vida, sendo que o estudo destes é privilegiado em MFL. A ideologia do cotidiano (ou psicologia social) realiza-se em pequenos gêneros discursivos, que podem ser interiores ou exteriores. A etiqueta verbal, o tato discursivo e as demais formas de adaptação do enunciado à organização hierárquica da sociedade possuem um significado importantíssimo no processo da elaboração dos principais gêneros cotidianos. Cada gênero possui seu próprio conjunto de temas.

Gêneros cotidianos (jitiéiskie jánri, pp. 109, 221-2) — são gêneros que surgem em situações informais da comunicação ou interação social, tais como: conversas de salão, conversas no horário do almoço ou no intervalo da faculdade, bate-papos em festas populares, conversas informais durante o trabalho, conversas dos bastidores, troca de opiniões no teatro, no concerto e em todo tipo de reuniões públicas, conversas informais e eventuais, o modo de reagir verbalmente aos acontecimentos da vida e do dia a dia, a formulação verbal da consciência sobre si e sobre a sua posição social etc. O gênero é determinado pelo auditório, e constitui uma parte da situação social. Além disso, ele é um reflexo ideológico do tipo, da estrutura, do objetivo e da composição social da comunicação cotidiana.

Horizonte valorativo (tsénnostni krugozór, pp. 237-8), *horizonte social (sotsiálni krugozór*, pp. 110-2, 205-7) — é constituído pelo conjunto de interesses e valores, sempre em processo de formação, de um determinado grupo social, bem como do autor e do personagem, na transmissão do discurso alheio. A sua ampliação constante provoca a reavaliação e a redistribuição dos sentidos linguísticos antigos.

Identidade normativa (normatívnaia tojdiéstvennost, pp. 158, 177) — no objetivismo abstrato são os elementos idênticos e normativos, sejam eles fonéticos, gramaticais ou lexicais, que garantem a unicidade de uma língua e sua compreensão por todos os seus falantes.

Ideologia do cotidiano (jíznennaia ideológuia, pp. 21, 99, 106-8, 212-6, 221-2) — o mesmo que psicologia social na literatura marxista soviética (Plekhánov). É o conjunto de vivências e expressões cotidianas de caráter social formado pelo universo do discurso interior e exterior, não ordenado nem fixado, que abarca todo nosso ato, ação e estado "consciente". É formada por duas camadas: a inferior, mais distante dos sistemas ideológicos constituídos e na qual o fator biográfico desempenha um papel essencial, e a superior, mais próxima e sensível a eles. Os sistemas ideológicos constituídos cristalizam-se a partir das camadas superiores da ideologia do cotidiano e exercem uma influência inversa sobre ela. Trata-se de um elo transitório entre o regime sociopolítico e a ideologia em sentido estrito (ciência, arte etc.). Na visão de Volóchinov, deve ser estudada do ponto de vista dos seus temas, bem como das formas e dos tipos da comunicação discursiva, ou seja, dos pequenos gêneros discursivos do cotidiano (pergunta acabada, exclamação, ordem, pedido, bate-papo de salão leve, conversa entre marido e mulher, entre irmão e irmã, em filas), que se relacionam com os problemas do enunciado e do diálogo. Esses pequenos gêneros são formados por signos verbais (palavra) e não verbais (gesto, ato) (ver verbete *Gêneros cotidianos*).

Interação discursiva (*rietchevóie vzaimodiéistvie*, pp. 217-20), *comunicação social* (*sotsiálnoie obschênie*, pp. 98-9, 110, 220-3), *interação social* (*sotsiálnoie vzaimodiéistvie*, p. 95), *comunicação ideológica* (*ideologuítcheskoie obschênie*, pp. 98-9, 112-3), *comunicação discursiva* (*rietchevóie obschênie*, pp. 107-9), *intercâmbio verbal* (*sloviésni obmién*, p. 145), *comunicação verbal* (*sloviésnoie obschênie*, p. 107), *comunicação verboideológica* (*sloviésno-ideologuítcheskoie obschênie*, p. 255) — apesar da grande variação terminológica, acreditamos tratar-se do mesmo conceito que compreende duas dimensões inter-relacionadas: o modo de formação da consciência pela linguagem e a realidade fundamental da língua. Na primeira dimensão, a consciência ganha existência ao se encarnar nos signos ideológicos, que se formam no processo de interação ou comunicação social de uma coletividade organizada. Portanto, é na comunicação ou interação discursiva que ocorre a interpenetração dialética entre o psiquismo e a ideologia. Entre os signos ideológicos, a palavra é o *medium* mais apurado e sensível da comunicação social. Na segunda dimensão, a interação discursiva é o acontecimento social que ocorre por meio de um ou de vários enunciados, sendo o diálogo sua forma mais importante, apesar de não ser a única. É por meio da interação discursiva que a língua toma forma e está em constante transformação.

Interferência discursiva (*rietcheváia interferéntsia*, pp. 284-5) — fenômeno linguístico que consiste no entrecruzamento de dois discursos — com tonalidades, ênfases e expressividades distintas — nos limites de uma mesma frase e até de uma mesma palavra. Esse fenômeno ocorre de modo especial na modificação analítico-verbal do discurso indireto e em suas variantes, quando neste são conservadas não apenas palavras e expressões isoladas, mas sobretudo a construção expressiva do enunciado alheio. O caso mais importante de interferência discursiva é o discurso indireto livre.

Interlocutor ideal (*ideálni sobessiédnik*, p. 205) — toda palavra ou todo enunciado é orientado para um interlocutor e, na sua ausência, esse lugar é ocupado pelo representante médio do grupo social e da época do falante.

Língua ou *linguagem* (*iazik*) — o idioma russo não faz diferença entre os dois conceitos: a distinção só pode ser estabelecida no contexto. No título de MFL optamos por "linguagem", assim como os demais tradutores em outras línguas, por essa ser essa a opção que mais corresponde ao domínio disciplinar no qual o autor se insere.

Já, por exemplo, na p. 145, optamos por usar "língua" por se tratar de fenômenos fonéticos e fisiológicos envolvidos na comunicação verbal.

Meio social circundante (*sotsiálnaia okrujáiuchaia sredá*, pp. 94, 216), *meio social e ideológico* (*sotsiálnaia ideologuítcheskaia sredá*, p. 97), *meio social* (*sotsiálnaia atmosfiéra* ou *sotsiálnaia sredá*, pp. 108, 116, 121, 145, 216, 345), *meio social específico* (*spetsifítcheskaia sotsiálnaia sredá*, p. 122), *meio social extracorporal* (*vneteliésnaia sotsiálnaia sredá*, p. 121), *meio social organizado* (*organizóvannaia sotsiálnaia sredá*, p. 146), *meio social mais amplo* (*bólee chirókaia sotsiálnaia sredá*, p. 206) — organização social mais ampla com reflexos imediatos na interação discursiva; lugar de existência e geração de signos ideológicos e da consciência no processo de expressão para o exterior. O meio social amplo juntamente com situação social mais próxima formam as condições necessárias para que um conjunto físico-psicológico torne-se um fenômeno da linguagem humana. Volóchinov ressalta que o meio social e a situação social mais próxima são constituídos por diversos tipos e modos de relações (contatos sociais), nem todos eles necessários para a compreensão dos fatos linguísticos. A estrutura do enunciado é determinada ou tem seu centro organizador na situação social mais próxima e no meio social mais amplo (ver verbete *Situação social mais próxima*).

Modelo do discurso direto (*chablón priamói riétchi*, p. 278) — é muito comum na linguagem literária e possui diversas variantes. Nas obras literárias antigas, esse modelo se constituía em um bloco sólido e volumoso e, nas obras contemporâneas, a sua intromissão no contexto autoral é mais flexível e ambígua. O autor de MFL menciona uma modificação em que o discurso autoral ataca o discurso alheio, mas se concentra na descrição das modificações em que ocorre uma contaminação mútua entre o contexto autoral e o discurso alheio.

Modificação analítico-objetual (predmiétno-analitítcheskaia modifikátsia, p. 272) — uma das modificações do discurso indireto pertencente ao estilo linear que prioriza os aspectos temáticos do discurso alheio e mantém uma distância clara entre o discurso alheio e o autoral. Essa modificação proporciona amplas condições para que o discurso autoral comente o alheio, tornando-o despersonalizado.

Modificação analítico-verbal (sloviésno-analitítcheskaia modifikátsia, p. 273) — é uma das modificações do discurso indireto, pertencente ao estilo linear, por meio da qual se introduzem palavras e modos de dizer do discurso alheio que caracterizam seu estilo individual enquanto expressão. Essa modificação procura salientar o modo típico de falar do sujeito citado, introduzindo, normalmente, suas palavras entre aspas.

Modificação discurso alheio antecipado, disperso e oculto no contexto autoral (modifikátsia predvoskhischiónnaia i rassiéiannaia tchujáia riétch, zapriátannia v ávtorskom kontiékste, p. 280) — é um caso do fenômeno da *interferência discursiva* (ver verbete), no qual o contexto autoral é perpassado pelo modo de dizer e pela entonação do(s) personagem(ns). O autor pode usar essa modificação para ironizar as expressões e o universo valorativo do personagem.

Modificação discurso direto reificado (modifikátsia oveschestvliónnaia priamáia riétch, p. 279) — é uma modificação em que o autor fornece uma rica descrição do personagem, que se torna mais importante do que o conteúdo da sua fala. A diminuição do peso semântico da palavra alheia é inversamente proporcional ao aumento do seu caráter original e pitoresco.

Modificação discurso direto retórico (*modifikátsia ritorítcheskaia priamáia riétch*, p. 285) — é uma modificação linear do discurso direto, de caráter persuasivo, que se aproxima do discurso indireto livre. São variantes dessa modificação a *pergunta retórica* (*ritorítcheski vopros*, pp. 285-6, 316) e a *exclamação retórica* (*ritorítcheskoie vosklitsánie*, p. 285) que se encontram no limite entre o discurso do autor e o alheio, podendo ser interpretadas tanto como a fala de um quanto a do outro. No entanto, a atividade do autor prevalece, uma vez que ele fala em nome do personagem. Outra variante é o *discurso direto substituído* (*zameschiónnaia priamáia rietch*, p. 287), em que o autor como que fala no lugar do seu personagem, substituindo o seu discurso e dizendo aquilo que este poderia ou deveria falar. Ambos os discursos — do autor e do personagem — possuem a mesma direção entonacional.

Modificação impressionista (*impressionistítcheskaia modifikátsia*, p. 277) — é uma modificação considerada essencial na língua literária russa pelo autor de MFL, utilizada para transmitir de modo bastante livre o discurso interior dos personagens, abreviando-o ou apenas apontando seus principais temas. Esta variante se situa num meio-termo entre a modificação analítico-objetual e a analítico-verbal.

Monumento (*pámiatnik*, pp. 184-6) — é um enunciado escrito, finalizado e monológico, isto é, refere-se a grandes obras da tradição literária passada, muitas das quais produzidas em línguas mortas.

Orientação social da vivência (*sotsiálnaia orientiróvka perejivánia*, pp. 104, 206-8) — toda a vivência interior é formada a partir de uma orientação exterior, constituída pelo contexto social mais próximo, pelo destinatário potencial, pela entonação. No artigo "A construção do enunciado", presente na coletânea *A palavra na vida e a palavra na poesia* (Editora 34, 2019, pp. 266-305), Volóchinov define a orientação social como a dependência do enunciado em relação ao peso sócio-hierárquico do auditório.

Palavra (*slovo*, pp. 91-2, 98-102, 106-8, 135-7) — tem um significado amplo, que compreende desde a unidade lexical até a "linguagem verbal em uso" ou o enunciado e o discurso. A palavra como sinônimo de enunciado é desenvolvida no último parágrafo do livro, onde o autor utiliza o termo composto "palavra-enunciado" (*slovo-viskázivanie*). A palavra é uma ponte entre o falante e o interlocutor, pertencente a ambos. No livro, o conceito de palavra engloba a linguagem verbal, presente em todas as esferas da criação ideológica e na ideologia do cotidiano. A palavra acompanha todo ato de compreensão e de interpretação. Na tradução brasileira de *Problemas da poética de Dostoiévski* (Rio de Janeiro, Forense Universitária, 2008), Paulo Bezerra traduziu o título do último capítulo, "Slovo u Dostoiévskogo", como "O discurso em Dostoiévski", compreendendo que se trata não apenas da unidade lexical, mas também da expressão verbal em geral.

Palavra alheia (*tchujóie slovo*, pp. 187-96) — é a presença da língua estrangeira sob a forma de uma língua religiosa arcaica (por exemplo, o eslavo eclesiástico na Igreja Ortodoxa Russa ou o latim na Igreja Católica) ou da língua de um povo conquistador. Essa presença é essencial para a formação da distinção entre *palavra própria* (*svoió slovo*, p. 188) e palavra alheia, para a constituição dos filosofemas da palavra alheia e para o surgimento dos estudos linguísticos e filosóficos modernos.

Participantes sociais imediatos (*blijáichie sotsiálnie utchástniki*, p. 207) — são os participantes do evento do enunciado, sobretudo o falante e o(s) interlocutor(es). Juntamente com a situação social mais próxima, eles determinam a forma e o estilo do enunciado.

Passagem imediata do discurso indireto ao direto (*neposrédstvenni perekhód kósvennoi riétchi v priamúiu*, p. 274) — em MFL salienta-se a necessidade de diferenciar este caso da modificação analítico-verbal — ainda que se considerem suas funções muito próximas — pois a subjetividade discursiva do discurso citado torna-se mais clara ao mesmo tempo em que segue a direção escolhida pelo discurso do autor citante.

Percepção ativa (*aktívnoe vospriátie*, p. 252) — compreende a percepção do discurso alheio pelo interlocutor. É composta de dois momentos: primeiro, a réplica interior (*vnútrenneie replitsírovanie*, p. 254) e, segundo, o comentário real (*reálnoe kommentírovanie*, p. 254).

Reconhecimento (*uznavánie*, pp. 111, 178-80) — é a ação de identificação do sinal como algo imutável e idêntico a si mesmo.

Significação (*znatchiénie*, pp. 91-3, 117-20) — é o limite inferior do significar linguístico, compreendido pelos elementos estáveis e idênticos a si mesmos em todas as suas repetições; são uma parte necessária e inseparável do enunciado, ligada às unidades da língua. Apesar da sua especialização no último capítulo da segunda parte, o termo aparece ao longo do livro todo e é também utilizado para definir o "significado" do signo linguístico em Saussure, ainda que na tradução russa do *Curso de linguística geral* publicada em 1933, ou seja, quatro anos após a primeira edição de MFL, tenha sido utilizado *oznatcháemoe* para o "significado" do signo, termo empregado até os dias de hoje.

Signo ou *signo ideológico* (*znak*, p. 91, ou *ideologuítcheski znak*, pp. 92-4) — dividem-se em signo interior (*vnú*-

trenni znak) e signo exterior (*vniéchni znak*), sem traçar um limite preciso entre ambos. O signo interior é a vivência no contexto de um psiquismo individual, determinado por fatores biológicos e biográficos. O signo exterior existe em um sistema ideológico coletivo e surge no processo de interação entre indivíduos socialmente organizados. Suas formas são condicionadas pela organização social desses indivíduos, pelas condições mais próximas da sua interação, do horizonte social da época e de dado grupo social: ou seja, a existência determina e refrata-se no signo. O signo é a realidade material da ideologia. Os objetos que chamam a atenção da sociedade entram no mundo da ideologia, se formam e se fixam nele, tornando-se signos ideológicos ao adquirirem uma ênfase social. A realidade que se torna objeto do signo constitui o seu tema. Uma vez que as diferentes classes sociais compartilham os mesmos signos, neles se cruzam ênfases multidirecionadas e portanto um signo se torna a arena da luta de classes. O signo pode tanto refletir quanto distorcer a realidade.

Sinal (*signal*, pp. 177-80) — é um objeto internamente imóvel e unitário; um meio técnico pelo qual se aponta para algum objeto (definido e imóvel) ou para alguma ação (também definida e imóvel).

Situação social concreta (*konkriétnaia sotsiálnaia situátsia*, pp. 107-8, 134), *acontecimento da comunicação social mais próximo* (*blijáichee sotsiálnoie sobítie obschiénia*, p. 145), *situação social mais próxima* (*blijáichaia sotsiálnaia situátsia*, pp. 145-6, 204, 206, 211, 235) — compreende o contexto situacional em que ocorre o encontro entre os participantes do processo de comunicação, sendo necessária, juntamente com a esfera da comunicação social organizada, para a delimitação da essência da linguagem. A situação mais próxima e os participantes sociais imediatos determinam a forma e o estilo do enunciado (ver verbete *Meio social circundante*).

Tema (*tiéma*, pp. 108, 111-2, 227-38, 249-50, 311-2) — é o limite superior e indivisível da capacidade de significar; ele é o aspecto mutável e instável do significar, pois está ligado ao todo do enunciado na sua relação com a situação histórica concreta. O tema se apoia nas significações estáveis e estas só existem como elementos do tema. Só uma compreensão responsiva pode dominar o tema.

Vivência (*perejivánie*, pp. 117-27) — é um conceito originário da filosofia alemã (Dilthey). Em MFL, a vivência é associada ao signo interior (ver verbete *Signo*).

Vivência do eu (*iá-perejivánie*, p. 208) — um dos dois polos entre os quais a vivência se caracteriza por um grau menor de acabamento ideológico, aproximando-se da reação fisiológica de um animal e perdendo sua forma verbal (ver verbete *Vivência do nós*).

Vivência do nós (*mi-perejivánie*, pp. 104, 208-11) — é o polo oposto à "vivência do eu", caracterizado por graus variados de orientação social da consciência. A situação social determinará a imagem, a metáfora e a forma da direção entonacional da vivência. Entre outras possíveis vivências do nós, Volóchinov expõe dois tipos: primeiro, a autovivência individualista, que é uma forma ideológica específica da "vivência do nós" característica da classe burguesa e determinada por uma orientação social sólida e confiante; segunda, a autovivência solitária, tipo cultivado por Romain Rolland, em parte por Tolstói e em voga, à época, na *intelligentsia* da Europa Ocidental, em que o sujeito orgulha-se da solidão, do dom e da força de ser solitário em sua verdade. Volóchinov enfatiza que todas essas vivências são guiadas pela orientação social e são produto de relações sociais (ver verbete *Orientação social da vivência*).

Sobre o autor

Valentin Nikoláievitch Volóchinov nasceu em São Petersburgo em 1895. Ainda antes da revolução tornou-se amigo de Mikhail Bakhtin e frequentou encontros da sociedade mística Rosacruz. Estudou na Faculdade de Direito da Universidade de Petersburgo, mas em 1916 teve de interromper o curso. Entre 1919 e 1922 se estabeleceu em Vítebsk, onde publicou artigos sobre música e deu palestras sobre crítica de arte e literatura na Primeira Universidade Proletária, fundada por Pável Medviédev. Nesta época integra o chamado Círculo de Bakhtin, grupo que se reunia em torno do intelectual russo e era formado por Volóchinov, Medviédev, Maria Iúdina, Matvei Kagan, Lev Pumpianski e Ivan Solertinski, entre outros. De volta a Petersburgo, graduou-se na então Universidade de Leningrado (atualmente SPBGU, Universidade Estatal de São Petersburgo) em 1924, no departamento de Ciências Sociais, com especialização em Linguística. Foi pesquisador e depois docente no Instituto de História Comparada das Literaturas e Línguas do Ocidente e do Oriente (ILIAZV) — depois renomeado Instituto Estatal de Cultura Linguística (GIRK) —, no Instituto Pedagógico Aleksandr Herzen e no Instituto de Práticas Avançadas para Trabalhadores Manuais (LIPKRI). Nesse período produziu suas obras mais importantes, como o artigo "A palavra na vida e a palavra na poesia" (*Zvezdá*, nº 6, 1926) e os livros *O freudismo: um esboço crítico* (1927) e *Marxismo e filosofia da linguagem* (1929). Nos últimos anos de vida, devido à tuberculose, teve de se afastar do trabalho e até mesmo da leitura. Morreu em 1936 no sanatório de Tsárskoie Sieló.

Sobre as tradutoras

Sheila Vieira de Camargo Grillo nasceu em 1968 em Tatuí, SP. É formada em Letras pela Universidade de São Paulo, mestre em Linguística Aplicada pela Unicamp e doutora em Linguística pela USP. Atuou como doutoranda, pós-doutoranda e pesquisadora nas universidades Paris X-Nanterre, Stendhal Grenoble III e no Instituto Górki da Literatura Mundial (Moscou). É líder, juntamente com Flávia Silvia Machado, do grupo de pesquisa "Diálogo" (USP/CNPq) e integra os grupos de pesquisa GEDUSP (Grupo de Estudos do Discurso, da USP) "Linguagem, identidade e memória" e o GT de "Estudos Bakhtinianos" da ANPOLL. É professora na área de Filologia e Língua Portuguesa do Departamento de Letras Clássicas e Vernáculas da USP. É autora do livro *A produção do real em gêneros do jornalismo impresso* (Humanitas/Fapesp, 2004) e tradutora, juntamente com Ekaterina Vólkova Américo, de *O método formal nos estudos literários*, de Pável Medviédev (Contexto, 2012), *Questões de estilística no ensino da língua*, de Mikhail Bakhtin (Editora 34, 2013), *Marxismo e filosofia da linguagem* (Editora 34, 2017) e *A palavra na vida e a palavra na poesia* (Editora 34, 2019), de Valentin Volóchinov.

Ekaterina Vólkova Américo nasceu em 1978, em Moscou. Formou-se em História, Literatura e Cultura Russa e Hispano-Americana pela Universidade Estatal de Ciências Humanas de Moscou. É mestre e doutora em Literatura e Cultura Russa pela Universidade de São Paulo e professora de Língua e Literatura Russa da Universidade Federal Fluminense. Publicou, em coautoria com Gláucia Fernandes, o manual *Fale tudo em russo!* (Disal, 2013). Tem diversas traduções publicadas, entre elas, os livros *O método formal nos estudos literários*, de Pável Medviédev (Contexto, 2012), e *Marxismo e filosofia da linguagem*, de Valentin Volóchinov (Editora 34, 2017), ambos em parceria com Sheila Grillo, e os artigos "Sobre o significado das obras de arte para a sociedade", de Pável Ánnenkov, e "Púchkin", de Fiódor Dostoiévski (ambos em colaboração com Graziela Schneider), para a *Antologia do pensamento crítico russo* (Editora 34, 2013), além de textos de Iúri Lotman, Mikhail Bakhtin, Piotr Bogatyrióv e Roman Jakobson, entre outros.

Obras do Círculo de Bakhtin
publicadas pela Editora 34

Mikhail Bakhtin, *Questões de estilística no ensino da língua*, tradução, posfácio e notas de Sheila Grillo e Ekaterina Vólkova Américo, apresentação de Beth Brait, São Paulo, Editora 34, 2013.

Mikhail Bakhtin, *Teoria do romance I: A estilística (O discurso no romance)*, tradução, prefácio, notas e glossário de Paulo Bezerra, São Paulo, Editora 34, 2015.

Mikhail Bakhtin, *Os gêneros do discurso*, organização, tradução, posfácio e notas de Paulo Bezerra, São Paulo, Editora 34, 2016.

Valentin Volóchinov, *Marxismo e filosofia da linguagem: problemas fundamentais do método sociológico na ciência da linguagem*, tradução, notas e glossário de Sheila Grillo e Ekaterina Vólkova Américo, ensaio introdutório de Sheila Grillo, São Paulo, Editora 34, 2017.

Mikhail Bakhtin, *Notas sobre literatura, cultura e ciências humanas*, organização, tradução, posfácio e notas de Paulo Bezerra, São Paulo, Editora 34, 2017.

Mikhail Bakhtin, *Teoria do romance II: As formas do tempo e do cronotopo*, tradução, posfácio e notas de Paulo Bezerra, São Paulo, Editora 34, 2018.

Mikhail Bakhtin, *Teoria do romance III: O romance como gênero literário*, tradução, posfácio e notas de Paulo Bezerra, São Paulo, Editora 34, 2019.

Valentin Volóchinov, *A palavra na vida e a palavra na poesia: ensaios, artigos, resenhas e poemas*, organização, apresentação, tradução e notas de Sheila Grillo e Ekaterina Vólkova Américo, São Paulo, Editora 34, 2019.

Este livro foi composto em Sabon
pela Bracher & Malta, com CTP e
impressão da Edições Loyola em
papel Pólen Soft 70 g/m² da Cia.
Suzano de Papel e Celulose para a
Editora 34, em julho de 2021.